언제 • 어디서나 • 통하는

중국어 일상회화사전

조대형 편저

정진출판사

머리말

안녕하십니까. 《언어통 중국어 일상회화사전》을 엮고(編) 다시 쓴(著) 대원외국어고등학교 중국어 교사 조대형입니다.

많은 사람들이 중국어에 관심을 갖고 열심히 공부하기 시작한 것은 물론 최근의 일은 아닙니다. 그러나 초등학생, 나아가 미취학 아동을 대상으로 한 중국어 교재나 강좌가 보편화된 것을 보면 그 열기나 관심이 전에 없이 뜨거워지고 높아진 것은 사실인 것 같습니다. 이로 인하여 수많은 교재들과 강좌들이 그에 걸맞는 학습자를 대상으로 그야말로 봇물처럼 쏟아져 나오고 있지요. 필자가 학생의 입장에서 뻔한 – 많지 않은 종류의 교재들 – 교과서를 가지고 공부하던 20여 년 전과 비교해 보면 정말 고무적인 현상입니다.

세월이 흘러 완벽에 가까운 번역기가 개발되어 외국어 학습에 대한 공포나 지긋지긋함을 없애 줄 수 있을지도 모릅니다. 그러나 직접 외국인과 해당 언어로 자유롭게 의사소통을 하는 것이 훨씬 인간적이고 성공적이지 않을까요? 바쁜 세상에 너무 낭만적인 발상일까요? "그러기 위해선 보다 참신하고, 시행착오를 보완한 교재가 절실한 실정이다. 너무 많은 것은 아무것도 없는 것이다." 라는 식으로 쓸 만한 교재가 없다는 혹평을 할 생각은 추호도 없습니다. 수많은 교구들과 교재, 첨단 어학장비들을 생각하면 요즘 공부하는 학생들이 너무 부럽기도 합니다.

똑똑한 학생들이 많다는 평을 듣는 외국어고등학교에서 16년째 중국어를 가르치면서 많은 시행착오를 거쳤습니다. 부족하지만 듣기 · 말하기 · 읽기 · 쓰기를 한 곳에만 치중하지 않고 가르치려고 이런저런 방법도 써 보았습니다. 국내외에서 인정받은, 받는 수많은 교재들을 가능한

게을리하지 않고 접해 보려고 애썼습니다. 얼마만큼 더 가르칠 것인가 고민을 하다가 이제는 한정된 시간에 불필요한 것을 얼마나 과감히 포기해야 하는가 하는 지혜도 조금은 얻게 되었습니다.

세상에 만병통치약은 없습니다. 찰과상과 골절, 염증, 두통, 마음의 병까지 한번에 낫게 해 주는 약은 없습니다. 그러나 늘 건강에 유의하고 관리한다면 굳이 병을 미리 염려할 필요는 없겠지요.

이 책은 가능하면 진부한 내용은 담지 않으려고 애썼습니다. 기존 교재와 비슷한 표현이 많이 나옵니다. 그러나 그 이면에는 이러한 뻔한(?) 표현을 바탕으로 살아있는 다양한 표현을 만들 수 있는 능력을 배양할 수 있도록 애썼습니다. 그러한 능력을 체득하게 하기 위한 저자의 노력과 땀이 많이 배어있다는 말씀을 감히 드립니다. 적은 분량이지만 다양하고, 뻔한 것 같지만 참신한 표현을 담으려고 노력한 교재라는 말씀을 제가 드린다면 앞서 말씀드린 말도 안 되는 만병통치약을 선전하는 蒙古大夫(돌팔이 의사)가 되는 모순을 범하게 되나요? ^^;

부디 책 제목의 '언어통'처럼 이 책이 중국어를 공부하는 학습자들을 '중국어 언어통'으로 이끄는 밑거름이 되는, 그런 교재가 되길 진심으로 바랄 뿐입니다.

부족한 교재가 빛을 볼 수 있도록 믿어 주시고 도와 주신 정진출판사 사장님 이하 정진 가족들께 머리 숙여 감사 드리고, 편집을 담당하신 박주홍 님의 조언과 노고에 다시 한번 감사와 위로의 말씀을 전합니다.

2008년 盛夏 용마산 기슭에서 편저자 조대형 올림

차례

제3장 감사 · 사과 · 축하

제4장 날짜 · 시간 · 나이

제5장 가족

차례

제8장 초대 · 방문

제9장 회사생활

제10장 전화

차례

제12장 부탁 · 요청

제13장 여러가지 표현

제14장 쇼핑

제15장 식사 · 음주

제16장 공항에서 호텔까지

차례

Fulu 부록

궁금하거든요!

- 교재 구성과 활용에 관한 Q&A -

Q_01 무엇부터 공부해야 하나요?

A 가장 중요한 것은 각 과에 두 문장씩 나와 있는「주요표현」입니다. 이 주요표현을 근거로 해서 관련표현과 어휘들이 생겨나고 늘어나게 되니까요. 이 두 문장들을 큰 소리로 여러 번 읽어서 입에 붙게 한 다음 관련표현과 어휘들을 차근차근 익혀 나가시기 바랍니다.

Q_02 한어병음을 잘 모르는 사람들은 그냥 한글로 써 놓은 중국어 발음을 읽으면 되나요?

A 중국어 발음의 한글 표기는 아직 중국어 발음기호(한어병음)를 모르는 사람들이나 알았던 단어가 갑자기 떠오르지 않는 경우 도움을 주기 위한 임시표기이지 그 자체가 정확한 발음은 아닙니다. 정확한 발음은 한어병음을 익히거나 함께 제공되는 MP3 음성파일의 중국인 원어민의 발음을 참고해야 합니다.

Q_03 같은 한자인데 한글 표기가 다른 경우도 있네요?

A 위에서도 말했지만 중국어 발음의 한글 표기는 편의상 붙여 놓은 것입니다. 외국어를 정확하게 우리말로 옮기는 것은 거의 불가능하니까요. 같은 한자라도 강세에 따라, 혹은 단어 가운데 놓인 위치에 따라 미세하게 다른 느낌으로 발음되는 경우도 있습니다. 조금 다르더라도 너무 민감할 필요는 없습니다.

Q_04 어휘늘리기 부분의 어휘가 너무 많아요!

A 기초가 없는 사람이 어휘부터 모두 암기하면서 공부하려고 하면 좀 무리가 따르겠지요.

본문 내용을 한어병음을 참조하여 여러 번 소리내어 읽고 친숙해진 다음 어휘늘리기 부분에 가서 복습 겸 정리를 하고 자연스럽게 암기하세요. 모든 외국어가 마찬가지겠지만 중국어 역시 어휘가 생명이요, 실력의 원천입니다.

Q_05 표현늘리기 부분이 조금 길고 복잡하네요. 저는 왕초보인데요.

A 「표현늘리기」의 오른쪽 페이지는 대부분 내용이 연관되어 대화체를 구성할 수 있습니다. 진부한 내용으로 구성하지 않으려고 고심하면서 구성하며 쓴 부분이기도 하지요. 아주 짧은 문장부터, 혹은 문장을 단어별로 끊어 읽으며 천천히 큰 소리로 읽고 긴 문장으로 들어간다면 별 문제는 없을 것 같습니다.

Q_06 중국 엿보기도 다 읽어야 하나요? 다른 책에도 비슷한 내용도 많은 것 많던데….

A "구슬이 서말이라도 꿰어야 보배.", "부뚜막의 소금도 집어 넣어야 짜다."는 말이 있지요? 중국 문화나 상식을 본인이 기억하고 활용할 수 있어야 실력이 됩니다. 그리고 이 책에는 중국 문화와 상식 정보가 쏠쏠하게 들어있기 때문에 공부를 하다가 머리를 식힐 때 차분히 읽어보면 큰 도움이 됩니다.

Q_07 잔소리는 무슨 내용들인가요? 잔소리는 정말 싫은데…. ^_*

A 「잔소리」는 저자가 학생의 입장에서 중국어를 공부하면서, 그리고 지난 16년간 외국어고등학교에서 학생들을 가르치면서 현장에서 느끼고 시행착오를 거치고 아쉬웠던 부분들을 정리한 것입니다. 다른 교재와 질적으로(?) 차별화되는 부분이기도 하고요. 누구나 공감할 수 있는, 외국어 학습을 할 때 시행착오를 줄일 수 있는 비법들이 적혀있습니다. 사실 여기 Q&A에서 못한 중요한 말들이 「잔소리」에 많이 담겨 있거든요. 꼭 먼저 읽어주기를 바랍니다!

발음편

1. 중국어의 특성
2. 성모와 운모
3. 성조

1. 중국어의 특성

중국에는 한족(漢族) 외에 55개의 소수민족이 생활하고 있으며 한족은 13억에 달하는 총인구의 94%를 차지하고 있다. 우리가 중국어라고 하는 중국의 언어와 문자는 중국 인구의 대부분을 차지하는 한족의 언어이다. 그래서 중국에서는 중국어를 한족의 언어라는 뜻으로 '汉语(한어)'라고 부르고 있다. '汉语(한어)' 외에 '中国话(중국화)', '中文(중문)'이라는 말도 사용하고 있지만 '汉语'가 가장 알맞는 표현이다.

중국어의 특성은 일반적으로 다음의 4가지로 설명할 수 있다.

1. 단음절성(單音節性)

중국어를 표기하는 한자는 한 개의 글자가 하나의 음절로 되어 있으며 또 글자마다 의미를 지닌다. 다시 말해서 글자 하나가 하나의 낱말이 되는데 이를 단음절사(單音節詞)라고 한다. 단음절성의 특징을 갖고 있는 중국어는 대부분 언어가 소리글자인데 반해 뜻글자라는 특징도 가지고 있다.

山 [shān 산]
天 [tiān 하늘]

현대 중국어는 '桌子(탁자)', '电话(전화)' 등과 같이 점차 다음절화되는 추세에 있지만 아직도 다른 언어에 비하면 단음절성이 두드러진다고 할 수 있다.

2. 고립성(孤立性)

중국어는 우리말이나 영어와는 달리 인칭과 시제에 따라 글에 변화를 일으키는 일이 없다. 우리말의 '가다'는 '가니, 가고, 가서, 가면' 등으로 어미가 활용된다.

그러나 중국어는 주어나 시제에 관계없이 언제나 '去'라는 한 글자로 사용된다. 또 중국어에는 '…은, …는, …을, …를'과 같은 조사가 없으며, 어순(語順)에 의해서 문법적인 관계를 나타낸다.

3. 성조(聲調)

중국어는 글자마다 고유의 성조를 지니고 있다. 같은 음절이라도 소리의 높낮이와 길이에 따라 의미가 달라진다. 성조는 4가지, 즉 1성 · 2성 · 3성 · 4성으로 나뉘는데, 사성(四聲)이라고도 한다.

제1성	mā	妈	어머니
제2성	má	麻	삼
제3성	mǎ	马	말
제4성	mà	骂	욕하다

4. 방언(方言)

한어에는 방언이 무척 많은데 크게 7개의 방언으로 분류된다. 그 중 가장 널리 쓰이는 것이 '北京语(북경어)'와 '广东语(광동어)'인데 두 사람의 중국인이 서로 북경어와 광동어로 말하면 뜻을 전달할 수가 없을 정도로 발음의 차이가 심하다. 그래서 현재는 '普通话(보통화 ; 공통어)'라고 불리는 표준어가 사용되고 있다. 보통화는 북방방언을 기초로 해서 북경어의 발음을 표준음으로 하고 있다.

2. 성모와 운모

중국어 발음은 크게 우리말처럼 자음 모음과 그 자모음이 결합되어 만들어진 음절, 그리고 그 각각의 음절이 갖고 있는 소리의 높낮이인 성조로 나눌 수 있다.

1. 한어병음(자음과 모음, 성조)

중국어는 뜻글자이므로 글자만을 보아서는 그 발음이 어떤지를 알 수 없다. 그래서 중국에서는 예로부터 발음을 표시하는 방법을 여러 가지로 고안해 써 왔다. 대표적인 것이 대만에서 쓰는 주음부호와 중국 및 대부분의 화교권 국가에서 가장 많이 쓰이는 한어병음이다다. 지금 우리가 배우는 발음기호는 이 한어병음이라는 이름을 갖고 있다. 한어병음은 한자의 발음을 로마자(알파벳)으로 대치하고 그 위에 성조기호를 덧붙인 중국어 발음기호라고 생각하면 된다.

한국어에 자음과 모음이 있듯이 중국어에는 성모와 운모가 있고 그 외에 성조가 있다. 이러한 모든 것이 조합된 것이 한어병음인 것이다.

그러면 '韩'이라는 한자를 예로 보면서 한어병음 음절의 구성상의 특징을 살펴 본다.

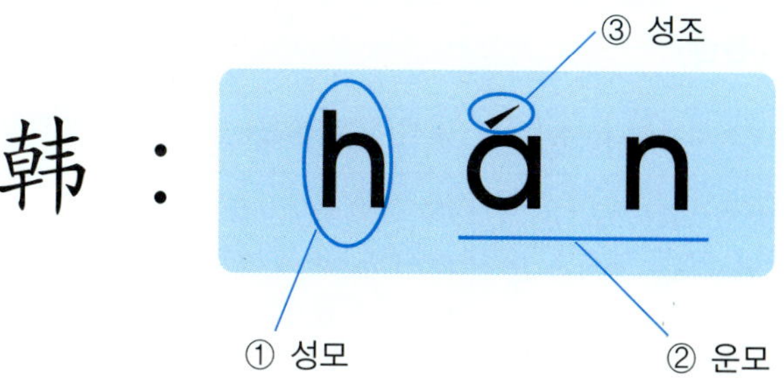

① 성모 : 음의 시작으로 우리말의 자음(子音)에 해당한다.

② 운모 : 성모를 제외한 나머지 부분으로 우리말의 모음(母音)에 해당하고, 받침소리까지 포함 한다.

③ 성조 : 음절의 높낮이를 표시한 것으로 4가지 종류가 있다.

여러분 중에서 아직 알파벳 발음기호를 모르시는 분들은 우선 그것부터 배우십시오. 그러나 그것을 안다면 별 문제는 없습니다. 단지 'q'는 영어에서 대부분의 경우 'ㅋ'으로 발음되지만 중국어에서는 'ㅊ'으로 발음된다는 것에 유의하십시오. 또한 영어에서 'video'라고 발음 할 때 쓰는 'v'는 중국어에는 없습니다.

2. 성모(聲母)

성모는 우리말의 자음(字音)에 해당한다. 모두 21개가 있으며 발음 방식에 따라 쌍순음, 순치음, 설첨음, 설면음 권설음, 설치음으로 나뉜다.

성모(聲母)

표기	소리나는 곳(방법)	발음(유사 발음)	비고(표기방법)
b p m	두 입술 사이 (쌍순음 雙脣音)	bo ('뽀'와 유사) po ('포'와 유사) mo('모'와 유사)	편의상 'ㅗ'음과 결합하였음.
f	이빨 입술사이 (순치음 脣齒音)	fo ('포'와 '훠'의 중간음)	
d t n l	혀 끝 (설첨음 舌尖音)	de ('떠'와 유사) te ('터'와 유사) ne ('너'와 유사) le ('러'와 유사)	편의상 'ㅓ'음과 결합하였음.
g k h	혀뿌리 (설근음 舌根音)	ge ('꺼'와 유사) ke ('커'와 유사) he ('허'와 유사)	
j q x	혓바닥 (설면음 舌面音)	ji ('지'와 유사) qi ('치'와 유사) xi ('시'와 유사)	편의상 'ㅣ'음과 결합하였음.
zh ch sh r	혀를 말아서 (권설음 卷舌音)	zhi ('즐'와 유사) chi ('츨'와 유사) shi ('슬'와 유사) ri ('을'와 유사)	편의상 알파벳 'i' 음과 결합하였으나 'ㅣ' 음이 아니라 'ㅡ' 음으로 발음되는 것에 유의한다.
z c s	혀끝과 앞니 (설치음 舌齒音)	zi ('즈'와 유사) ci ('츠'와 유사) si ('쓰'와 유사)	

※설치음은 앞에 '읏'자가 있는 것처럼, '읏쯔, 읏츠, 읏쓰'로 연습하면 좋다.

● 중국어 발음 에서의 R과 L ●

호랑이는 '으르렁'하고 소리치며 빨래는 건조해야 잘 마른다.
으르렁의 '렁'은 'R'(혀말음 소리-권설음) 빨래의 '래'는 'L'(혀끝소리-설첨음)에 해당됩니다.
따라해 봅시다. **On your Right. Turn on the Light.**

3. 운모(韻母)

운모 I (韵母)

구분	표기	발음(유사 발음)	비고(표기방법)
단모음	i u ü a o e	우리말 '이'와 유사 우리말 '우'와 유사 우리말 '위'와 유사 우리말 '아'와 유사 우리말 '오'와 유사 우리말 '어'와 유사	단독으로 표기할 때는 'i'는 'yi'로, 'u'는 'wu'로 'ü'는 'yu'로 표기하고 'j q x'와 'ü'가 결합할 때 'ü'를 'u'로 표시한다.
이중모음	ai ei ao ou	우리말 '아이'와 유사 우리말 '에이'와 유사 우리말 '아오'와 유사 우리말 '오우'와 유사	'e'는 단독일 때와 성모 그리고 'n ng' 앞에서는 '어'그리고 'i'의 앞뒤와 뒤에서는 '에'로 읽는다. 따라서 'ei'는 '어이'가 아니라 '에이'처럼 소리난다.
모음+자음	an en ang eng ong	우리말 '안'과 유사 '언'과 '은'의 중간음 우리말 '앙'과 유사 '엉'과 '응'의 중간음 '옹'과 '웅'의 중간음	
권설모음	er	혀를 약간 말고 '얼' 발음	

결합운모 II (结合韵母)

※자주 쓰이지 않는 발음은 저자의 의지에 따라 생략하였다.

표기	발음(유사 발음)	비고(표기방법)
ya ye yao you yan yin yang ying	우리말 '야'와 유사함 우리말 '예'와 유사함 우리말 '야오'와 유사함 우리말 '요우'와 유사함 (성모와 결합시 'iou'와 흡사하게 발음하나 'iu'로 표기한다.) 우리말 '옌'과 유사함(얀×) 우리말 '인'과 유사함 우리말 '양'과 유사함 우리말 '잉'과 유사함	*앞에 성모(자음)가 있을 때 'y'대신에 'i'를 쓴다. (단 'yin'과 'ying'의 경우 'y'만 생략함)
wa wo wai wei wan wen wang weng	우리말 '와'와 유사함 우리말 '워'와 유사함 우리말 '와이'와 유사함 우리말 '웨이'와 유사함 (성모와 결합시 'uei'식으로 발음하고 'ui'로 표기한다.) 우리말 '완'과 유사함 우리말 '원'과 유사함 우리말 '왕'과 유사함 우리말 '웡'과 유사함	*앞에 성모(자음)가 있을 때는 'w'대신 'u'를 쓴다.
yue yuan yun	우리말 '위에'와 유사함 우리말 '위엔/위안'과 유사함 우리말 '윈'과 유사함	

yong	우리말 '융'과 유사함 (성모와 결합시는 '용'과 '융'의 중간음으로 발음하되 'iong'으로 표기한다.)	성모와 결합시 'y'를 없애고 'u'를 'ü'로 고친다. 'y j q x' 뒤에서는 'u'로 표기하되 'u'는 '우'가 아니라 '위'처럼 소리난다.

※ 지금까지 배우신 3개의 표를 보시면 비고(표기부분)이 어렵게 느껴지실 텐데 '이런 것이 있구나' 하고만 넘어가셔도 됩니다. 또 그 이후라도 병음이 본인의 생각과 다르게 읽힌다고 생각되실 때 앞쪽을 발음편의 비고란을 보시면 "아 그랬구나!"하고 깨닫게 됩니다. 걱정마세요!

3. 성조

성조(聲調, 소리의 높낮이)는 중국어의 중요한 특성 중의 하나이다. 성조란 음의 높낮이와 그 변화를 가리키는 말로서 중국어에는 같은 음의 한자가 상당히 많지만 각 한자마다 고유의 성조가 있음으로 해서 변별력이 생긴다. 따라서 발음할 때 성조가 틀리면 의미전달이 힘들고 때에 상대방이 한 말을 전혀 알아듣지 못하는 경우도 있다.

중국어를 처음 배울 때 성조를 등한히 하다가 몇 년간의 유학생활을 마치고 돌아온 사람이 말하는 중국어를 중국인이 제대로 알아듣지 못하는 경우를 흔히 볼 수 있다. 소리내어 의사소통을 할 목적으로 배우는 중국어의 경우 성조는 거의 생명이라 볼 수 있다.

성조는 1성에서 4성까지 4개의 기본 성조가 있다.

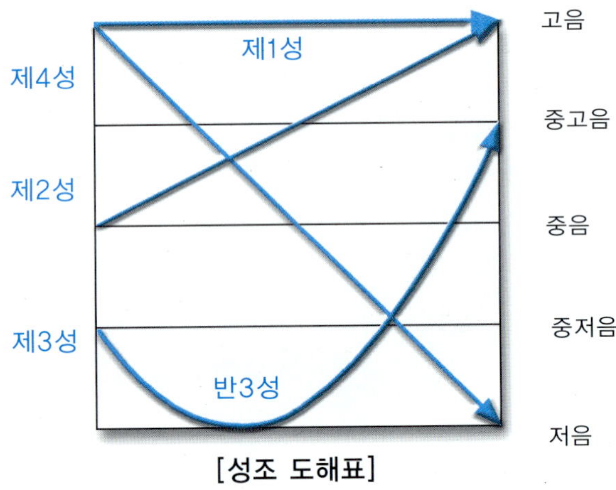

[성조 도해표]

1. 사성과 경성

1성은 '-'로 표시하는 높고 평평한 소리이다. 가령 음계 도, 레, 미, 파, 솔(자신이 정한 상대적인 음)에서 '솔' 소리를 길게 뽑는 느낌으로 소리낸다. / mā

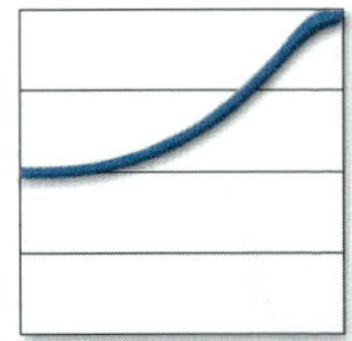

2성은 'ˊ'로 표시하는 음으로 아래에서 위로 올라가는 소리이다. '미'음에서 '솔'음까지 한 번에 소리내어 올린다는 생각으로 소리낸다. / má

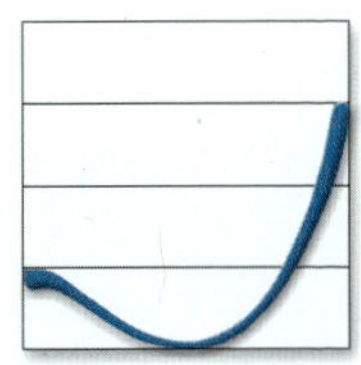

3성은 'ˇ'로 표시하는 음으로 내려왔다가 다시 올라가는 소리이다. 음계 '레'음에서 시작하여 '도'음까지 내려갔다가 '파'음까지 다시 올린다는 느낌으로 소리낸다. / mǎ

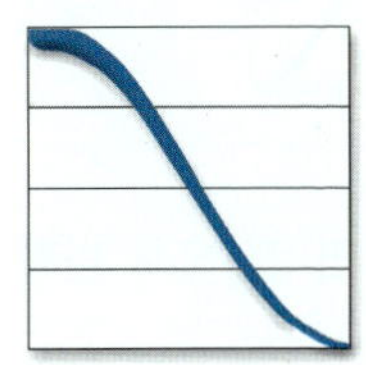

4성은 'ˋ'로 표시하며 급격히 내려오는 음이다. '솔'음에서 시작하여 '도'음까지 한번에 급격하게 음을 내린다고 생각하며 소리낸다. / mà

성조가 표기되어 있지 않은 모음은 약하게 읽어주는데 이 발음은 가볍고 약하다고 해서 경성(輕聲)이라고 하고 1, 2, 3, 4성과는 구별하여 발음한다. / ma

2. 성조의 변화

성조는 발음의 편의를 위해 일정하게 변화하기도 한다. 이러한 현상을 성조의 변화라고 하며 대표적인 변화로는 3성의 변화와 '不,一'의 변화가 있다.

제3성의 변화

① 제3성은 뒤에 3성의 글자가 연이어 나오면 앞의 3성은 2성으로 변화시켜 발음한다.

你好。 ➡ 你好。
Nǐ hǎo. Ní hǎo.

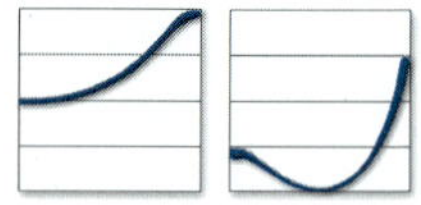

② 제3성이 나머지 성조들 앞에 놓일 때는 모두 제3성을 반3성으로 읽는다. (반3성은 3성의 발음 중에 낮게 깔리는 부분까지 발음하는 성조를 말한다.)

好看
hǎokàn

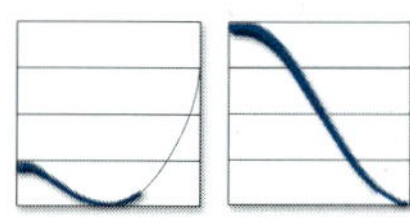

'不'과 '一'의 변화

① '不 bù'는 본래 4성인데 뒤에 4성의 음절이 오면 2성으로 변화시켜 발음한다.

不是
bú shì

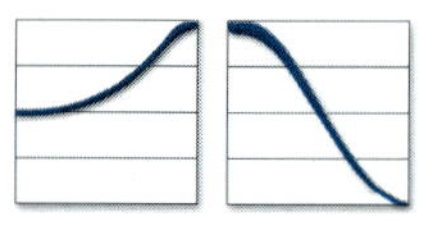

② '一 yī'는 본래 1성이다. 뒤에 1성, 2성, 3성이 이어지면 4성으

로 변화시켜 발음하고, 뒤에 4성이 이어지면 2성으로 변화시켜 발음한다.

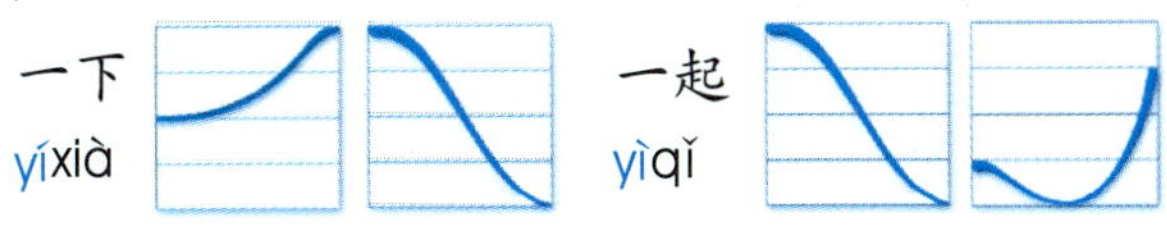

3. 성조기호를 붙이는 위치

성조를 나타내는 부호는 제1성, 제2성, 제3성, 제4성 차례대로 'ˉ ˊ ˇ ˋ'로 표기하고 해당 발음의 주요 모음 위에 표시한다.

주요 모음은 'a o e i u ü'를 말하는데, 주요 모음이 여럿 있을 경우 성조를 표기하는 위치는 입을 크게 벌리는 순서로 결정되며, [a 〉e o 〉i u ü]의 순이다.

경성에는 성조를 표기하지 않는 것이 원칙이다. 반3성과 같이 성조의 변화가 있는 경우라도 표기는 원래 글자의 성조로 표기한다.

4. 성조 발음 연습

먼저 중국어에서 왜 성조가 중요한지 간단히 살펴보자.

'妈妈骂马吗? '를 발음하면 우리말로는 단순히 '마'를 다섯 번 반복한 '마마마마마'이지만 이 문장은 '엄마'라는 의미의 '妈妈 māma(1성과 경성)', '욕하다'는 의미의 '骂 mà(4성)', '말'이라는 의미의 '马 mǎ(3성)', '…입니까'의 의미의 '吗 ma(경성)'로 이루어져 있다.

제대로 해석하자면 "엄마가 말을 욕합니까?" 의 의미가 되는 것인데 이것을 성조를 무시하고 발음하면 엄마를 여러 번 부른 것인지, 말이 여러 마리 있다는 것인지 알 수가 없게 된다.

성조 높낮이의 연습은 종종 전화를 받는 상황으로도 이해가 어느 정도 가능하다.

1성 : 전화를 받을 때의 상황으로 '네' 하고 높게 내는 소리
2성 : 상대방의 소리가 들리지 않는 상황의 '네-에?'하고 묻는 소리
3성 : 상대방을 확인하고 수긍하는 상황의 '아! 네-에' 하는 낮은 소리
4성 : 용건을 마치고 급히 전화를 끊는 상황의 짧은 '넷' 하는 소리
① 네- ② '네-에? ③ '아! 네-에' ④ '넷'

다음의 1-2-3-4성으로 이루어진 낱말로 성조 연습을 해 보자.

酸 甜 苦 辣
suān tián kǔ là
싼 / 티엔 / 쿠 / 라

위 낱말은 '시다-달다-쓰다-맵다'를 나타내는 단어이다.

英 雄 本 色
yīng xióng běn sè
잉 / 시옹 / 번 / 써

위 성어는 유명한 홍콩 영화 '영웅본색'의 제목이기도 하다. 역시 1~4성이 순차적으로 이어져 있다. 이런 낱말들로 연습을 하면 좀더 쉽고 재미있게 성조연습을 할 수 있다.

제 1 장

인사

1. 안녕하세요?
2. 처음 뵙겠습니다.
3. 오래간만이군요.
4. 하시는 일은 잘 되세요?
5. 안녕히 계세요!
6. 가겠습니다.

Part. 1 안녕하세요?

주요표현

니 하오
A: 你好!
Nǐ hǎo!
안녕하세요?

닌 하오
B: 您好!
Nín hǎo!
안녕하십니까?

표현늘리기

- 안녕하십니까?(이른 아침)

  早安!
  Zǎo'ān!
  자오 안

- 안녕하십니까?(아침인사)

  早上好!
  Zǎoshang hǎo!
  자오샹 하오

- 안녕하십니까?(저녁인사)

  晚上好!
  Wǎnshang hǎo!
  완샹 하오

- 안녕히 주무세요.(늦은 밤, 잠자기 전)

  晚安!
  Wǎn'ān!
  완 안

• 차 기다리세요?

等车吗? Děng chē ma?

덩처 마

• 식사하시는군요?

吃饭吗? Chīfàn ma?

츠판 마

• 밥 먹으러 가요?

吃饭去吗? Chīfàn qù ma?

츠판 취 마

• 잘 먹었어요?

吃饱了吗? Chī bǎo le ma?

츠 바오러 마

• 빨래 중인가 봐요?

洗衣服吗? Xǐ yīfu ma?

씨 이푸 마

• 컴퓨터 게임 중이니?

玩电脑游戏吗? Wán diànnǎo yóuxì ma?

완 띠엔나오 요우씨 마

• 잘 잤어요?

쉐이 더 하오 마

睡得好吗? Shuì de hǎo ma?

Tip

'你好！'는 '안녕!'에 해당하는 인사말로, 가장 보편적으로 쓰는 인사말이다. 사용 범위는 동료나 손아랫사람은 물론 윗사람에게도 사용할 수 있다. '您好！'는 일종의 경칭으로 존중해야 할 윗사람에게 주로 쓴다. 중국에서는 시간에 따라 다른 인사 표현을 하기도 한다.

Part.2 처음 뵙겠습니다.

주요표현

추츠 찌엔미엔 워 쟈오 찐밍더
A: 初次见面，我叫金明德。
Chūcì jiànmiàn, wǒ jiào Jīn Míngdé.
처음 뵙겠습니다. 저는 김명덕이라고 합니다.

지우양 지우양 워 쟈오 짱따웨이
B: 久仰久仰，我叫张大伟。
Jiǔyǎng jiǔyǎng, wǒ jiào Zhāng Dàwěi.
말씀 많이 들었습니다. 저는 장대위라고 합니다.

표현늘리기

• 당신을 만나서 매우 반갑습니다.

见到您，很高兴。 Jiàn dào nín, hěn gāoxìng.
찌엔따오 닌, 헌 까오싱

• 저는 김명덕입니다.

我是金明德。 Wǒ shì Jīn Míngdé.
워 스 찐밍더

• 성함이 어떻게 되세요?

您贵姓? Nín guìxìng?
닌 꾸에이씽

• 죄송합니다. 자기 소개가 늦었습니다.

对不起，未能先作自我介绍。
Duì bu qǐ, wèi néng xiān zuò zìwǒ jièshào.
뛔이부치 웨이 넝 시엔 쭈오 쯔워 지에샤오

• 이름이 정말 낯익은데요.

你的名字很熟悉。 Nǐ de míngzi hěn shúxi.

니더 밍즈 헌 슈시

• 오늘 만나뵙게 되어 영광입니다.

今天见到你,很荣幸。 Jīntiān jiàndào nǐ, hěn róngxìng.

찐티엔 찌엔따오 닌, 헌 롱씽

• 우리 전에 어디서 만난 적이 있지요?

我们以前在哪儿见过吧? Wǒmen yǐqián zài nǎr jiànguo ba?

워먼 이치엔 짜이 날 찌엔궈 바

• 초면인 것 같습니다.

好像初次见面。 Hǎoxiàng chūcì jiànmiàn.

하오샹 추츠 찌엔미엔

• 인상 정말 좋으시네요.

你长得真不错。 Nǐ zhǎng de zhēn búcuò.

니 장더 쩐 부추오

• 데이비드가 당신 얘기를 종종 하더군요.

我常听大卫提起你。 Wǒ cháng tīng Dàwèi tí qǐ nǐ.

워 창팅 따웨이 티치 니

• 말씀 많이 들었습니다.

久仰久仰。 Jiǔyǎng jiǔyǎng.

지우양 지우양

• 잘 부탁드립니다.

请多多关照。 Qǐng duōduo guānzhào.

칭 뚜오뚜오 꾸안자오

Part.3 오래간만이군요.

하오지우 부지엔 션티 하오 마
A: 好久不见，身体好吗？
Hǎo jiǔ bú jiàn, shēntǐ hǎo ma?
오랜만이네요. 건강하세요?

투오 닌더 푸 헌 찌엔캉
B: 托您的福，很健康。
Tuō nín de fú, hěn jiànkāng.
덕분에 건강합니다.

표현늘리기

- 오래간만이군요.(오랫동안 당신과 만나지 못했습니다.)

  好久没见了。
  Hǎojiǔ méi jiàn le.
  하오지우 메이 찌엔 러

- 아미 3년이 되었습니다.

  已有三年了。
  Yǐ yǒu sān nián le.
  이 요우 싼니엔 러

- 안녕하시지요?

  你好吗?
  Nǐ hǎo ma?
  니 하오 마

• 어떻게 지내세요? 잘 지내지요?

情况如何? 还好吧?

Qíngkuàng rúhé? hái hǎo ba?

칭쾅 루허 하이 하오 바

• 뭐 그럭저럭요, 나쁘진 않아요. 그냥 그래요.

还可以, 还不错, 马马虎虎。

Hái kěyǐ, hái búcuò, mǎma hūhū.

하이 커이 하이 부추오 마마후후

• 정말 오랜만이네요.

真的很久没见面了。

Zhēn de hěn jiǔ méi jiànmiàn le.

쩐더 헌 지우 메이 찌엔미엔 러

• 몸은 좀 어떠세요?

身体好不好?

Shēntǐ hǎo bu hǎo?

션티 하오 부 하오

• 아주 좋습니다. 고마워요.

很健康, 谢谢。

Hěn jiànkāng, xièxie.

헌 찌엔캉 씨에시에

Tip

위 문장에서 쓰인 '如何'나 '好不好' 대신 '怎么样'으로 바꾸어 써도 별 문제는 없으며 상대방에게 동의를 구하거나 의향을 물을 때 쓸 수 있다.

Part.4 하시는 일은 잘 되세요?

주요표현

꽁쭈오 쉰리 마

A: 工作顺利吗? 하시는 일은 잘 되세요?

Gōngzuò shùnlì ma?

하이 커이

B: 还可以。 그런대로요.

Hái kěyǐ.

표현늘리기

• 하시는 일은 바쁘세요?

工作忙不忙?

Gōngzuò máng bu máng?

꽁쭈오 망뿌망

• 아주 바쁩니다.

挺忙的。

Tǐng máng de.

팅 망더

• 요즘 어떻게 지내세요?

最近过得怎么样?

Zuìjìn guò de zěnmeyàng?

쭈에이진 궈더 쩐머양

• 사업은 잘 되시죠?

工作还可以吧?

Gōngzuò hái kěyǐ ba?

꽁쭈오 하이 커이 바

• 요즘 어때요? 사업은 잘 되시나요?

近来怎么样? 生意做得好吗?

Jìnlái zěnmeyàng? shēngyi zuò de hǎo ma?

찐라이 쩐머양 셩이 쭈오더 하오 마

• 덕분에 아주 좋습니다.

托你的福, 很不错。

Tuō nǐ de fú, hěn búcuò.

투오 니더 푸 헌 부추오

• 업종을 변경하실 계획은 없으신가요?

有没有转业的计划?

Yǒu mei yǒu zhuǎnyè de jìhuà?

요우 메이 요우 쭈안예더 찌화

• 없습니다. 이 일이 제 취향에 맞아요.

没有, 这种工作对我很合适。

Méiyou, zhè zhǒng gōngzuò duì wǒ hěn héshì.

메이요우 쩌 종 꽁쭈오 뚸이 워 헌 허스

• 장사는 어떤가요?

买卖如何?

Mǎimai rúhé?

마이마이 루허

• 요즘 적자지만, 조만간 좋아질 겁니다.

近来是亏损, 但是很快就会好的。

Jìnlái shì kuīsǔn, dànshì hěn kuài jiù huì hǎo de.

찐라이 스 퀘이쑨 딴스 헌 콰이 찌우 훼이 하오더

• 장사가 잘 되시기를 바랍니다!

祝你买卖成功!

Zhù nǐ mǎimai chénggōng!

쭈 니 마이마이 청꽁

Part.5 안녕히 계세요!

나머 짜이지엔
A: 那么, 再见! 그럼, 안녕히 계세요!
Nàme, zàijiàn!

나머 밍티엔 지엔 바
B: 那么, 明天见吧! 그럼, 내일 뵙겠습니다!
Nàme, míngtiān jiàn ba!

표현늘리기

- 다음에 또 만날 날이 있을 것입니다.

  后会有期。
  Hòu huì yǒu qī.
  호우 훼이 요우 치

- 편안하시길 빕니다.(헤어질 때)

  祝你平安。
  Zhù nǐ píng'ān.
  쭈 니 핑안

- 나중에 다시 뵙겠습니다.

  日后再见吧。
  Rìhòu zàijiàn ba.
  르호우 짜이지엔 바

- 나중에 우리 집에 놀러 오세요.

  以后你来我家玩吧。
  Yǐhòu nǐ lái wǒ jiā wán ba.
  이호우 니 라이 워 쟈 왈 바

• 날이 저물었군요. 늦었으니 가 봐야겠습니다.

天黑了, 不早了, 我该回去了。

Tiān hēi le, bù zǎo le, wǒ gāi huíqù le.

티엔 헤이러 뿌 자오러 워 까이 훼이취러

• 조금 더 계시다 가시지요.

请多坐一会儿吧。

Qǐng duō zuò yíhuìr ba.

칭 뚜오 쭈오 이훨 바

• 사실은 다른 약속이 있어요.

老实说, 我有别的约会。

Lǎoshí shuō, wǒ yǒu bié de yuēhuì.

라오스 슈오 워 요우 비에더 위에훼이

• 그러면 제가 더 이상 붙잡을 수가 없네요.

那我不挽留你了。

Nà wǒ bù wǎnliú nǐ le.

나 워 뿌 완리우 니러

• 나중에 다시 놀러와도 됩니까?

可不可以以后再来玩呢?

Kě bu kěyǐ yǐhòu zài lái wán ne?

커 뿌 커이 이호우 짜이 라이 완 너

• 물론이지요. 나중에 기회 되시면 또 오세요.

当然, 以后有机会请再来玩儿。

Dāngrán, yǐhòu yǒu jīhuì qǐng zài lái wánr.

땅란 이호우 요우 찌훼이 칭 짜이 라이 왈

• 좋습니다. 나중에 뵙죠.

好, 以后见。

Hǎo, yǐhòu jiàn.

하오 이호우 찌엔

Part.6 가겠습니다.

워 조우 러
A: 我走了。 가겠습니다.
Wǒ zǒu le.

만 조우
B: 慢走。 살펴 가세요.
Màn zǒu.

표현늘리기

• 언제 들어오세요?
什么时候回来呀? Shénme shíhou huílái ya?
션머 스오후 훼이라이 야

• 늦게 들어오시나요?
回来晚吗? Huílái wǎn ma?
훼이라이 완 마

• 다녀왔습니다.
我回来了。 Wǒ huílái le.
워 훼이라이러

• 어서 들어오세요.
请进。 Qǐng jìn.
칭 찐

• 안 나갑니다.(주인) / 나오지 마세요.(손님)
不送不送。 Bú sòng bú sòng.
부쏭 부쏭

• 나오지 마세요.

别送别送。 Bié sòng bié sòng.

비에 쏭 비에 쏭

• 들어가세요.

请回请回。 Qǐng huí qǐng huí.

칭 훼이 칭 훼이

• 나오지 마세요.

请您留步。 Qǐng nín liúbù.

칭 닌 리우뿌

• 멀리 안 나갑니다

不远送了。 Bù yuǎn sòng le.

뿌 위엔 쏭러

• 조심해서 가세요

请慢走。 Qǐng màn zǒu.

칭 만조우

• 조심해서 가세요

一路上小心。

Yí lù shàng xiǎoxīn.

이루샹 샤오씬

• 저를 대신해서 어머님께 안부 전해 주세요.

请代我向你妈妈问好。

Qǐng dài wǒ xiàng nǐ māmā wènhǎo.

칭 따이 워 시앙 니 마마 원하오

• 아빠가 안부 전해 드리래요.

爸爸让我向你问好。

Bàba ràng wǒ xiàng nǐ wènhǎo.

빠바 랑 워 시앙 니 원하오

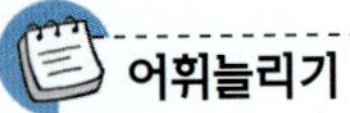

본문 중요 어휘

别的	biéde	다른 것
不错	búcuò	좋은
常	cháng	늘
车	chē	차(車)
成功	chénggōng	성공
吃饱	chībǎo	배가 부르다
吃饭	chīfàn	밥을 먹다
初次	chūcì	처음
当然	dāngrán	당연
等	děng	기다리다
电脑	diànnǎo	컴퓨터
该	gāi	…해야 한다, …의 차례다
工作	gōngzuò	업무, 일(하다)
关照	guānzhào	돌보다
好像	hǎoxiàng	마치 …인 듯하다
合适	héshì	적합하다
回去	huíqù	돌아가다
计划	jìhuà	계획
机会	jīhuì	기회
见到	jiàndào	보다
健康	jiànkāng	건강
见面	jiànmiàn	얼굴을 보다, 만나다
今天	jīntiān	오늘
近来	jìnlái	요즘, 근래
久仰	jiǔyǎng	존함은 오래 전부터 들었습니다.
亏损	kuīsǔn	손해, 손해나다
老实	lǎoshí	솔직한, 정직한

了	le	동사 뒤에 쓰여 돋작의 완료를 나타낼 수 있고 형용사 뒤나 문장 끝에 쓰여 변화의 어기를 나타낼 수 있는 조사.
马马虎虎	mǎmǎ hūhū	대충하다, 그저 그렇다
买卖	mǎimai	장사
买卖	mǎimài	장사를 하다
明天见	míngtiān jiàn	내일 보자
名字	míngzi	이름
哪儿	nǎr	어느 곳, 어디
情况	qíngkuàng	상황
请	qǐng	청하다, 부탁하다
荣幸	róngxìng	영광
如何	rúhé	어떠한가, 왜 어째서
身体	shēntǐ	신체, 몸
生意	shēngyi	사업, 장사
熟悉	shúxī	잘 알다
睡	shuì	잠자다
说	shuō	말하다
提起	tíqǐ	제기하다, 말하다
天黑	tiānhēi	해질녘, 해거름
托福	tuōfú	신세를 지다, 덕분이다
玩	wán	놀다
挽留	wǎnliú	만류하다
晚上见	wǎnshang jiàn	저녁에 보자
问好	wènhào	인사하다, 안부를 묻다
洗	xǐ	씻다
衣服	yīfu	옷, 의복
以后	yǐhòu	이후
一会儿	yíhuìr	잠시

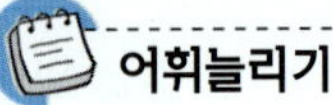

어휘늘리기

以前	yǐqián	이전
游戏	yóuxì	놀이, 유희, 게임
约会	yuēhuì	약속, 데이트
长	zhǎng	…처럼 생기다
真的	zhēnde	정말로
祝	zhù	축하하다
转业	zhuǎnyè	전업, 직업을 바꿈
做	zuò	하다
大卫	Dàwèi	데이비드 (인명)

짜오 라오스(赵老师)의 잔소리 No. 1

외국어는 창조가 아니라 모방이다!

여러분, 미국을 '美國(Měiguó : 미국-고유명사는 한어병음을 대문자로)' 한다고 해서 영어를 '美文(měiwén)'하지는 않습니다. 중국이나 일본이나 독일은 해당 언어를 모두 나라 이름 뒤에 '文'만 붙여 주면 되었지만(中文 중국어, 日文 일본어, 德文 독일어) 미국의 경우 그렇지 않습니다.

언어는, 특히 외국어는 창조가 아니라 모방입니다. 우리가 해당 외국어 구사 수준이 어느정도에 이르러 작문을 한다고 해도 그것은 모방에 근거를 둔 창조(?)임을 명심 또 명심해야 합니다. 따라서 본인이 만들어낸 신조어(新造語)(?)는 꼭 사전을 이용하여 중국에서 쓰는 말인가를 확인하는 습관을 가져야 합니다.

한자문화권에 사는 사람들은 기존에 사용하던 한자어를 중국어로만 발음하면 그대로 쓸 수 있는 경우도 많아서 지레짐작으로 이 말도 중국 한자어와 같겠거니 하고 사용하여 잘못된 중국어를 쓰는 경우가 종종 있습니다. 기존의 한자지식을 잘 활용하면 능률을 배가시킬 수 있지만 반대의 경우 치명적인 실수를 할 소지도 충분히 있습니다.

'맛있다'라는 말은 요리나, 음식에 다 쓸 수 있지요. 한편, '음식물 분리수거'라는 말은 있지만 '요리물 분리수거'라는 말을 쓰지 않습니다. 유리창은 깨지는 것이지 절대로 멸망하는 것은 아니니까요.

중국의 환경

1. 위치와 면적

아시아 대륙 동부에 위치한 중국은 북한 · 러시아 · 몽골 · 카자흐스탄 · 파키스탄 · 월남 등 15개 국가와 국경을 접하고 있으며, 남북의 길이는 약 5,500㎞, 동서의 폭은 약 5,200㎞이다. 면적은 약 960만㎢(한반도의 44배, 남한의 100배)로 러시아, 캐나다에 이어 세계 3번째의 광활한 국토를 소유하고 있다.

2. 지형

중국의 지형은 서고동저의 지형으로 황하(黄河 Huánghé), 장강(长江 Chángjiāng) 등 대부분의 강은 지세에 따라서 서에서 동으로 흐른다. 중국은 땅이 넓은 만큼 지형도 다양하여 평원, 구릉, 고원, 사막, 산지 등이 골고루 갖추어져 있다.

3. 기후

남북으로 한대와 열대 기후에 걸쳐 있으며 동서로는 해양성 기후부터 내륙성 기후까지 나타난다. 동북지방은 겨울이 길고 여름이 짧은 반면 남부지방인 해남성(海南省 Hǎinánshěng)은 여름이 길고 겨울이 짧으며, 동부의 연해지방은 사계절이 분명하고 온난습윤하다. 내륙으로 갈수록 건조하여 화남분지는 연간 강우량이 10㎜에도 미치지 않는다.

제 2 장

소개

1. 소개하겠습니다.
2. 저분은 누구세요?
3. 성함이 어떻게 되세요?
4. 한국인이세요?
5. 직업이 뭐세요?
6. 회사에서 무슨 일을 하세요?
7. 댁은 어디세요?
8. 어디에서 오셨어요?

Part.1 소개하겠습니다.

주요표현

요우 워 라이 지에샤오 쩌 웨이 스 왕 시엔셩

A: 由我来介绍，这位是王先生。

Yóu wǒ lái jiàshào, zhè wèi shì Wáng xiānsheng.

제가 소개하겠습니다. 이분은 왕 선생님입니다.

워 쟈오 리우팡 추츠 지엔미엔 칭 뚜오뚜오 꾸안자오

B: 我叫刘芳，初次见面，请多多关照。

Wǒ jiào Liú Fāng, chūcì jiànmiàn, qǐng duōduo guānzhào.

저는 류팡입니다, 처음 뵙겠습니다, 잘 부탁드립니다.

표현늘리기

• 제가 스스로를 소개하겠습니다.

我来自我介绍一下。

Wǒ lái zì wǒ jièshào yíxià.

워 라이 쯔워 지에샤오 이샤

• 제게 그분을 소개시켜 주시지 않겠습니까?

能不能给我介绍 一下那位先生?

Néng bu néng gěi wǒ jièshào yíxià nà wèi xiānsheng?

넝뿌넝 게이 워 지에샤오 이샤 나 웨이 시엔셩

• 저는 한국대학교 중문과 이소룡입니다.

我是韩国大学中文系，李小龙。

Wǒ shì Hánguó Dàxué Zhōngwénxì, Lǐ Xiǎolóng.

워 스 한궈따쉬에 쭝원씨 리샤오롱

• 이쪽은 제 안사람이고, 저쪽은 제 아들입니다.

这是我妻子，那是我儿子。

Zhè shì wǒ qīzi, nà shì wǒ érzi.

쩌 스 워 치즈 나 스 워 얼즈

• 이분은 저의 남편입니다.

这位是我丈夫。

Zhè wèi shì wǒ zhàngfu.

쩌 웨이 스 워 짱푸

• 이쪽은 저의 친구 김영미입니다.

这是我的朋友金英美。

Zhè shì wǒ de péngyou Jīn Yīngměi.

쩌 스 워더 펑요우 찐잉메이

• 당신께 소개해 드리겠습니다.

给你介绍一下。

Gěi nǐ jièshào yíxià.

게이 니 지에샤오 이샤

• 이쪽은 저희 회사 김 과장님이십니다.

这位是我们公司的金科长。

Zhè wèi shì wǒmen gōngsī de Jīn kēzhǎng.

쩌 웨이 스 워먼 꿍쓰더 찐 커장

• 안녕하세요. 뵙게 되어 반갑습니다. 많이 도와주십시오.

你好，见到你很高兴。请多多帮助。

Nǐ hǎo, jiàndào nǐ hěn gāoxìng. Qǐng duōduo bāngzhù.

니 하오 지엔따오 니 헌 까오싱 칭 뚜오뚜오 빵주

• 입사를 축하합니다.

欢迎你加入公司。

Huānyíng nǐ jiārù gōngsī.

환잉 니 쟈루 꿍쓰

Part. 2 저분은 누구세요?

주요표현

타 스 셰이
A: 她是谁？ 저분은 누구세요?
Tā shì shéi?

타 스 리우 팡
B: 她是刘芳。 저 사람은 류팡입니다.
Tā shì Liú Fāng.

표현늘리기

- 그는 저의 선배[후배]입니다.
  他是我的前辈[后辈]。
  Tā shì wǒ de qiánbèi [hòubèi].
  타 스 워더 치엔뻬이 [호우뻬이]

- 그는 나의 상사[부하]입니다.
  他是我的上司[下属]。
  Tā shì wǒ de shàngsī [xiàshǔ].
  타 스 워더 샹쓰 [샤슈]

- 그는 저의 회사 동료입니다.
  他是我的同事。
  Tā shì wǒ de tóngshì.
  타 스 워더 통스

- 우리는 전부터 아는 사이입니다.
  我们早就认识了。
  Wǒmen zǎojiù rènshi le.
  워먼 자오지우 런스러

• 당신은 저 사람을 아세요?

你认识那个人吗?

Nǐ rènshi nàge rén ma?

니 런스 나거런 마

• 알지요. 우리 회사의 총책임자이십니다.

认识, 他是我们公司的总经理。

Rènshi, tā shì wǒmen gōngsī de zǒngjīnglǐ.

런스 타스 워먼 꿍쓰더 종징리

• 당신은 그가 누구인지 아시나요?

你知道她是谁吗?

Nǐ zhīdao tā shì shéi ma?

니 쯔다오 타 스 셰이 마

• 잘 모르겠는데요. 저는 그 사람을 알지 못합니다.

我不知道, 我不认识她。

Wǒ bù zhīdào, wǒ bú rènshi tā.

워 뿌쯔다오 워 부런스 타

• 당연히 알지요. 그녀는 우리 중국어과의 퀸카예요.

当然知道, 她是我们中文系的系花。

Dāngrán zhīdao, tā shì wǒmen Zhōngwénxì de xìhuā.

땅란 쯔다오 타 스 워먼 쭝원씨더 씨화

• 저 두 사람은 어떤 관계인가요?

他们俩是什么关系?

Tāmen liǎ shì shénme guānxì?

타먼 랴 스 션머 꾸안씨

• 그들 둘은 캠퍼스 커플입니다.

他们是校园情侣。

Tāmen shì xiàoyuán qínglǚ.

타먼 스 샤오위엔 칭뤼

Part.3 성함이 어떻게 되세요?

닌 꿰이씽
A: 您贵姓? 당신은 성함이 어떻게 되십니까?
Nín guì xìng?

워 쟈오 퍄오쩡진
B: 我叫朴正进。 저는 박정진이라고 합니다.
Wǒ jiào Piáo Zhèngjìn.

표현늘리기

• 한자로 어떻게 씁니까?

用汉字怎么写?
Yòng Hànzì zěnme xiě?
용 한쯔 쩐머 씨에

• 이것은 저의 명함입니다.

这是我的名片。
Zhè shì wǒ de míngpiàn.
쩌 스 워더 밍피엔

• 미안합니다. 저는 명함을 지니지 않았습니다.

对不起,我没带名片。
Duì bu qǐ, wǒ méi dài míngpiàn.
뛔이부치 워 메이 따이 밍피엔

• 저는 정진회사의 김해영입니다.

我是正进公司的金海英。
Wǒ shì Zhèngjìn Gōngsī de Jīn Hǎiyīng.
워 스 쩡찐 꿍쓰 더 찐하이잉

• 당신을 어떻게 불러야 하지요?

怎么称呼你?

Zěnme chēnghu nǐ?

쩐머 청후 너

• 저는 최현수라고 합니다.

我叫崔贤秀。

Wǒ jiào Cuī Xiánxiù.

워 쟈오 췌이시엔시우

• 존함이 어떻게 되시죠?

尊姓大名?

Zūnxìng dàmíng?

쭌씽 따밍

• 별말씀을요. 제 이름은 임지영입니다.

不敢当, 我叫林志英。

Bù gǎndāng, wǒ jiào Lín Zhìyīng.

뿌 간땅 워 쟈오 린쯔잉

• 샤오잉이라고 부르시면 됩니다.

叫我小英就行了。

Jiào wǒ xiǎoyīng jiù xíng le.

쟈오 워 샤오잉 찌우 씽러

• 그의 별명은 뭐지요?

他的外号是什么?

Tā de wàihào shì shénme?

타더 와이하오 스 션머

• 좀 체구가 작아서 별명이 미키마우스예요.

他比较矮小, 绰号叫米老鼠。

Tā bǐjiào ǎixiǎo, chuòhào jiào Mǐlǎoshǔ.

타 비쟈오 아이샤오 추오하오 쟈오 미라오슈

Part.4 한국인이세요?

주요표현

찐 밍더 시엔셩 스 한궈런 마
A: 金明德先生是韩国人吗?
Jīn Míngdé xiānsheng shì Hánguórén ma?
김명덕 선생님은 한국인입니까?

스 워 스 한궈런
B: 是，我是韩国人。
Shì, wǒ shì Hánguórén.
네, 저는 한국인입니다.

표현늘리기

• 당신은 어느 나라 사람입니까?
您是哪国人? Nín shì nǎ guó rén?
닌 스 나궈런

• 저는 영국인입니다. 당신은요?
我是英国人，您呢? Wǒ shì Yīngguórén, nín ne?
워 스 잉궈런 닌 너

• 저는 중국인입니다.
我是中国人。 Wǒ shì Zhōngguórén.
워 스 쭝궈런

• 저는 미국인입니다.
我是美国人。
Wǒ shì Měiguórén.
워 스 메이궈런

• 당신은 어디에서 왔습니까?

你是从哪里来的?

Nǐ shì cóng nǎli lái de?

니 스 총 나리 라이더

• 국적이 어떻게 되세요?

你的国籍是什么?

Nǐ de guójí shì shénme?

니더 궈지 스 션머

• 저는 한국인입니다.

我是韩国人。

Wǒ shì Hánguórén.

워 스 한궈런

• 그래요? 전 홍콩 사람인줄 알았죠. 중국어는 어디서 배우셨나요?

是吗? 我以为你是香港人。 在哪儿学的汉语?

Shì ma? Wǒ yǐwéi nǐ shì Xiānggǎngrén. Zài nǎr xué de Hànyǔ?

스 마 워 이웨이 니 스 시앙강런 짜이 날 쉬에더 한위

• 한국의 (외국어)학원에서 배웠습니다.

在韩国的补习班学的。

Zài Hánguó de bǔxíbān xué de.

짜이 한궈더 뿌씨빤 쉬에더

• 중국어 정말 잘하시네요, 정말 중국 사람 같아요.

汉语你说得真好, 简直跟中国人一样。

Hànyǔ nǐ shuō de zhēn hǎo, jiǎnzhí gēn Zhōngguórén yíyàng.

한위 니 슈오더 쩐 하오 지엔즈 껀 쭝궈런 이양

• 천만에요. 아직 멀었습니다.

哪儿的话呀, 还差得远呢。

Nǎr de huà ya, hái chà de yuǎn ne.

날더 화야 하이 차더 위엔 너

Part.5 직업이 뭐세요?

니 쭈오 션머 꿍쭈오
A: 你做什么工作? 당신은 직업이 무엇입니까?
Nǐ zuò shénme gōngzuò?

워 스 쉬에셩
B: 我是学生。 저는 학생입니다.
Wǒ shì xuésheng.

표현늘리기

• 저는 신문사에서 일하고 있습니다.

我在报社工作。
Wǒ zài bàoshè gōngzuò.
워 짜이 빠오셔 꿍쭈오

• 저는 가정주부입니다.

我是家庭主妇。
Wǒ shì jiātíng zhǔfù.
워 스 쟈팅 주푸

• 저는 무역회사를 경영하고 있습니다.

我在经营贸易公司。
Wǒ zài jīngyíng màoyì gōngsī.
워 짜이 찡잉 마오이 꿍쓰

• 저는 미술을 공부하고 있습니다.

我在学习美术。
Wǒ zài xuéxí měishù.
워 짜이 쉬에시 메이슈

• 나중에 커서 뭐가 되고 싶니?

你将来想当什么?

Nǐ jiānglái xiǎng dāng shénme?

니 지앙라이 시앙 땅 션머

• 저는 외교관이 되고 싶습니다.

我想当外交官。

Wǒ xiǎng dāng wàijiāoguān.

워 시앙 당 와이쟈오관

• 외교관이 되려면 외국어 공부를 열심히 해야 해.

如果你想当外交官, 应该努力学习外语。

Rúguǒ nǐ xiǎng dāng wàijiāoguān, yīnggāi nǔlì xuéxí wàiyǔ.

루궈 니 시앙 땅 와이쟈오관 잉가이 누리 쉬이시 와이위

• 맞습니다. 그래서 지금 저는 열심히 외국어를 공부하고 있습니다.

你说得对。所以目前我努力学习外语。

Nǐ shuō de duì. Suǒyǐ mùqián wǒ nǔlì xuéxí wàiyǔ,

니 슈오더 뛔이 쑤오이 무치엔 워 누리 쉬에시 와이위

• 그녀의 직업은 뭐지요?

她的职业是什么?

Tā de zhíyè shì shénme?

타더 즈예 스 션머

• 중국어 통역가이드입니다.

她是汉语导游。

Tā shì Hànyǔ dǎoyóu.

타 스 한위 다오요우

• 그럼 중국어 잘하겠네요.

那她应该很会说汉语吧。

Nà tā yīnggāi hěn huì shuō Hànyǔ ba.

나 타 잉가이 헌 훼이 슈오 한위바

Part. 6 회사에서 무슨 일을 하세요?

주요표현

짜이 꿍쓰 리 쭈오 션머 꿍쭈오
A: 在公司里做什么工作? 회사에서 무슨 일을 하세요?
Zài gōngsī lǐ zuò shénme gōngzuò?

푸저 샤오쇼우 예우
B: 负责销售业务。 판매 업무를 담당하고 있습니다.
Fùzé xiāoshòu yèwù.

표현늘리기

- 대학에서 무엇을 전공하고 계세요?
  在大学攻读哪个专业?
  Zài dàxué gōngdú nǎge zhuānyè?
  짜이 따쉬에 꿍두 나거 쭈안예

- 경제학을 공부합니다.
  学经济学。
  Xué jīngjìxué.
  쉬에 찡지쉬에

- 어느 대학에 다니고 계세요?
  上哪个大学?
  Shàng nǎge dàxué?
  샹 나거 따쉬에

- 어느 회사에서 일하고 계세요?
  在哪个公司工作?
  Zài nǎge gōngsī gōngzuò?
  짜이 나거 꿍스 꿍쭈오

• 저는 해외 영업부에서 중국 영업을 담당하고 있습니다.

我在海外营业部担当中国部门。

Wǒ zài hǎiwài yíngyèbù dāndāng Zhōngguó bùmén.

워 짜이 하이와이 잉예뿌 딴땅 쭝궈 뿌먼

• 당신은 지금 하는 일에 만족합니까?

你对现在的业务有兴趣吗?

Nǐ duì xiànzài de yèwù yǒu xìngqù ma?

니 뛔이 시엔짜이더 예우 요우 씽취 마

• 만족합니다. 이 일이 저에게 잘 맞는 것 같습니다.

有, 我想这份工作对我很合适。

Yǒu, wǒ xiǎng zhè fèn gōngzuò duì wǒ hěn héshì.

요우 워 시앙 쩌 펀 꿍쭈오 뛔이 워 헌 허스

• 저 사람이 회계담당인가요?

他是你们公司的会计吗?

Tā shì nǐmen gōngsī de kuàijì ma?

타스 니먼 꿍쓰더 콰이지마

• 아니요, 그는 우리 회사의 프로그래머입니다.

不, 他是我们公司的编程员。

Bù, tā shì wǒmen gōngsī de biānchéngyuán.

뿌 타 스 워먼 꿍쓰더 삐엔청위엔

• 사내에 취미 동아리가 있나요?

在你的公司里有没有兴趣小组?

Zài nǐ de gōngsī lǐ yǒu mei yǒu xìngqù xiǎozǔ?

짜이 니더 꿍쓰 리 요우메이요우 씽취샤오주

• 예, 저는 서예 클럽이에요.

有, 我参加书法社。

yǒu, wǒ canjia shūfǎshè.

요우 워 찬쟈 슈파셔

Part.7 댁은 어디세요?

주요표현

니 쟈 짜이 날
A: 你家在哪儿? 당신 댁은 어디세요?
Nǐ jiā zài nǎr?

워 쟈 짜이 베이징
B: 我家在北京。 저의 집은 베이징에 있습니다.
Wǒ jiā zài Běijīng.

표현늘리기

• 당신의 고향은 어디입니까?
您的老家在哪儿?
Nín de lǎojiā zài nǎr?
닌더 라오쟈 짜이 날

• 당신은 어디에 살고 계십니까?
您住在什么地方?
Nín zhù zài shénme dìfang?
닌 쭈짜이 션머 띠팡

• 저는 명동 부근에 삽니다.
我住在明洞附近。
Wǒ zhù zài Míngdòng fùjìn.
워 쭈짜이 밍똥 푸진

• 저의 집은 시내라서 교통이 편리합니다.
我家在市中心，所以交通很方便。
Wǒ jiā zài shìzhōngxīn, suǒyǐ jiāotōng hěn fāngbiàn.
워 쟈 짜이 스쭝씬 쑤오이 쟈오통 헌 팡비엔

• 당신 집은 여기에서 먼가요?

你家离这儿远吗?

Nǐ jiā lí zhèr yuǎn ma?

니 쟈 리 쩔 위엔 마

• 멀지 않아요, 걸어가면 됩니다. 당신은요?

不远, 走着去就行了, 你呢?

Bù yuǎn, zǒuzhe qù jiù xíng le, nǐ ne?

뿌위엔 조우저 취 찌우 씽러 니너

• 그리 멀진 않지만 걸어서는 안 되고 버스를 타야 합니다.

不太远, 但是走着去不行, 得坐公共汽车。

Bú tài yuǎn, dànshì zǒuzhe qù bù xíng, děi zuò gōnggòng qìchē.

부타이 위엔 딴스 조우저 취 뿌싱 데이 쭈오 꿍꿍치처

• 몇 번 버스를 타야 합니까? 갈아타야 하나요?

要坐几路汽车? 要不要换车?

Yào zuò jǐ lù qìchē? Yào bu yào huàn chē?

야오 쭈오 지 루 치처 야오부야오 환처

• 갈아탈 필요는 없고 3번 버스를 타고 5분만 가면 금방 도착해요.

不用倒车, 要坐三路巴士坐五分钟就到。

Búyòng dǎochē, yào zuò sān lù bāshì zuò wǔ fēnzhōng jiù dào.

부 용 따오처 야오 쭈오 싼루 빠스 쭈오 우펀중 찌우 따오

• 선생님 댁은 여기서 가까운가요?

老师家离这儿近吗?

Lǎoshī jiā lí zhèr jìn ma?

라오스 쟈 리 쩔 찐 마

• 가깝지 않아, 멀지, 차를 두 번이나 갈아타야 갈 수 있어.

不近, 很远, 要换两次车才到。

Bú jìn, hěn yuǎn, yào huàn liǎng cì chē cái dào.

부 찐 헌 위엔 야오 환 량츠 처 차이 따오

Part.8 어디에서 오셨어요?

닌 총 나리 라이더

A: 您从哪里来的? 당신은 어디에서 오셨습니까?

Nín cóng nǎli lái de?

워 총 한궈 라이더

B: 我从韩国来的。 저는 한국에서 왔습니다.

Wǒ cóng Hánguó lái de.

• 어디 사람이지요?

你是哪里人?

Nǐ shì nǎli rén?

니 스 나리 런

• 저는 서울 사람입니다.

我是首尔人。

Wǒ shì Shǒu'ěrrén.

워 스 쇼우얼런

• 무슨 일로 오셨지요?

你是因为什么事情来的?

Nǐ shì yīnwèi shénme shìqing lái de?

니 스 인웨이 션머 스칭 라이더

• 저는 정진무역 영업부에서 왔습니다.

我是正进贸易公司营业部的人。

Wǒ shì Zhèngjìn Màoyì Gōngsī yíngyèbù de rén.

워 스 쩡찐마오이꿍쓰 잉예뿌더 런

• 어디출신이지요? 어디 사람이예요?

你是什么地方出身的? 你是哪里人?

Nǐ shì shénme dìfang chūshēn de? Nǐ shì nǎli rén?

니 스 션머 띠팡 추션더 니 스 나리 런

• 난 부산 출신입니다. 부산 사람이지요.

我是釜山出身的。 是釜山人。

Wǒ shì Fǔshān chūshēn de. Shì Fǔshānrén.

워 스 푸샨 추션더 스 푸샨런

• 당신은 서울에 언제 왔지요?

你是什么时候来首尔的?

Nǐ shì shénme shíhou lái Shǒu'ěr de?

니 스 션머 스호우 라이 쇼우얼더

• 초등학교 마치고 바로 올라왔습니다.

小学毕业以后就来的。

Xiǎoxué bìyè yǐhòu jiù lái de.

샤오쉬에 삐예 이호우 찌우 라이더

• 그러면 서울의 여러가지에 익숙하겠네요.

那你应该熟悉首尔的一切。

Nà nǐ yīnggāi shúxī Shǒu'ěr de yíqiè.

나 니 잉가이 슈시 쇼우얼더 이치에

• 뭐 그럭저럭요, 당신은요? 서울에서 태어났나요?

还可以, 你呢? 你是在首尔出生的吗?

Hái kěyǐ, nǐ ne? Nǐ shì zài Shǒu'ěr chūshēng de ma?

하이 커이 니 너 니 스 짜이 쇼우얼 추셩더 마

• 예, 저는 서울 토박이입니다.

是, 我是土生土长的首尔人。

Shì, wǒ shì tǔshēng tǔzhǎng de Shǒu'ěrrén.

스 워 스 투셩투장더 쇼우얼런

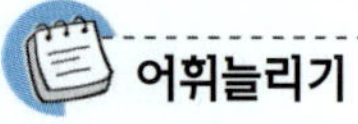

어휘늘리기

본문 중요 어휘

矮小	ǎixiǎo	작다, 왜소하다
巴士	bāshì	버스
帮助	bāngzhù	돕다
比较	bǐjiào	비교(하다)
毕业	bìyè	졸업하다
补习班	bǔxíbān	학원
不行	bùxíng	불가능하다
不用	búyòng	…할 필요 없다
不敢当	bù gǎndāng	별 말씀을 다하십니다. 천만의 말씀입니다.
差	chà	부족하다
称呼	chēnghu	부르다, 호칭하다
绰号	chuòhào	별명
出身	chūshēn	출신
出生	chūshēng	태어나다
担当	dāndāng	맡다, 담당하다
当	dāng	되다, 담당하다
倒车	dǎochē	차를 바꿔 타다(dàochē = 차를 후진하다)
得	děi	…해야 한다
地方	dìfang	곳, 지방
分钟	fēnzhōng	분
份	fèn	몫, 분량 (工作의 양사)
高兴	gāoxìng	즐거워하다
跟…一样	gēn …yíyàng	…와 같다
公司	gōngsī	회사
工作	gōngzuò	일, 직업, 일하다
公共汽车	gōnggòng qìchē	버스
关系	guānxi	관계

还	hái	아직, 그럭저럭
韩国人	Hánguórén	한국인
汉语	Hànyǔ	중국어
很会	hěn huì	…에 뛰어나다, 능숙하다
欢迎	huānyíng	환영하다
换车	huànchē	차를 갈아타다
几	jǐ	몇, 개수를 묻는 의문사에 쓰임
家	jiā	가게나 기업에 쓰는 양사, 집
加入	jiārù	가입, 가입하다
简直	jiǎnzhí	그야말로, 정말로
将来	jiānglái	장래
介绍	jièshào	소개하다
近	jìn	가까운
科长	kēzhǎng	과장 (직책)
可以	kěyǐ	괜찮다, 나쁘지 않다
离	lí	이별하다, …에서 멀리 떨어져 있다
俩	liǎ	두개, 둘
路	lù	노선, 노선버스 번호
麻浦	Mápǔ	마포 (서울의 지명)
米老鼠	mǐlǎoshǔ	미키마우스
目前	mùqián	요즘
努力	nǔlì	노력(하다)
汽车	qìchē	자동차
情侣	qínglǚ	연인, 커플
去	qù	가다 (목적지가 정해짐)
认识	rènshi	인식하다 알다
如果	rúguǒ	만약 …이라면
社团	shètuán	동아리, 서클, 단체
书法社	shūfǎshè	서예반, 서예동아리

어휘늘리기

谁	shéi, shuí	누구
特别	tèbié	특히, 특별하다
土生土长	tǔshēng tǔzhǎng	토박이의
外号	wàihào	별명
外语	wàiyǔ	외국어
位	wèi	자리, 사람을 나타내는 양사
喜欢	xǐhuan	좋아하다, 즐겁다
系	xì	학과, 계열
系花	xìhuā	과에서 가장 예쁜 여학생
现在	xiànzài	현재
小学	xiǎoxué	초등학교
校园	xiàoyuán	캠퍼스, 교정
兴趣	xìngqù	흥미, 취미
兴趣小组	xìngqù xiǎozǔ	취미 동아리
学习	xuéxí	공부, 학습, 공부하다
邀请	yāoqǐng	초청하다
业务	yèwù	업무
一切	yíqiè	모든 것, 일체
以为	yǐwéi	…로 여기다
应该	yīnggāi	마땅히 …해야한다
有关	yǒuguān	관계가 있다, 연관되다
远	yuǎn	멀다
着	zhe	…한 상태로 (동작의 지속을 표시)
职业	zhíyè	직업
中文	Zhōngwén	중국어, 중국 글자, 중국 문장
总经理	zǒngjīnglǐ	총지배인, 사장
走	zǒu	걷다, 가다(목적지가 정해지지 않음), 떠나다
最	zuì	가장, 제일
尊姓大名	zūnxìng dàmíng	성함, 존함

坐	zuò	(버스나 배, 비행기 등을) 타다

관련 어휘

선후배

长辈	zhǎngbèi	(가족 · 친척 중의) 손윗사람, 연장자
前辈	qiánbèi	선배, 연장자
晚辈	wǎnbèi	후배
后辈	hòubèi	후배, 후대
师兄	shīxiōng	남자 선배, 사형
师姐	shījiě	여자 선배
师弟	shīdì	남자 후배, 사제
师妹	shīmèi	여자 후배, 사매

나라 이름

国籍	guójí	국적
香港	Xiānggǎng	홍콩
台湾	Táiwān	대만
日本	Rìběn	일본
印度	Yìndù	인도
新加坡	Xīnjiāpō	싱가포르
美国	Měiguó	미국
加拿大	Jiānádà	캐나다
英国	Yīngguó	영국
西班牙	Xībānyá	스페인
葡萄牙	Pútáoyá	포르투갈
德国	Déguó	독일
荷兰	Hélán	네덜란드
意大利	Yìdàlì	이탈리아

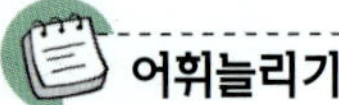

어휘늘리기

巴西	Bāxī	브라질

직업의 종류

会计	kuàijì	회계사
工程师	gōngchéngshī	엔지니어
编程员	biānchéngyuán	프로그래머
外交官	wàijiāoguān	외교관
导游	dǎoyóu	여행가이드
老师	lǎoshī	선생님, 교사
护士	hùshi	간호사
播音员	bōyīnyuán	아나운서
社员	shèyuán	회사원
厨师	chúshī	요리사
警察	jǐngchá	경찰
农夫	nóngfū	농민
公务员	gōngwùyuán	공무원
售货员	shòuhuòyuán	판매원
记者	jìzhě	기자
商人	shāngrén	상인
律师	lǜshī	변호사
演员	yǎnyuán	배우
司机	sījī	운전기사

여러 가지 성씨

金	Jīn	김	李	Lǐ	이
朴	Piáo	박	崔	Cuī	최
郑	Zhèng	정	赵	Zhào	조
张	Zhāng	장	王	Wáng	왕

刘	Liú	류	沈	Shěn	심
杨	Yáng	양	周	Zhōu	주
吴	Wú	오	孔	Kǒng	공
韩	Hán	한	吕	lǚ	려
公孙	Gōngsūn	공손	东方	Dōngfāng	동방
司马	Sīmǎ	사마	鲜于	Xiānyú	선우
诸葛	Zhūgě	제갈	夏侯	Xiàhóu	하후

한국의 지명

首尔	Shǒu'ěr	서울	仁川	Rénchuān	인천
釜山	Fǔshān	부산	大邱	Dàqiū	대구
蔚山	Yùshān	울산	光州	Guāngzhōu	광주
大田	Dàtián	대전	特别市	tèbiéshì	특별시
广域市	guǎngyùshì	광역시			
京畿道	Jīngjīdào	경기도	江原道	Jiāngyuándào	강원도
忠清道	Zhōngqīngdào	충청도	全罗道	Quánluódào	전라도
庆尚道	Qìngshàngdào	경상도	济州道	Jìzhōudào	제주도
汉江	Hànjiāng	한강	大同江	Dàtóngjiāng	대동강
洛东江	Luòdōngjiāng	낙동강	锦江	Jǐnjiāng	금강
荣山江	Róngshānjiāng	영산강			
白头山	Báitóushān	백두산	金刚山	Jīngāngshān	금강산
妙香山	Miàoxiāngshān	묘향산	雪岳山	Xuěyuèshān	설악산
智异山	Zhìyìshān	지리산	汉拿山	Hànnáshān	한라산
鸡龙山	Jīlóngshān	계룡산	俗离山	Súlíshān	속리산

짜오 라오스(赵老师)의 잔소리 No. 2

이마시아 호떡과 중국어 발음

몇 년 전 우연히 지하철 5호선 공덕역 부근에서 한 호떡 포장마차를 지나게 되었습니다. 처음에 수레에 한글로 표기되어 있는 그 '이마시아'를 눈으로만 보았을 때는 "그래! 바로 이 맛이야"에서 착안한, 호떡 맛을 자랑하는 이름으로는 보이지 않았습니다. 그러나 묵독(默讀)을 거치고 그 음성이 나에게 인식된 후에야 비로소 "아하!"라는 깨달음의 소리가 튀어나왔죠.

중국어를 학습함에 있어서 음성언어와 문자언어의 인식도와 소위 한중동의어(韓中同義語)와 한중이의어(韓中異義語)에 관해 생각해 볼 필요가 있을 것 같습니다. 일본과 공작이라는 단어를 예로 들어 봅시다. 일본은 '日本'으로 표기하고 우리말로는 '일본'으로 읽고 중국어로는 'Riben'으로 읽습니다. 이 단어는 한자를 우리말로 읽으나 중국어로 읽으나 그 의미(일본)가 같은 소위 한중동의어에 해당하는 글자입니다. 그래서 이런 경우는 한자를 알면 그 단어의 의미를 굳이 따로 기억할 필요는 없습니다. 하지만 의미를 알기 때문에 자칫 발음을 무시하고 지나갈 수 있으므로 주의해서 'Riben, 르번'이라는 발음을 기억해야 합니다.

한편 '工作'이라는 단어는 우리말에서는 '공작정치를 편다'는 등의 의미로 다소 좋지 않게 쓰이는 것에 비해 중국어에서는 단순히 '일하다'의 의미로 사용합니다. 따라서 우리가 쓰는 한자어라도 중국에서 같은 의미로 사용하는 단어인지 확인하고 사용할 필요가 있지요.

이러한 상황은 한자문화권에 사는 국민들의 장점(한중동의어의 경우 의미를 기억할 필요가 없다)이 될 수도 있고 단점(발음을 소홀히 할 염려가 있다)이 될 수도 있습니다. 대부분의 경우 중국어를 배우는 과정에서 한자문화권 학생들이 중국어 문장의 독해력은 좋지만 듣기 능력이 떨어지고, 로마자문화권 학생들이 듣기능력은 좋지만 독해력이 떨어지는 모습을 보이는데 이는 상술한 내용과 밀접한 관련이 있습니다.

중국의 민족

다민족 국가인 중국의 인구는 13억 이상이라고 보고되고 있다. 중국의 민족은 인구의 94% 정도가 한족(汉族 Hànzú)이고, 나머지 6%에 장족 · 회족 · 묘족 · 조선족 등 55개 소수민족이 포함되어 있다.

소수민족은 중국의 민족 정책에 따라 자치구에서 문화와 풍습을 보존하며 생활하고 있지만 한족의 대량 이주 정책으로 어느 소수민족 지역에도 한족이 거주하여 서로 동화되고 있는 실정이다. 그래서 고유의 생활을 지키는 민족은 많지 않다. 실제로 만주족처럼 언어와 문자를 잊고 한족에 거의 동화된 민족도 있다.

▲중국의 여러 소수민족들

제3장

감사 • 사과 • 축하

1. 감사합니다.
2. 폐 많이 끼쳤습니다.
3. 죄송합니다.
4. 새해 복 많이 받으세요.

Part.1 감사합니다.

주요표현

씨에시에
A: 谢谢。 감사합니다.
Xièxie.

부용 씨에 부씨에
B: 不用谢。/ 不谢。 아닙니다.
Búyòng xiè. / Bú xiè.

표현늘리기

• 대단히 감사합니다.
非常感谢。
Fēicháng gǎnxiè.
페이창 간씨에

• 사양하지 마세요./ 별말씀을요.
不客气!
Bú kèqi!
부 커치

• 충심으로 감사드립니다.
由衷地感谢您。
Yóuzhōng de gǎnxiè nín.
요우쫑더 간씨에 닌

• 여러 가지로 도와주셔서 감사합니다.
感谢你多方帮忙。
Gǎnxiè nǐ duōfāng bāngmáng.
간씨에 니 뚜오팡 빵망

- 대단히 감사합니다.

多谢。
Duō xiè.
뚜오시에

- 어떻게 감사해야 좋을지 모르겠습니다.

我不知道怎么感谢才好。
Wǒ bù zhīdào zěnme gǎnxiè cái hǎo.
워 뿌즈따오 쩐머 간씨에 차이 하오

- 당연히 당신에게 감사해야 합니다.

应该谢谢你。
Yīnggāi xièxie nǐ.
잉가이 씨에시에 니

- 당신의 환대에 감사합니다.

谢谢你的款待。
Xièxie nǐ de kuǎndài.
씨에시에 니더 콴따이

- 뭘요, 당연히 해야 할 일인데요.

不客气，这是我应该做的。
Bú kèqi, zhè shì wǒ yīnggāi zuò de.
부커치 쩌스 워 잉가이 쭈오더

- 제가 뭐라고 감사의 말씀을 드려야 할지 모르겠네요.

我真不知如何感激你。
Wǒ zhēn bùzhī rúhé gǎnji nǐ.
워 쩐 뿌쯔 루허 간지 니

- 별말씀을, 원래 제가 맡은 일이니 염려 마세요.

这好说，这是我分内的事，不用客气。
Zhè hǎo shuō, zhè shì wǒ fènnèi de shì, búyòng kèqi.
쩌 하오 슈오 쩌 스 워 펀네이더 스 부용 커치

Part.2 폐 많이 끼쳤습니다.

주요표현

샹츠 게이니 티엔러 뿌샤오 마판

A: 上次给你添了不少麻烦。

Shàngcì gěi nǐ tiān le bù shǎo máfan.

요전에는 당신께 폐 많이 끼쳤습니다.

나리 나리

B: 哪里哪里。

Nǎli nǎli.

별말씀을요.

표현늘리기

• 수고하셨습니다.

辛苦了。 xīnkǔ le.

씬쿠러

• 수고롭지 않습니다.

不辛苦。 Bù xīnkǔ.

뿌 씬쿠

• 이 일은 당신의 도움 덕택입니다.

这件事，多亏你帮助。 Zhè jiàn shì, duōkuī nǐ bāngzhù.

쩌 지엔 스 뚜오퀘이 니 빵주

• 무슨 말씀이세요.

哪儿的话。

Nǎr de huà.

날더 화

• 정말로 고생하셨습니다.

可真是辛苦你了。

Kě zhēnshi xīnku nǐ le.

커 쩐스 씬쿠 니러

• 방해가 될지 모르겠는데.

妨碍你吗?

Fáng'ài nǐ ma?

팡아이 니 마

• 괜찮아, 뭐 도와줄까?

不妨碍,需要什么帮忙吗?

Bù fáng'ài, xūyào shénme bāngmáng ma?

뿌 팡아이 쉬야오 션머 빵망 마

• 시간을 많이 뺏고 싶진 않은데, 내 컴퓨터가 말썽이야.

不想占用你太多时间,但是我的电脑坏了。

Bù xiǎng zhànyòng nǐ tài duō shíjiān, dànshì wǒ de diànnǎo huài le.

뿌 시앙 짠용 니 타이 뚜오 스지엔 딴스 워더 띠엔나오 화이러

• 걱정마, 아주 간단해. 내가 고쳐줄게.

不用担心,很简单,我帮你修。

Bú yòng dānxīn, hěn jiǎndān, wǒ bāng nǐ xiū.

부용 딴씬 헌 지엔딴 워 빵 니 시우

• 번거롭게 해서 미안해.

太麻烦你了。

Tài máfan nǐ le.

타이 마판 니러

• 천만에.

哪儿的话呀。

Nǎr de huà ya.

날더 화 야

Part.3 죄송합니다.

주요표현

짱따웨이 쩌 스 쩐머 훼이스

A: 张大伟，这是怎么回事？

Zhāng Dàwěi, zhè shì zěnme huí shì?

장대위 씨, 이게 어떻게 된 거에요?

뛔이부치 워 쉐이 란쟈오러

B: 对不起，我睡懒觉了。

Duì bu qǐ, wǒ shuì lǎn jiào le.

죄송합니다, 제가 늦잠을 잤어요.

표현늘리기

• 미안합니다. 제가 늦었습니다.

对不起，我来晚了。 Duì bu qǐ, wǒ lái wǎn le.

뛔이부치 워 라이 완러

• 죄송합니다.

很抱歉。 Hěn bàoqiàn.

헌 빠오치엔

• 저를 용서해 주세요.

请原谅我。 Qǐng yuánliàng wǒ.

칭 위엔량 워

• 그런 뜻이 아니었습니다.

不是那个意思。

Bú shì nàge yìsi.

부스 나거 이쓰

• 제가 생각하지 못했습니다. 죄송합니다.

我没想到，对不起。

Wǒ méi xiǎngdào, duì bu qǐ.

워 메이 시앙따오 뛔이부치

• 지각을 해서 죄송합니다.

我迟到了，对不起。

Wǒ chídào le, duì bu qǐ.

워 츠따오러 뛔이부치

• 제가 주의하지 않아서 죄송합니다.

我没注意，对不起。

Wǒ méi zhùyì, duì bu qǐ.

워 메이 쭈이 뛔이부치

• 모두 우리의 잘못입니다. 정말 죄송합니다.

都是我们的不对，真不好意思。

Dōu shì wǒmen de bú duì, zhēn bùhǎo yìsi.

또우스 워먼더 부뛔이 쩐 뿌하오 이쓰

• 제가 그를 대신해서 당신께 사과드립니다.

我代表他，向您道歉。

Wǒ dàibiǎo tā, xiàng nín dàoqiàn.

워 따이뱌오 타 시앙 닌 따오치엔

• 괜찮습니다.

没关系。 / 没事儿。

Méi guānxi. / Méi shìr.

메이 꾸안씨 / 메이 셜

• 저는 받아들일 수 없습니다.

我不能接受。

Wǒ bù néng jiēshòu.

워 뿌넝 지에쇼우

Part.4 새해 복 많이 받으세요.

주요표현

씬니엔 콰이러 꿍씨 파차이

A: 新年快乐！恭喜发财！

Xīn nián kuàilè! Gōngxǐ fācái!

새해 복 많이 받으세요. 부자 되시구요!

씬니엔 하오 찐니엔 예 취엔 카오 닌러

B: 新年好！今年也全靠您了。

Xīn nián hǎo! Jīnnián yě quán kào nín le.

새해 복 많이 받으세요! 올해도 잘 부탁드려요.

표현늘리기

• 메리 크리스마스!

圣诞节快乐! Shèngdàn Jié kuàilè!

셩딴지에 콰이러

• 생일 축하해요!

祝你生日快乐! Zhù nǐ shēngrì kuàilè!

쭈 니 셩르 콰이러

• 졸업 축하드려요!

祝你毕业! Zhù nǐ bìyè!

쭈니 삐예

• 당신의 승진을 축하합니다.

祝贺您高升。

Zhùhè nín gāoshēng.

쭈허 닌 까오셩

- 그거 아주 잘됐네요. 축하합니다.

  那太好了，祝贺你。

  Nà tài hǎo le, zhùhè nǐ.

  나 타이 하오러 쭈허 니

- 당신의 행복을 기원합니다.

  祝您幸福。

  Zhù nín xìngfú.

  쭈 닌 씽푸

- 새해에는 생각하시는 일이 잘 되기를 바랍니다!

  祝你新的一年里心想事成!

  Zhù nǐ xīn de yì nián lǐ xīn xiǎng shì chéng!

  쭈 니 씬더 이니엔 리 씬시앙 스 청

- 너는 올해 어떤 계획을 갖고 있니?

  你今年有什么计划?

  Nǐ jīnnián yǒu shénme jìhuà?

  니 찐니엔 요우 션머 찌화

- 직장도 잡고, 돈도 벌고, 결혼도 하고 아이도 낳고…….

  就业，赚钱，结婚，生孩子……。

  Jiùyè, zhuànqián, jiéhūn, shēng háizi…….

  찌우예 쭈안치엔 지에훈 셩 하이즈

- 이봐, 두 마리 토끼를 잡을 순 없어.

  喂，鱼和熊掌不可得兼。

  Wèi, yú hé xióngzhǎng bù kě dé jiān.

  웨이 위 허 시옹장 뿌커 더 지엔

- 맞아, 취업이 급선무지.

  说得对，最重要的就是就业。

  Shuō de duì, zuì zhòngyào de jiùshì jiùyè.

  슈오더 뛔이 쭈에이 쫑야오더 찌우스 찌우예

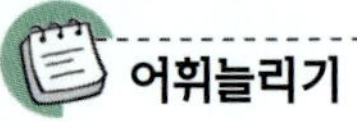

어휘늘리기

본문 중요 어휘

帮	bāng	돕다
帮忙	bāngmáng	돕다
毕业	bìyè	졸업, 졸업하다
不好意思	bùhǎo yìsi	부끄럽다
不对	bú duì	틀리다, 잘못
不可	bù kě	…해서는 안된다
不能	bù néng	…할 수 없다
不想	bù xiǎng	…하고 싶지 않다
不知	bùzhī	모르다
迟到	chídào	지각하다, 시간에 늦다
代表	dàibiǎo	대신하다, 대표하다
担心	dānxīn	근심, 걱정하다
道歉	dàoqiàn	사과하다, 사죄하다
得	dé	얻다
得	de	…한 정도가 ~하다(정도보어를 만드는 조사)
的	de	…한
电脑	diànnǎo	컴퓨터
对	duì	맞다
对不起	duì bu qǐ	미안해 하다, 미안하다
多	duō	많다
多谢	duō xiè	대단히 감사합니다
妨碍	fáng'ài	방해하다
份内的事	fènnèi de shì	자신이 맡은 일, 해야 할 일
感激	gǎnjī	감사하다, 감격하다
高升	gāoshēng	승진하다
恭喜发财	gōngxǐ fācái	돈 많이 버세요
孩子	háizi	아이

好说	hǎoshuō	천만에요, 별말씀을
和	hé	…와
坏	huài	망가지다
兼	jiān	겸하다, 동시에
结婚	jiéhūn	결혼(하다)
接受	jiēshòu	받아들이다, 수락하다, 받다
今年	jīnnián	금년, 올해
就是	jiùshì	바로 …이다
就业	jiùyè	취업
客气	kèqi	사양하다, 체면차리다
快乐	kuàilè	즐겁다, 유쾌하다
麻烦	máfan	귀찮다, 성가시게 굴다
没关系	méi guānxi	괜찮다, 상관 없다
没事儿	méi shìr	괜찮다, 대수롭지 않다
没想到	méi xiǎngdào	생각하지 못하다
哪儿的话	nǎr de huà	천만의 말씀입니다
请	qǐng	청하다, 부탁하다
如何	rúhé	어떻게
什么	shénme	무슨, 무엇
生	shēng	낳다
圣诞节	Shèngdàn Jié	크리스마스, 성탄절
生日	shēngrì	생일
生日快乐	shēngrì kuàilè	생일 축하합니다
时间	shíjiān	시간
太	tài	너무 …하다
喂	wèi	여보세요?
向	xiàng	향하다, …에게
熊掌	xióngzhǎng	곰발바닥
新年	xīnnián	새해

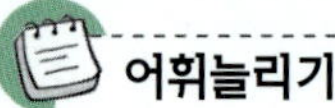

어휘늘리기

幸福	xìngfú	행복, 하다
修	xiū	고치다, 수리하다
需要	xūyào	필요로 하다
鱼	yú	물고기
占	zhān	차지하다, 빼앗다, 점유하다
重要	zhòngyào	중요한
真	zhēn	정말로, 참으로
祝	zhù	축하하다, 축원하다
祝贺	Zhùhè	축하합니다
注意	zhùyì	주의하다
赚钱	zhuànqián	돈을 벌다, 이윤을 남기다
最	zuì	가장(무리 중에서 최고)

짜오 라오스(赵老师)의 잔소리 No. 3

머쥐린과 아프러

'외국어는 음성이 아니라 음향이다'

'woman'이라는 단어를 우리는 보통 '우먼'으로 배웠습니다. 우리가 배운 영어 발음기호대로 라면 그렇겠지만 본국인 들의 대부분은 '우먼' 보다는 '워먼'에 가깝게 발음하고 있지요. 따라서 발음기호의 기본을 잘 알고 난 후에는 그것을 바탕으로 본국인들의 발음을 여러 번 듣고 흉내내는 것이 절대적으로 필요합니다. (본 교재 본문의 우리말 표기는 편의상 한글의 자모음이 허용하는 한도 내에서 비슷한 음을 낼 수 있는 글자를 찾아놓은 것에 불과합니다)

외국어는 정확하게 표기할 수 있는 '음성'이라기 보다는 정확한 표기가 불가능한 자연계의 '음향'에 가깝다는 인식을 갖고 발성에 임하는 것이 무엇보다 중요합니다. 가령 우리가 '마가린 margarine'이나 '오페라 opera'라고 발음하는 영어단어를 영어를 모국어로 사용하는 사람들은 '머쥐린'이나 '아프러'에 가깝게 발음합니다.

따라서 제대로 발음해야 정확하게 알아들을 수 있다는 것도 잊지 말아야 합니다.

그리고 다시 한번 말씀드리지만 이 교재에 표기된 한글 토에 집착하지 마시고 녹음 자료와 한어병음 이론에 근거하여 발음을 연습하시기 바랍니다.

중국의 국기와 국장

오성홍기(五星红旗 Wǔxīng Hóngqí)

중국의 국기는 1949년 인민정치협상회의에서 결정되었다. 좌측 상단에 다섯 개의 별이 있는데, 이중 가장 큰 별은 중국 공산당을 상징하고 나머지 네 개의 별은 모택동이 분류한 노동자 · 농민 · 도시소자본계급 · 민족자산계급을 말한다. 결국 다섯 개의 별은 '중국 공산당 영도 하에 중국 인민이 단결한다.'는 뜻이다. 별은 황색, 바탕색은 홍색인데 황색 별은 황색인종을, 붉은 바탕은 공산당 혁명을 의미한다.

중국 국장

중국 국장은 다섯 개의 별이 천안문을 비추고 그 주위를 이삭과 톱니바퀴가 감싸고 있는 모양을 한 도안이다.
천안문은 중국의 민족정신을 상징하고 톱니와 이삭은 노동자 · 농민을 의미한다.
다섯 개의 별은 국기에서와 같은 의미이다.

날짜 · 시간 · 나이

1. 오늘은 몇 월 며칠입니까?
2. 오늘이 무슨 요일이지요?
3. 지금은 몇 시예요?
4. 어느 정도 걸립니까?
5. 시계가 맞나요?
6. 나이가 어떻게 되세요?
7. 몇 살 차이가 나나요?

Part.1 오늘은 몇 월 며칠입니까?

주요표현

찐티엔 스 지위에 지하오

A: 今天是几月几号? 오늘은 몇 월 며칠입니까?

Jīntiān shì jǐ yuè jǐ hào?

치위에 얼스싼하오

B: 七月二十三号。 7월 23일입니다.

Qī yuè èrshísān hào.

표현늘리기

- 1월, 2월, 3월, 4월, 5월, 6월

  一月,二月,三月,四月,五月,六月

  yī yuè, èr yuè, sān yuè, sì yuè, wǔ yuè, liù yuè

  이위에 얼위에 싼위에 쓰위에 우위에 리우위에

- 7월, 8월, 9월, 10월, 11월, 12월

  七月,八月,九月,十月,十一月,十二月

  qī yuè, bā yuè, jiǔ yuè, shí yuè, shíyī yuè, shí'èr yuè

  치위에 빠위에 지우위에 스위에 스이위에 스얼위에

- 당신의 생일은 몇 월 며칠입니까?

  你的生日是几月几号?

  Nǐ de shēngrì shì jǐ yuè jǐ hào?

  니더 셩르 스 지위에 지하오

- 저의 생일은 9월 23일입니다.

  我的生日是九月二十三号。

  Wǒ de shēngrì shì jiǔ yuè èrshísān hào.

  워더 셩르 스 지우위에 얼스싼하오

• 당신은 생일이 언제인가요?

你的生日几月几号?

Nǐ de shēngrì jǐ yuè jǐ hào?

니더 셩르 지위에 지하오

• 4월8일입니다.

(是)四月八号。

(Shì) sì yuè bā hào.

스 쓰위에 빠하오

• 양력인가요 음력인가요?

是阳历还是阴历?

Shì yánglì háishi yīnlì?

스 양리 하이스 인리

• 음력입니다. 석가모니의 탄생일과 같아요.

是阴历,跟释迦牟尼的生日一样。

Shì yīnlì, gēn Shìjiāmóuní de shēngrì yíyàng.

스 인리 껀 스쟈모우니더 셩르 이양

• 거 묘하네요, 저의 생일은 크리스마스와 같은 날이에요.

真巧,我的生日跟圣诞节是同一天。

Zhēn qiǎo, wǒ de shēngrì gēn Shengdàn Jié shì tóng yì tiān.

쩐 챠오 워더 셩르 껀 셩딴지에 스 통 이티엔

• 그러면 12월 25일이군요. 올해 성탄절은 무슨 요일이지요?

那,十二月二十五号吧。 今年圣诞节星期几?

Nà, shí'èr yuè èrshíwǔ hào ba. Jīnnián Shèngdàn Jié xīngqī jǐ?

나 스얼위에 얼스우하오 바 찐니엔 셩딴지에 스 씽치지

• 아마 수요일일 겁니다.

可能星期三。

Kěnéng xīngqīsān.

커넝 씽치싼

Part.2 오늘이 무슨 요일이지요?

찐티엔 씽치 지
A: 今天星期几? 오늘이 무슨 요일이지요?
Jīntiān xīngqī jǐ?

찐티엔 스 씽치 얼
B: 今天是星期二。 오늘은 화요일입니다.
Jīntiān shì xīngqī'èr.

표현늘리기

- 지난 주 수요일에 나는 그녀를 만났다.

  上个礼拜三，我见过她。

  Shàng ge lǐbàisān, wǒ jiànguo tā.

  샹거 리바이싼 워 찌엔궈 타

- 지난 주 목요일에 친구를 만났습니다.

  上星期四见了朋友。

  Shàng xīngqīsì jiàn le péngyou.

  샹 씽치쓰 찌엔러 펑요우

- 이번 주 금요일은 27일입니다.

  这个星期五是二十七号。

  Zhège xīngqīwǔ shì èrshíqī hào.

  쩌거 씽치우 스 얼스치하오

- 다음 달에 일주일간의 연휴가 있습니다.

  下个月有一个星期的连休。

  Xià ge yuè yǒu yí ge xīngqī de liánxiū.

  샤거 위에 요우 이거 싱치더 리엔시우

• 다다음 주까지 끝내 주세요.

截止到下下星期，一定要完成。

Jiézhǐ dào xià xià xīngqī, yídìng yào wánchéng.

지에즈 따오 시아시아 씽치 이딩 야오 완청

• 월드컵 개막이 내일인가요 모레인가요?

世界杯开幕是明天还是后天?

Shìjièbēi kāimù shì míngtiān háishi hòutiān?

스지에뻬이 카이무 스 밍티엔 하이스 호우티엔

• 전부 틀렸습니다. 오늘입니다.

都不是，是今天。

Dōu búshì, shì jīntiān.

또우 부스 스 찐티엔

• 나는 학원에 가, 매주 수요일에 학원 수업이 있어.

我去补习班，每个星期三去补习班。

Wǒ qù bǔxíbān, měige xīngqīsān qù bǔxíbān.

워 취 뿌시빤 메이거 씽치싼 취 뿌시빤

• 하지만 오늘은 수요일이 아니야, 목요일이라구.

但是今天不是星期三，是星期四。

Dànshì jīntiān búshì xīngqīsān, shì xīngqīsì.

딴스 찐티엔 부스 씽치싼 스 씽치쓰

• 이번 주에 보강이 있어서, 수요일에 가도 되고 목요일에 가도 돼.

这个礼拜有补课，星期三或者星期四去都可以。

Zhège lǐbài yǒu bǔkè, xīngqīsān huòzhě xīngqīsì qù dōu kěyǐ.

쩌거 리바이 요우 부커 씽치싼 후오저 씽치쓰 취 또우 커이

Tip

'还是'는 선택을 나타내는 의문문에 쓰인다.

你去明天还是后天? 너 내일 가니 아니면 모레 가니? / 后天 hòutiān 모레

明天或者后天都行 내일이든 모레든 상관 없어

선택을 나타내는 평서문에는 보통 '或者'를 쓴다. / 或者 huòzhě 또는, 혹은

Part.3 지금 몇 시예요?

주요표현

씨엔짜이 지디엔
A: 现在几点? 지금 몇 시입니까?
Xiànzài jǐ diǎn?

우디엔 링 리우펀
B: 五点零六分。 5시 6분입니다.
Wǔ diǎn líng liù fēn.

표현늘리기

• 지금 몇 시 몇 분입니까?

现在几点几分?
Xiànzài jǐ diǎn jǐ fēn?
씨엔짜이 지디엔 지펀

• 6시 5분 전입니다. / 5시 55분입니다.

差五分六点了。 / 五点五十五分。
Chà wǔ fēn liù diǎn le. / Wǔ diǎn wǔshíwǔ fēn.
차 우펀 리우디엔러 / 우디엔 우스우펀

• 곧 정오 12시가 됩니다.

快中午十二点了。
Kuài zhōngwǔ shí'èr diǎn le.
콰이 쭝우 스얼디엔러

• 오후 1시 반입니다.

下午一点半。 / 下午一点三十分。
Xiàwǔ yì diǎn bàn. / Xiàwǔ yì diǎn sānshí fēn.
시아우 이디엔 빤 / 시아우 이디엔 싼스펀

• 지금 시각은 아침 7시 정각입니다.

现在时刻，早晨七点整。

Xiànzài shíkè, zǎochén qī diǎn zhěng.

씨엔짜이 스커 자오천 치디엔 정

• 15분 전 3시입니다. / 2시 45분입니다.

差一刻三点。/ 两点四十五分。

Chà yí kè sān diǎn. / Liǎng diǎn sìshíwǔ fēn.

차 이커 싼디엔 / 량디엔 쓰스우펀

• 매일 몇 시에 일어납니까?

你每天几点钟起床?

Nǐ méitiān jǐ diǎnzhōng qǐchuáng?

니 메이티엔 지디엔쫑 치추앙

• 아침 여섯시쯤 일어납니다.

我早上六点左右起来。

Wǒ zǎoshang liù diǎn zuǒyòu qǐlái.

워 쟈오샹 리우디엔 주오요우 치라이

• 어제는 저녁 8시 쯤에 잠들었어요.

昨天大概八点左右睡着了。

Zuótiān dàgài bā diǎn zuǒyòu shuìzháo le.

주오티엔 따까이 빠디엔 주오요우 쉐이자오러

• 보통은 밤 11시 15분에 잠자리에 듭니다.

一般十一点一刻睡觉。

Yìbān shíyī diǎn yí kè shuìjiào.

이빤 스이디엔 이커 쉐이자오

• 오늘 새벽에서야 겨우 잠이 들었어요.

到了今天凌晨才睡着了。

Dào le jīntiān língchén cái shuìzháo le.

따오 러 찐티엔 링천 차이 쉐이자오 러

Part. 4 어느 정도 걸립니까?

주요표현

따오 쉬에샤오 쉬야오 뚜오창 스지엔

A: 到学校需要多长时间?

Dào xuéxiào xūyào duōcháng shíjiān?

학교까지 어느 정도 걸립니까?

따위에 쉬야오 량거 샤오스

B: 大约需要两个小时。

Dàyuē xūyào liǎng ge xiǎoshí.

대략 2시간 정도 걸립니다.

표현늘리기

- 학교까지 멉니까?

  离学校远吗? Lí xuéxiào yuǎn ma?

  리 쉬에샤오 위엔 마

- 걸어서 15분 걸립니다.

  走着需要十五分钟。 Zǒuzhe xūyào shíwǔ fēnzhōng.

  조우저 쉬야오 스우펀중

- 지하철로 40분 걸립니다.

  坐地铁需要四十分钟。 Zuò dìtiě xūyào sìshí fēnzhōng.

  쭈오 띠티에 쉬야오 쓰스펀종

- 여기에서 가장 가까운 건 어느 우체국이죠?

  离这儿最近的邮局是哪个邮局?

  Lí zhèr zuì jìn de yóujú shì nǎge yóujú?

  리 쩔 쭈에이 찐더 요우쥐 스 나거 요우쥐

• 마포 우체국인데요.

是麻浦邮局。

Shì Mápǔ Yóujú.

스 마푸 요우쥐

• 여기에서 멉니까?

离这儿远吗?

Lí zhèr yuǎn ma?

리 쩔 위엔 마

• 그렇게 멀지는 않습니다.

不太远, 走路去就行了。

Bú tài yuǎn, zǒulù qù jiù xíng le.

부타이 위엔 조우루 취 찌우 씽러

• 여기에서 당신이 말한 우체국까지 가려면 몇 분이나 걸리죠?

从这儿到你说的那家邮局，需要多少分钟?

Cóng zhèr dào nǐ shuō de nà jiā yóujú, xūyào duōshǎo fēnzhōng.

총 쩔 따오 니 슈오더 나 쟈 요우쥐 쉬야오 뚜오샤오 펀종

• 아마 걸어서 10분이면 충분히 도착합니다.

大概走路十分钟，就能到。

Dàgài zǒulù shí fēnzhōng, jiù néng dào.

따까이 조우루 스펀종 찌우 넝 따오

Tip

'离'는 공간이나 시간적으로 두 지점이나 시간 사이의 격차에 중점을 둔다. 따라서 어디가 출발지(시간)이고 도착지(시간)인지는 중요하지 않고 명확하지 않을 수도 있다.

'从'주로 어디부터 어디까지라는 시발과 종착의 성격이 강하고 뒤에 종종 '…까지'라는 의미의 '到'가 따라온다. 이 '从'을 써야 하느냐 '离'를 써야 하느냐는 문장에 따라 명확할 수도, 그렇지 않을 수도 있다.

Part.5 시계가 맞나요?

주요표현

쩌거 뱌오 준 마
A: 这个表准吗? 이 시계는 맞습니까?
Zhège biǎo zhǔn ma?

나거 뱌오 콰이 우 펀종
B : 那个表快5分钟。 그 시계는 5분 빠릅니다.
Nàge biǎo kuài wǔ fēnzhōng.

표현늘리기

• 이 시계는 2분 빠릅니다.

这个表快两分钟。
Zhège biǎo kuài liǎng fēnzhōng.
쩌거 뱌오 콰이 량펀종

• 이 시계는 2분 느립니다.

这个表慢两分钟。
Zhège biǎo màn liǎng fēnzhōng.
쩌거 뱌오 만 량펀종

• 이 시계는 3분 정도 빠른 것 같습니다.

这个表好像快三分钟左右。
Zhège biǎo hǎoxiàng kuài sān fēnzhōng zuǒyòu.
쩌거 뱌오 하오샹 콰이 싼펀종 주오요우

• 시계를 2분 빨리 해 놓았습니다.

把表调快了两分钟。
Bǎ biǎo tiáo kuài le liǎng fēnzhōng.
바 뱌오 탸오 콰이러 량펀종

• 이봐, 지금 몇 시나 됐지?

喂? 现在几点了?

Wèi, xiànzài jǐ diǎn le?

웨이 시엔짜이 지 디엔러

• 5분 전 두 시야.

现在差五分两点。

Xiànzài chà wǔ fēn liǎng diǎn.

시엔짜이 차 우펀 량디엔

• 그럴 리가, 오후 두 시 반도 넘었을 텐데.

不会吧，应该过了下午两点半。

Bú huì ba, yīnggāi guò le xiàwǔ liǎng diǎn bàn.

부훼이 바 잉가이 궈러 샤우 량디엔 빤

• 아니! 정말이네. 2시 45분이야. 이 시계 걸핏하면 말썽이라니까.

咦，真的, 两点三刻，这个破表常常出毛病。

Yí, zhēnde, liǎng diǎn sān kè, zhège pòbiǎo chángchang chū máobìng.

이 쩐더 량디엔 싼커 쩌거 포뱌오 창창 추 마오삥

• 너 그 낡은 시계 버려야겠다.

你应该把那破手表扔掉。

Nǐ yīnggāi bǎ nà pò shǒubiǎo rēngdiào.

니 잉가이 바 나 포쇼우뱌오 렁댜오

Tip

알아둘 만한 중국어 시간 표현

1시 정각	一点整 (整 zhěng 정각)
2시 15분	两点 十五分 / 两点一刻(一刻 yí kè 15분) *'二点'이라 하지 않음
3시 반	三点半 / 三点三十分 *'三点两刻'라 하지 않음
4시 45분	四点 四十五分 / 四点三刻 / 差一刻五点
10분 전 5시	差十分5点 (差 chà 부족하다, 차이가 나다)

Part.6 나이가 어떻게 되세요?

주요표현

찐니엔 뚜오따 러
A: 今年多大了? 나이가 어떻게 되세요?
Jīnnián duōdà le?

얼스치 쒜이
B: 二十七岁。 27세입니다.
Èrshíqī suì.

표현늘리기

• 부모님은 연세가 어떻게 되세요?
父母多大岁数?
Fùmǔ duōdà suìshu?
푸무 뚜오따 쒜이슈

• 몇 년 생이세요?
哪年出生的?
Nǎ nián chūshēng de?
나니엔 츄셩더

• 저는 1987년생입니다.
我是1987年出生的。
Wǒ shì yì jiǔ bā qī nián chūshēng de.
워 스 이 지우 빠 치 니엔 츄셩더

• 당신의 띠는 무엇입니까?
你的属相是什么?
Nǐ de shǔxiang shì shénme?
니더 슈시앙 스 션머

• 너는 몇 살이니?(아이에게 물을 때)

你今年几岁了?

Nǐ jīnnián jǐ suì le?

니 찐니엔 지쒜이러

• 당신은 나이가 어떻게 되셨습니까?

您多大年纪了?

Nín duōdà niánjì le?

닌 뚜오따 니엔지러

• 당신의 나이는 한국 나이입니까, 만 나이입니까?

你的年纪是虚岁还是周岁?

Nǐ de niánjì shì xūsuì háishi zhōusuì?

니더 니엔지 스 쉬쒜이 하이스 조우쒜이

• 나이를 여쭈어 봐도 될까요?

可以问你的年龄吗?

Kěyǐ wèn nǐ de niánlíng ma?

커이 원 니더 니엔링 마

• 이제 곧 서른이 됩니다.

我快三十了。

Wǒ kuài sānshí le.

워 콰이 싼스러

• 정말이요? 그렇게 안 보이시는데 전 25세쯤 되신 줄 알았어요.

真的? 看不出来,我以为你25~6岁。

Zhēnde? kàn bu chū lái, wǒ yǐwéi nǐ èrshíwǔ~ liù suì.

쩐더 칸부추라이 워 이웨이 니 얼스우리우쒜이

• 고마워요, 저는 25살 되던 해에 결혼했어요.

谢谢,25岁的那年,我结婚了。

Xièxie, èrshíwǔ suì de nà nián, wǒ jiúhūn le.

씨에시에 얼스우쒜이더 나니엔 워 지에훈러

Part.7 몇 살 차이가 나나요?

주요표현

니 껀 메이메이 차 지 쉐이
A: 你跟妹妹差几岁?
Nǐ gēn mèimei chà jǐ suì?
당신과 당신 여동생은 몇 살 차이가 나나요?

워 비 타 따 량 쉐이
B: 我比她大两岁。
Wǒ bǐ tā dà liǎng suì.
제가 여동생보다 2살 위입니다.

표현늘리기

• 제가 (나이가) 아래입니다.
我是晚辈。 Wǒ shì wǎnbèi.
워 스 완뻬이

• 저와 그는 동갑입니다.
我和他同岁。 Wǒ hé tā tóng suì.
워 허 타 통쉐이

• 후배는 저보다 두 살 아래입니다.
后辈比我小两岁。 Hòubèi bǐ wǒ xiǎo liǎng suì.
호우뻬이 비 워 샤오 량쉐이

• 그녀는 저보다 세 살 위인 선배입니다.
她是比我大三岁的前辈。
Tā shì bǐ wǒ dà sān suì de qiánbèi.
타 스 비 워 따 싼쉐이더 치엔뻬이

• 아이가 있으신가요? 아들은요?

有孩子吗? 有没有儿子?

Yǒu háizi ma? yǒu mei yǒu érzi?

요우 하이즈마 요우메이요우 얼즈

• 아들은 올해 세 살이고요. 딸은 한 살이 더 많아요.

我儿子今年三岁，女儿比儿子大一岁。

Wǒ érzi jīnnián sān suì, nǚ'ér bǐ érzi dà yí suì.

워 얼즈 찐니엔 싼쒜이 뉘얼 비 얼즈 따 이쒜이

• 첫째가 딸이고 둘째가 아들이라니 부럽네요.

老大是女儿，老二是儿子，真羡慕!

Lǎodà shì nǚ'ér, lǎo'èr shì érzi, zhēn xiànmù!

라오따 스 뉘얼 라오얼 스 얼즈 쩐 시엔무

• 아빠 엄마 나이 차이가 어떻게 되시지?

你爸爸跟妈妈差几岁?

Nǐ bàba gēn māma chà jǐ suì?

니 빠바 껀 마마 차 지쒜이

• 우리 아빠가 엄마보다 네 살이 위셔.

我爸爸比我妈大四岁。

Wǒ bàba bǐ wǒ mā dà sì suì.

워 빠바 비 워 마 따 쓰쒜이

• 아버님은 올해 연세가 어떻게 되셨는데?

你父亲今年贵庚?

Nǐ fùqīn jīnnián guìgēng?

니 푸친 찐니엔 꿰이껑

• 조금 있으면 65세가 되시지. 그렇지만 아직도 일하셔.

我爸爸快六十五岁了，但是还在工作。

Wǒ bàba kuài liùshíwǔ suì le, dànshì hái zài gōngzuò.

워 빠바 콰이 리우스우쒜이러 딴스 하이 짜이 꿍쭈오

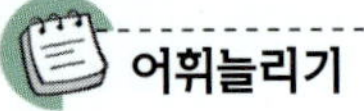

어휘늘리기

본문 중요 어휘

把	bǎ	목적어를 동사 앞으로 도치시킬 때 쓰는 전치사. '…를' 로 해석한다
比	bǐ	…과 비교하여, 비교하다
表	biǎo	손목시계
补	bǔ	보충하다
补课	bǔkè	보충수업
常常	chángchang	늘
出	chū	나오다, 발생하다
出来	chūlái	나오다
从…到	cóng…dào	…부터 ~까지
大	dà	크다, 나이가 많다
大概	dàgài	아마도
掉	diào	넘어지다, 동사 뒤에 결과보어로 쓰여 종종 '…해버리다' 의 의미로 쓰임
多少	duōshao	얼마나 (양을 나타내는 의문사에 쓰임)
够	gòu	충분하다
过	guò	지나다 경과하다
还是	háishi	…아니면 (선택형 의문문에 쓰임)
或者	huòzhě	…혹은 (선택을 나타내는 평서문에 씀. 의문문에는 보통 还是를 많이 씀)
就行(了)	jiù xíng (le)	…이면 족하다, …이면 그만이다
开幕	kāimù	개막하다
快…了	kuài…le	곧 …하게 되다
两	liǎng	2, 둘
毛病	máobìng	결함 나쁜 습관
每个	měige…	…마다, 모든
每天	měitiān	매일

那年	nà nián	그 해
破	pò	품질이 떨어지다, 깨지다
起床	qǐchuáng	기상하다, 잠에서 일어나다
起来	qǐlái	기상하다
巧	qiǎo	공교롭다, 묘하다
扔	rēng	버리다, 던지다
什么都…	shénme dōu…	…하는 것은 모두
生日	shēngrì	생일
圣诞节	Shèngdàn Jié	성탄절
释迦牟尼	Shìjiāmóuní	석가모니, 부처
世界杯	Shìjièbēi	월드컵
同一	tóngyī	같다, 동일하다
问	wèn	묻다
羡慕	xiànmù	부러워하다
信	xìn	믿다
咦	yí	아니! (놀람을 나타내는 감탄사)
邮局	yóujú	우체국
早上	zǎoshang	아침
这儿	zhèr	이곳
走路	zǒulù	길을 가다, 길을 걷다
左右	zuǒyòu	정도, 쯤

관련 어휘

수 관련

一	yī	1, 일
十	shí	10, 십
百	bǎi	100, 백
千	qiān	1000, 천

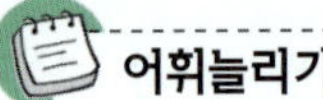

어휘늘리기

万	wàn	10000, 만
亿	yì	억
兆	zhào	조

시간 · 나이

点	diǎn	시, 시간 (= 点钟)
点钟	diǎnzhōng	시
分	fēn	분
秒	miǎo	초
半	bàn	반, 30분
刻	kè	15분, 1/4 (= 十五分 shíwǔ fēn)
年龄	niánlíng	연령, 나이
岁	suì	…세, …살
贵庚	guìgēng	춘추, 연세, 연세가 어떻게 되셨습니까?
周岁	zhōusuì	만 나이
虚岁	xūsuì	태어나자마자 1살 먹는 나이

날짜 · 요일

天	tiān	날
号	hào	일 (日, 구어체에 많이 쓰임)
日	rì	일 (문어체에 많이 쓰임)
月	yuè	월
年	nián	년
礼拜	lǐbài	주, 요일(星期), 예배, 예배를 보다
阳历	yánglì	양력
阴历	yīnlì	음력
星期一	xīngqīyī	월요일
星期二	xīngqī'èr	화요일
星期三	xīngqīsān	수요일

星期四	xīngqīsì	목요일
星期五	xīngqīwǔ	금요일
星期六	xīngqīliù	토요일
星期天(日)	qīngqītiān(rì)	일요일

*'星期' 대신 '礼拜 lǐbài '를 쓸 수도 있다.

하루의 때를 나타내는 말

凌晨	língchén	새벽
早晨	zǎochén	새벽, 이른 아침
早上	zǎoshang	아침
上午	shàngwǔ	오전
中午	zhōngwǔ	정오
下午	xiàwǔ	오후
傍晚	bàngwǎn	저녁 무렵
晚上	wǎnshang	저녁
夜里	yèli	밤
深夜	shēnyè	깊은 밤

중국의 언어와 문자

중국의 언어

중국은 다양한 민족으로 구성되어 있고 소수민족 가운데 여러 민족들은 자신들의 언어를 가지고 있다. 광대한 영토를 가지다 보니 각 지역은 나름대로의 방언을 갖게 되었고, 같은 한족일지라도 다른 지역 사람들과의 의사소통이 이루어지지 않는 경우가 많았다. 이러한 실정 때문에 소수민족과 한족, 혹은 한족과 한족간의 의사소통을 위한 공통어가 필요하게 되었다.

중국어의 공통어를 보통화(普通话 pǔtōnghuà)라고 하는데, 이것은 북경음을 표준음으로 하고 북경어를 기초 방언으로하며 모범적인 현대 구어문을 문법의 규범으로 한 한어(汉语 Hànyǔ)를 가리키는 말이다. 일반적으로 중국어라고 부르는 것이 바로 이 보통화이다. 현재는 방송, 교육 등을 통해 널리 보급되고 있어 보통화만 하면 중국 어느 곳에 가더라도 큰 무리 없이 의사소통을 할 수 있다.

중국의 문자

중국에서는 시대의 흐름에 따라 새로운 한자들이 많이 생겨났지만 한편으로는 문맹 퇴치와 간편하고 정확한 정보 전달을 위해서 꾸준히 한자의 간략화도 이루어졌다. 간체자(简体字 jiǎntǐzì) 역시 이러한 필요에 의해서 생겨났는데 필획을 줄이거나 이체자를 묶는 등의 방법으로 만들었으며, 1955년 제정되어 오늘날 중국 대륙에서 국가 공인 정규 문자로 사용하고 있다. 간체자에 반해 우리가 사용하고 있는 전통적인 글자체의 한자, 즉 정자는 번체자(繁体字 fántǐzì)라고 한다.

제5장

가족

1. 가족이 몇 분이세요?
2. 자제분이 몇이세요?
3. 결혼하셨어요?
4. 맞벌이하세요?
5. 당신 옆에 있는 사람은 누구입니까?

Part.1 가족이 몇 분이세요?

주요표현

니 쟈 요우 지 코우 런
A: 你家有几口人? 당신의 가족은 몇 분이세요?
Nǐ jiā yǒu jǐ kǒu rén?

워 쟈 요우 쓰 코우 런
B: 我家有四口人。 우리 가족은 4명입니다.
Wǒ jiā yǒu sì kǒu rén.

표현늘리기

• 형제 중에 몇 번째입니까?

在兄弟姐妹中排老几?

Zài xiōngdì jiěmèi zhōng pái lǎo jǐ?

짜이 시옹띠 지에메이 중 파이 라오지

• 저는 맏이입니다.

我是老大。

Wǒ shì lǎodà.

워 스 라오따

• 모두 누구누구입니까?

都有什么人?

Dōu yǒu shénme rén?

또우 요우 션머 런

• 형제자매 중 막내입니다.

我是兄弟姐妹中最小的。

Wǒ shì xiōngdì jiěmèi zhōng zuì xiǎo de.

워 스 시옹띠 지에메이 중 쭈에이 샤오더

• 외아들입니다.

独生子。

Dúshēngzǐ.

두셩즈

• 저와 형제들이 함께 삽니다.

我和兄弟们一起生活。

Wǒ hé xiōngdìmen yìqǐ shēnghuó.

워 허 시옹띠먼 이치 셩훠

• 우리 집은 아버지, 어머니 그리고 저 이렇게 세 식구입니다.

我家都有三口人。 爸爸、 妈妈和我。

Wǒ jiā dōu yǒu sān kǒu rén. Bàba、māma hé wǒ.

워 쟈 또우 요우 싼코우런 빠바 마마 허 워

• 형제가 어떻게 되시나요?

你有几个兄弟姐妹?

Nǐ yǒu jǐ ge xiōngdì jiěmèi?

니 요우 지거 시옹띠 지에메이

• 누나[언니] 한 명 ,형[오빠] 한 명, 그리고 남동생이 둘 있습니다.

一个姐姐，一个哥哥，还有两个弟弟。

Yí ge jiějie, yí ge gēge, háiyǒu liǎng ge dìdi.

이거 지에제 이거 꺼거 하이요우 량거 띠디

• 여동생은 없습니까?

没有妹妹吗?

Méiyǒu mèimei ma?

메이요우 메이메이 마

• 저는 여동생은 없습니다.

我没有妹妹。

Wǒ méiyǒu mèimei.

워 메이요우 메이메이

Part.2 자제분이 몇이세요?

주요표현

니 요우 지거 하이즈
A: 您有几个孩子?
Nín yǒu jǐ ge háizi?
자제분이 몇이세요?

워 요우 량거 하이즈 니너
B: 我有两个孩子。你呢?
Wǒ yǒu liǎng ge háizi. Nǐ ne?
아이가 둘 있습니다. 당신은요?

표현늘리기

• 자제분이 있으신가요?

你有孩子吗? Nǐ yǒu háizi ma?
니 요우 하이즈 마

• 있습니다. 아들[딸]입니다.

有,是儿子[女儿]。 Yǒu, shì érzi [nǚ'ér].
요우 스 얼즈 [뉘얼]

• 셋 모두 딸입니다.

三个都是女儿。 Sān ge dōu shì nǚ'ér.
싼거 또우스 뉘얼

• 저는 아직 아이가 없습니다.

我还没有小孩儿。
Wǒ hái méiyǒu xiǎoháir.
워 하이 메이요우 샤오할

• 큰 아이가 아들이고, 작은 아이가 딸이에요.

大的是儿子，小的是女儿。

Dà de shì érzi, xiǎo de shì nǚ'ér.

따더 스 얼즈 샤오더 스 뉘얼

• 자제분이 있으시죠? 어떻게 되시나요?

你有孩子吧？ 都有什么人？

Nǐ yǒu háizi ba. dōu yǒu shénme rén?

니 요우 하이즈바 또우 요우 션머 런

• 물론 있지요. 아들 하나에 딸 하나입니다.

当然有孩子。一个儿子，还有一个女儿。

Dāngrán yǒu háizi yí ge érzi, háiyǒu yí ge nǚ'ér.

땅란 요우 하이즈 이거 얼즈 하이요우 이거 뉘얼

• 무슨 일들을 하시는지요? 아직 학교에 다니나요?

他们做什么工作？还在念书吗？

Tāmen zuò shénme gōngzuò? Háizài niànshū ma?

타먼 쭈오 션머 꿍쭈오 하이짜이 니엔슈 마

• 모두 다 컸어요. 아들은 학교에서 일합니다. 교사지요.

都已经长大了，我儿子在学校工作，是老师。

Dōu yǐjing zhǎngdà le, wǒ érzi zài xuéxiào gōngzuò, shì lǎoshī.

또우 이징 장따러 워 얼즈 짜이 쉬에샤오 꿍쭈오 스 라오스

• 그러면 따님은요?

那，你女儿呢？

Nà, nǐ nǚ'er ne?

나 니 뉘얼 너

• 병원에서 일합니다. 간호사입니다.

她在医院工作，是护士。

Tā zài yīyuàn gōngzuò, shì hùshi.

타 짜이 이위엔 꿍쭈오 스 후스

Part.3 결혼하셨어요?

주요표현

니 지에훈러 마
A: 你结婚了吗? 결혼하셨어요?
Nǐ jiéhūn le ma?

하이 메이요우
B: 还没有。 아직 안 했습니다.
Hái méiyou.

표현늘리기

• 혼자 삽니다.

是单身。
Shì dānshēn.
스 딴션

• 아내와 같이 삽니다.

跟妻子一起生活。
Gēn qīzi yìqǐ shēnghuó.
껀 치즈 이치 셩훠

• 결혼한 지 얼마나 되셨어요?

结婚多少年啦?
Jiéhūn duōshao nián la?
지에훈 뚜오샤오 니엔 라

• 두 분은 언제 알게 되셨어요?

两位是什么时候认识的?
Liǎng wèi shì shénme shíhou rènshi de?
량 웨이 스 션머스호우 런스더

• 제 아내와는 사별했습니다.

我太太已经去世了。

Wǒ tàitai yǐjing qùshì le.

워 타이타이 이징 취스러

• 아니 여기서 널 만날 줄이야. 결혼은 했니?

真没想到再这儿能见到你，你结婚了吗?

Zhēn méi xiǎng dào zài zhèr néng jiàndào nǐ, nǐ jiéhūn le ma?

쩐 메이 시앙 따오 짜이 쩔 넝 찌엔따오 니 니 지에훈러 마

• 작년에 이미 했지, 아이는 아직 없어.

去年已经结婚了，还没有孩子。

Qù nián yǐjing jiéhūn le, hái méiyǒu háizi.

취니엔 이징 지에훈러 하이 메이요우 하이즈

• 네 친한 친구 따밍은?

你的老朋友大明呢?

Nǐ de lǎo péngyou Dàmíng ne?

니더 라오 펑요우 따밍 너

• 그 친구와는 몇 년째 연락이 닿지 않아.

最近几年我跟他没有联系。

Zuìjìn jǐ nián wǒ gēn tā méiyou liánxì.

쭈에이찐 지 니엔 워 껀 타 메이요우 리엔씨

• 듣기로는 결혼은 한 것 같은데 지금은 글쎄 잘 살고 있나 몰라.

听说他曾经结过婚，但是不知道现在怎么样。

Tīngshuō, tā céngjīng jiéguo hūn, dànshì bù zhīdào xiànzài zěnmeyàng.

팅슈오 타 청징 지에궈훈 딴스 뿌쯔다오 시엔짜이 쩐머양

Tip '已经'은 주로 뒤에 '了'가 와서 완료에 중점을 두고 행위가 현재까지 유효한 것을 나타내고 '曾经'은 주로 뒤에 '过'가 와서 경험에 중점을 두며 현재 행위가 유효한지 어떤지 모르는 수가 많다

Part. 4 맞벌이하세요?

주요표현

퍄오 시엔셩 자 스 슈앙즈꿍 마

A: 朴先生家是双职工吗?

Piáo xiānsheng jiā shì shuāngzhígōng ma?

박 선생님 댁은 맞벌이하십니까?

부스 치즈 스 쟈팅주푸

B: 不是。妻子是家庭主妇。

Bú shì. Qīzi shì jiātíng zhǔfù.

아닙니다. 아내는 가정주부입니다.

표현늘리기

- 당신 부인께서는 일을 하십니까?

  您夫人上班吗? Nín fūren shàng bān ma?

  닌 푸런 샹빤 마

- 한국에는 맞벌이하는 분이 많습니까?

  韩国双职工多吗? Hánguó shuāngzhígōng duō ma?

  한궈 슈앙즈꿍 뚜오 마

- 대부분 맞벌이하고 있습니다.

  大部分是双职工。 Dàbùfēn shì shuāngzhígōng.

  따뿌펀 스 슈앙즈꿍

- 아내도 역시 일을 합니다. 월급도 저보다 많아요.

  我妻子也工作。 她的工资比我多。

  Wǒ qīzi yě gōngzuò. Tā de gōngzī bǐ wǒ duō.

  워 치즈 예 꿍쭈오 타더 꿍쯔 비 워 뚜오

• 듣기로는 맞벌이한다면서요?

听说你们夫妻俩都工作，是吗?

Tīngshuō nǐmen fūqī liǎ dōu gōngzuò, shì ma?

팅슈오 니먼 푸치 랴 또우 꿍쭈오 스 마

• 예, 저는 컴퓨터 회사의 프로그래머고 아내는 무역회사 경리입니다.

对，我是电脑公司的编程员，妻子是贸易公司的会计。

Duì, wǒ shì diànnǎo gōngsī de biānchéngyuán, qīzi shì màoyì gōngsī de kuàijì.

뛔이 워 스 띠엔나오 꿍쓰더 삐엔청위엔 치즈 스 마오이 꿍쓰더 콰이지

• 왜 아이는 안 낳지요? 결혼 한 지 몇 년 되었잖아요.

怎么不生孩子? 结婚后已经过了好几年了。

Zěnme bù shēng háizi? Jiéhūn hòu yǐjing guò le hǎo jǐ nián le.

쩐머 뿌 셩 하이즈 지에훈 호우 징궈러 하오 지 니엔러

• 맞아요. 결혼한 지 벌써 3년 되었지요.

对了，我们结婚后已经过了三年了。

Duìle, wǒmen jiéhūn hòu yǐjing guò le sān nián le.

뛔이러 워먼 지에훈 호우 이징 궈러 싼 니엔러

• 일부러 안 낳는 건가요? 요즘 유행하는 딩크족이세요?

是故意不生孩子的吗? 是不是最近流行的"丁克族"?

Shì gùyì bù shēng háizi de ma? shì bu shì zuìjìn liúxíng de "Dīngkèzú"?

스 꾸이 뿌 셩 하이즈더 마 스부스 쭈에이진 리우싱더 띵커주

• 천만에요! 집사람 몸이 안 좋아서 두 번이나 유산했어요.

哪儿啊! 我的太太身体不好流过两次产。

Nǎr a! Wǒ de tàitai shēntǐ bù hǎo liúguo liǎng cì chǎn.

날 아 워더 타이타이 션티 뿌하오 리우궈 량츠 찬

Tip

丁克族 DINK족 Double Income No kids : 아이들을 낳지 않고 맞벌이 고소득을 올리는 계층

Part.5 당신 옆에 있는 사람은 누구입니까?

주요표현

니 팡비엔 나웨이 스 셰이
A: 你旁边那位是谁? 당신 옆에 그 사람은 누구입니까?
Nǐ pángbiān nà wèi shì shéi?

스 워 메이메이
B: 是我妹妹。 저의 여동생입니다.
Shì wǒ mèimei.

표현늘리기

• 이것은 우리집 가족사진입니다.

这是我家的全家福。
Zhè shì wǒ jiā de quánjiāfú.
쩌 스 워쟈더 취엔쟈푸

• 뒤쪽은 제 남동생입니다.

后边是我弟弟。
Hòubian shì wǒ dìdi.
호우비엔 스 워 띠디

• 왼쪽은 형[오빠]입니다.

左边是我哥哥。
Zuǒbian shì wǒ gēge.
주오비엔 스 워 꺼거

• 가운데는 아버지입니다.

中间是我父亲。
Zhōngjiān shì wǒ fùqin.
쭝지엔 스 워 푸친

• 내 앞의 두 사람은 어머니와 언니[누나]입니다.

我前边的两位就是我妈妈和姐姐。

Wǒ qiánbiān de liǎngwèi jiùshì wǒ māma hé jiějie.

워 치엔비엔더 량웨이 찌우스 워 마마 허 지에제

• 가운데 앉아계시는 두 분이 바로 저의 할아버지와 할머니이십니다.

在中间坐着的两位就是我的爷爷和奶奶。

Zài zhōngjiān zuòzhe de liǎng wèi jiùshì wǒ de yéye hé nǎinai.

짜이 쭝지엔 쭈오저더 량웨이 찌우스 워더 예예 허 나이나이

• 제 오른쪽의 아가씨가 바로 저의 사촌 여동생입니다.

我右边的小姐就是我的表妹。

Wǒ yòubiān de xiǎojiě jiùshì wǒ de biǎomèi.

워 요우비엔더 샤오제 찌우스 워더 뱌오메이

• 가족사진 있어요?

你有没有你家人的照片?

Nǐ yǒu mei yǒu nǐ jiārén de zhàopiàn?

니 요우메이요우 니 쟈런더 쨔오피엔

• 저는 늘 가족사진을 가지고 다녀요. 좋아요, 보여 줄게요.

我每天都带着全家福。好，给你看。

wǒ měitiān dōu dàizhe quánjiāfú. Hǎo, nǐ kàn.

워 메이티엔 또우 따이저 취엔자푸 하오 게이 니 칸

• 당신 오른쪽에 서 있는 사람이 아내인가요?

站在你右边儿的是你太太吗?

Zhàn zài nǐ yòubiānr de shì nǐ tàitai ma?

짠짜이 니 요우비얼더 스 니 타이타이 마

• 맞아요. 앞쪽에 앉아 있는 아이들이 우리 쌍둥이들이구요.

正是，坐在前边儿的是我们的双胞胎。

Zhèngshì, zuò zài qiánbiānr de shì wǒmen de shuāngbāotāi.

쩡스 쭈오 짜이 치엔비얼더 스 워먼더 슈앙빠오타이

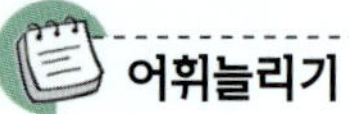

어휘늘리기

본문 중요 어휘

曾经	céngjīng	일찍이 …한 적이 있다
大明	Dàmíng	따밍 (사람이름)
带	dài	몸에 지니다
丁克族	dīngkèzú	딩크족 (자식 없는 맞벌이부부)
都	dōu	이미, 모두
个	ge	사람이나 사람을 셀 때 쓰는 양사
给	gěi	…에게 ~해 주다
故意	gùyì	고의로
家人	jiārén	가족
叫	jiào	…라 부르다
口	kǒu	사람을 셀 때 쓰는 양사
老朋友	lǎopéngyou	오랜 친구
联系	liánxì	연락(하다)
流产	liúchǎn	유산(하다)
流行	liúxíng	유행(하다)
贸易	màoyì	무역
没想到	méixiǎngdào	뜻밖에, 생각하지 못하다
…没有	méiyǒu	(동사 앞에 쓰여) …하지 않다 의 의미
念书	niànshū	책을 읽다 공부하다
全家福	quánjiāfú	가족사진
去年	qùnián	작년
双胞胎	shuāngbāotāi	쌍둥이
双职工	shuāngzhígōng	맞벌이
听说	tīngshuō	듣자 하니, 듣기에
位	wèi	사람의 수를 정중하게 물을 때 쓰는 양사로 '분'의 의미
兄弟姐妹	xiōngdì jiěmèi	형제자매

学校	xuéxiào	학교
医院	yīyuàn	병원
右边儿	yòubiānr	오른쪽
在	zài	…에서, …에다 (동작이 행해지는 장소)
站	zhàn	서다
长大	zhǎngdà	성장하다, 자라다
照片	zhàopiàn	사진
正是	zhèngshì	바로 …이다, 바로 그러하다
最近	zuìjìn	최근

관련 어휘

가족간의 호칭

爷爷	yéye	할아버지
奶奶	nǎinai	할머니
老爷	lǎoye	외할아버지
姥姥	lǎolao	외할머니
爸爸	bàba	아빠, 아버지
妈妈	māma	엄마, 어머니
伯父	bófù	백부
伯母	bómǔ	백모
叔叔	shūshu	삼촌, 숙부
婶母	shěnmǔ	숙모
舅舅	jiùjiu	외삼촌
舅母	jiùmǔ	외숙모
姨姨	yíyi	이모 (미혼), 결혼한 이모는 '姨母 yímǔ'
姨父	yífù	이모부
姑姑	gūgu	고모 (미혼), 결혼한 고모는 '姑母 gūmǔ'
姑父	gūfù	고모부

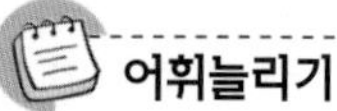

어휘늘리기

哥哥	gēge	형/오빠
姐姐	jiějie	손위 누이
大姐	dàjiě	큰누나, 큰언니, 누님
妹妹	mèimei	여동생
弟弟	dìdi	남동생
表兄	biǎoxiōng	내외종 사촌 형 (아버지 자매, 어머니 형제 자매의 아들)
表姐	biǎojiě	내외종 손위 사촌 누이
表妹	biǎomèi	내외종 사촌 여동생
表弟	biǎodì	내외종 사촌 남동생
堂兄	tángxiōng	사촌 형
堂姐	tángjiě	손위 사촌 누이
堂妹	tángmèi	사촌 여동생
堂弟	tángdì	사촌 남동생
岳父	yuèfù	장인
岳母	yuèmǔ	장모
公公	gōnggōng	시아버지
婆婆	pópo	시어머니
儿媳妇	érxífu	며느리
女婿	nǚxù	사위
女儿	nǚ'ér	딸
儿子	érzi	아들
孙子	sūnzi	손자
孙女	sūnnǚ	손녀
太太	tàitai	아내
夫妻	fūqī	부부
老大	lǎodà	첫째 자녀
老二	lǎo'èr	둘째
老生子	lǎoshēngzǐ	막둥이, 막내아들 (막내 딸=老生女)

짜오 라오스(赵老师)의 잔소리 No. 4

'절대적' 보다는 '일반적'으로

중국은 넓은 지역에서 수십 개 소수민족이 다양한 언어와 문법 체계로 언어를 사용하는, 문자 그대로 중국대륙(大陸)입니다. 따라서 학습자들이 배운 중국어를 사용할 때 지역에 따라서는 그 활용도에 차이가 있을 수 있습니다. 물론 과거에 비해 대중매체가 발달하여 이러한 문제점은 많이 해결되어 가고 있는 추세이긴 하지만 아직도 구조분석이나 문법체계에 있어, 서양언어(영어)에 비해 그 역사가 일천(一淺)하고 아직 체계화가 덜 된 상태입니다.

중국어를 학습함에 있어 특히 그 문장구조를 분석할 때는 '절대적이다'라는 말보다는 '일반적으로 그러하다.', '습관적으로 그러하다.'라는 문구에 더 깊은 관심과 이해를 가지고 중국어를 학습하는 태도가 필요하다고 봅니다. 그렇다고 '문법은 필요 없고 중요하지 않다.'라는 것은 절대 아니죠. 기본적인 골격구조가 있어야 형체가 갖추어지는 것임은 두말할 나위도 없습니다. 그러나 '문법이 있고 말이 생겼다'가 아니라 '말이 있었고 그에 따라 문법이 제 모습을 갖추게 되었다.'라는 순서를 기억했으면 합니다. 교통경찰과 법규 위반자의 관계라면 좀 비약이 심할지 모르겠지만, 어쨌든 수많은 교통위반 사항들을 한정된 인원으로 모두 적발할 수 없는 것처럼 수많은 중국어의 표현과 규칙들을 한정된 문법으로 규정짓기는 힘듭니다. 문법에 맞추어 중국어를 표현하기보다는 많은 어휘와 표현을 자연스럽게 익히면서 어법을 깨달아 가는 것이 의사소통능력 배양을 위한 바람직한 태도라고 생각합니다.

국 엿보기

중국의 소황제(小皇帝)

'여섯 식구 중의 하나', 중국 소황제를 지칭하는 다른 말이다. 중국 정부는 급격한 인구 증가를 막기 위해 1979년부터 '한 아이 낳기' 정책을 수립하여 시행하고 있다. 이 정책의 영향으로 중국 대도시 가정은 부모와 아이가 함께 사는 3인가정이 많은데 이런 가정의 아이들을 소황제라고 지칭하고 있다. '여섯 식구 중의 하나'는 부모, 외할머니, 외할아버지, 할머니, 할아버지 여섯 명이 한 아이를 보살핀다는 말이다. 어릴 때부터 온 집안의 귀여움과 보살핌을 한몸에 받고 자란다는 의미이다.

1980년 이후에 태어난 소황제들은 이제 성장하여 중국 사회와 소비시장의 주도층으로 자리잡고 있다. 소황제들은 풍요로운 환경에서 자라났기 때문에 고가의 명품을 스스럼 없이 구입하는 등 앞선 세대와는 많이 다른, 소비에 거부감이 없는 소비형태를 보이고 있다. 중국에서 한류 문화를 만들고 유지한 계층이 바로 이 소황제들이다.

이 소황제들은 어릴 적부터 부모의 지나친 과보호 속에 자라 자립심과 독립심이 약하며 이기적이라는 평가와 보다 개방되고 발전된 사회에서 자라났기 때문에 지난 세대의 사람들과는 달리 보다 세계화되고 성숙한 시민의식을 갖고 있다는 평가를 함께 받고 있기도 하다.

제6장

일상생활

1. 매일 몇 시 정도에 집을 나오세요?
2. 늦어도 5시에는 끝나요.
3. 학교까지 어떻게 오십니까?
4. 집세는 얼마인가요?
5. 언제까지 계약해야 하나요?
6. 집이 몇 평이지요?
7. 오늘은 날씨가 무척 좋습니다.
8. 내일도 비가 온다고 합니다.

Part.1 매일 몇 시 정도에 집을 나오세요?

주요표현

메이티엔 션머 스호우 총 쟈 출라이

A: 每天什么时候从家出来?

Měitiān shénme shíhou cóng jiā chūlái?

매일 몇 시 정도에 집을 나오세요?

이빤 빠디엔 주오요우 총 쟈 출라이

B: 一般8点左右从家出来。

Yìbān bā diǎn zuǒyòu cóng jiā chūlái.

보통 8시 정도에 집을 나옵니다.

표현늘리기

• 교통 체증이 매우 심합니다.

交通堵塞现象很严重。 Jiāotōng dǔsè xiànxiàng hěn yánzhòng.

쟈오통 두써 씨엔시앙 헌 옌쫑

• 몇 번 차를 갈아타십니까?

换几次车? Huàn jǐ cì chē.

환 지 츠 처

• 통근만으로도 지칩니다.

光上下班就够累了。 Guāng shàng xià bān jiù gòu lèi le.

꽝 샹샤빤 찌우 꼬우 레이러

• 막힐 때는 1시간 반도 걸립니다.

交通堵塞时需要一个半小时。

Jiāotōng dúsè shí xūyào yí ge bàn xiǎoshí.

쟈오통 두써스 쉬야오 이거 빤 샤오스

• 몇 시에 회사에 도착할 수 있습니까?

几点能到公司呢?

Jǐ diǎn néng dào gōngsī ne?

지 디엔 넝 따오 꿍스 너

• 수업이 매일 9시에 시작됩니다.

讲课每天九点钟开始。

Jiǎng kè měitiān jiǔ diǎn zhōng kāishǐ.

지앙커 메이티엔 지우 디엔쭝 카이스

• 회사가 멀어서 매일 아침 6시에 출근합니다.

公司很远,所以我每天上午六点就上班。

Gōngsī hěn yuǎn, suǒyǐ wǒ měitiān shàngwǔ liù diǎn jiù shàngbān.

꽁쓰 헌 위엔 쑤오이 워 메이티엔 샹우 리우디엔 찌우 샹빤

• 회사가 가까워서 늦게 집을 나섭니다.

公司很近,所以我晚一点儿出门儿。

Gōngsī hěn jìn, suǒyǐ wǒ wǎn yìdiǎnr chūménr.

꽁쓰 언 찐 쑤오이 워 완 이디얼 추멀

• 차가 너무 막혀 자주 지각을 합니다.

因堵车得很厉害,所以我常常迟到。

Yīn dǔchē de hěn lìhai, suǒyǐ wǒ chángchang chídào.

인 두처더 헌 리하이 쑤오이 워 창창 츠따오

• 주말에는 오후 3시 쯤 집을 나와 장을 보러 갑니다.

周末我一般下午三点左右出门去购物。

Zhōumò wǒ yìbān xiàwǔ sān diǎn zuǒyòu chūmēn qù gòuwù.

쪼우모 워 이빤 샤우 싼디엔 주오요우 추먼 취 꼬우우

Tip

방향보어가 장소를 목적어로 취할 때는 늘 동사와 방향보어 사이에 장소 목적어를 둔다.

回家来 (○) 回来家 (×) / 进教室去 (○) 进去教室 (×)

Part.2 늦어도 5시에는 끝나요.

주요표현

니 요우 커 바
A: 你有课吧?
Nǐ yǒu kè ba?
수업 있지요?

메이요우 지앙커 쭈에이완 예 야오 우디엔 지에슈
B: 没有，讲课最晚也要五点结束。
Méiyǒu, jiǎngkè zuì wǎn yě yào wǔ diǎn jiéshù.
아니오, 수업은 늦어도 5시에는 끝나요.

표현늘리기

• 집에는 언제쯤 돌아옵니까?
你什么时候回家? Nǐ shénme shíhou huíjiā?
니 션머 스호우 훼이쟈

• 오후 7시쯤 돌아옵니다.
我下午七点左右回家。 Wǒ xiàwǔ qī diǎn zuǒyòu huíjiā.
워 샤우 치디엔 주오요우 훼이쟈

• 그 다음에는요?
然后呢? Ránhòu ne?
란호우 너

• 저녁식사 후에 공부를 하거나 TV를 보고, 12시가 되어서야 잡니다.
吃晚饭后看书，看电视，到十二点才睡。
Chī wǎnfàn hòu kànshū, kàn diànshì, dào shí'èr diǎn cái shuì.
츠완 판 호우 칸슈 칸띠엔스 따오 스얼디엔 차이 쉐이

• 몇 시부터 몇 시까지 근무하십니까?

工作时间是从几点到几点?

Gōngzuò shíjiān shì cóng jǐ diǎn dào jǐ diǎn?

꿍쭈오 스지엔 스 총 지디엔 따오 지디엔

• 근무는 9시에 시작되어 6시에 끝납니다.

工作从九点开始到六点半结束。

Gōngzuò cóng jiǔ diǎn kāishǐ dào liù diǎn jiéshù.

꿍쭈오 총 지우디엔 카이스 따오 리우디엔 빤 지에슈

• 이 가게는 몇 시에 문을 닫습니까?

这个商店几点关门?

Zhège shāngdiàn jǐ diǎn guānmén?

쩌거 샹디엔 지디엔 꾸안먼

• 일이 언제 끝나세요? 제가 기다리겠습니다.

业务什么时候结束? 我等你。

Yèwù shénme shíhou jiéshù? Wǒ děng nǐ.

예우 션머 스호우 지에슈 워 덩 니

• 늦어도 7시에는 끝납니다. 회사 앞에서 기다리세요.

至少到七点能结束，在公司前头等着吧。

Zhìshǎo dào qī diǎn néng jiéshù, zài gōngsī qiántóu děngzhe ba.

쯔샤오 따오 치디엔 넝 지에슈 짜이 꽁쓰 치엔토우 덩저 바

• 너무 피곤해서 오후에는 조금 일찍 들어가야겠습니다.

太累了，下午我要早点儿下班。

Tài lèi le, xiàwǔ wǒ yào zǎo diǎnr xiàbān.

타이 레이러 샤우 워 야오 자오디얼 샤빤

• 늦어도 내일까지는 보고서를 제출해야 하는데 어떻게 하지요?

最晚也要明天之内提交报告，怎么办?

Zuì wǎn yě yào míngtiān zhīnèi tíjiāo bàogào, zěnme bàn?

쭈에이 완 예 야오 밍티엔 즈네이 티쟈오 빠오까오 쩐머빤

Part.3 학교까지 어떻게 오십니까?

주요표현

니 쩐머 라이 쉬에샤오
A: 你怎么来学校?
Nǐ zěnme lái xuéxiào?
당신은 학교까지 어떻게 오십니까?

쭈오 궁꿍치처 후오 쭈오 띠티에
B: 坐公共汽车，或坐地铁。
Zuò gōnggòng qìchē, huò zuò dìtiě.
버스를 타거나 지하철을 탑니다.

표현늘리기

• 저는 걸어서 등교합니다.
我走路上学。 Wǒ zǒulù shàngxué.
워 조우루 샹쉬에

• 아버지의 차를 타고 갑니다.
我坐爸爸的车去学校。 Wǒ zuò bàba de chē qù xuéxiào.
워 쭈오 빠바더 처 취 쉬에샤오

• 저는 자가용으로 통근합니다.
我开轿车上下班。 Wǒ kāi jiàochē shàng xià bān.
워 카이 쟈오처 샹샤빤

• 저는 지하철로 통근합니다.
我坐地铁上下班。
Wǒ zuò dìtiě shàng xià bān.
워 쭈오 띠티에 샹샤빤

• 저는 직장 동료와 카플을 하여 통근합니다.

我每次跟我的同事合伙用车上班。

Wǒ měicì gēn wǒ de tóngshì héhuǒyòngchē shàngbān.

워 메이츠 껀 워더 통스 허훠용처 샹빤

• 언제 출발할 건가요? 버스를 타고 갑니까?

你什么时候出发? 是坐公共汽车走吗?

Nǐ shénme shíhou chūfā? Shì zuò gōnggòng qìchē zǒu ma?

니 션머 스오후 추파 스 쭈오 꿍꿍치처 조우 마

• 버스가 좋기는 하지만 파업 중이에요.

公共汽车好是好,但是他们在罢工。

Gōnggòng qìchē hǎo shì hǎo, dànshì tāmen zài bàgōng.

꿍꿍치처 하오 스 하오 딴스 타먼 짜이 빠꿍

• 지하철은 어때요?

地铁怎么样?

Dìtiě zěnmeyàng?

띠티에 쩐머양

• 그것도 좋지만 여러 번 갈아타야 해요.

倒是不错,但是也要换几次车。

Dào shì búcuò, dànshì yě yào huàn jǐ cì chē.

따오스 부추오 딴스 예 야오 환 지츠 처

• 그러면 어떻게 할 건데요?

那, 你要怎么办?

Nà, nǐ yào zěnme bàn?

나 니 야오 쩐머 빤

• 보세요, 날씨 참 좋네요! 저는 자전거를 타고 가겠어요.

你看,天气这么好! 我要骑自行车去。

Nǐ kàn, tiānqì zhème hǎo! Wǒ yào qí zìxíngchē qù.

니 칸 티엔치 쩌머 하오 워 야오 치 쯔싱처 취

Part.4 집세는 얼마인가요?

주요표현

팡 쭈 스 뚜오샤오치엔
A: 房租是多少钱? 집세는 얼마입니까?
Fángzū shì duōshao qián?

메이위에 빠바이 위엔
B: 每月八百元。 집세는 매월 8백 위안입니다.
Měi yuè bābǎi yuán.

표현늘리기

• 저는 사택에 살고 있습니다.
我住私人住宅。 Wǒ zhù sīrén zhùzhái.
워 쭈 쓰런 쭈자이

• 제가 살고 있는 곳은 임대한 아파트입니다.
我住的公寓是出租的。 Wǒ zhù de gōngyù shì chūzū de.
워 쭈더 꿍위 스 추주더

• 저는 별장에 살고 있습니다.
我住别墅。 Wǒ zhù biéshù.
워 쭈 비에슈

• 별장은 당신의 집입니까?
别墅是你个人的吗? Biéshù shì nǐ gèrén de ma?
비에슈 스 니 꺼런더 마

• 빌린 것입니다.
是出租来的。 Shì chūzū lái de.
스 추주 라이더

• 집세는 얼마죠? 만일 가격이 싸다면 빌리겠습니다.

房租是多少？ 如果便宜的话，要借住。

Fángzū shì duōshao? Rúguǒ piányi de huà, yào jiè zhù.

팡쭈 스 뚜오샤오 루궈 피엔이더 화 야오 지에쭈

• 한 달에 2천 위안입니다.

一个月两千块。

Yí ge yuè liǎngqiān kuài.

이거위에 이치엔 콰이

• 뭐가 그렇게 비싸죠?

怎么这么贵啊?

Zěnme zhème guì a?

쩐머 쩌머 꿰이 아

• 시설이 정말 좋아요. 방에 컴퓨터가 있고 인터넷도 가능하죠.

这儿的设备真不错，房间里有电脑，还有因特网服务。

Zhèr de shèbèi zhēn búcuò, fángjiān lǐ yǒu diànnǎo, háiyǒu yīntèwǎng fúwù.

쩔더 셔뻬이 쩐 부추오 팡지엔리 요우 띠엔나오 하이요우 인터왕푸우

• 그래요? 정말 편하겠군요.

是吗，那太方便了。

Shì ma, nà tài fāngbiàn le.

스 마 나 타이 팡비엔러

• 좋기는 한데 이렇게 비싸면 방세가 밀릴까 걱정되네요.

好是好，但是这么贵的话，我怕会拖欠房费。

Hǎo shì hǎo, dànshì zhème guì de huà, wǒ pà huì tuōqiàn fángfèi.

하오스하오 딴스 쩌머 꿰이더 화 워 파 훼이 투오치엔 팡페이

• 그러시군요. 그럼 좀 나중에 결정하세요.

原来这样，那以后再决定吧。

Yuánlái zhèyàng, nà yǐhòu zài juédìng ba.

위엔라이 쩌양 나 이호우 짜이 쥐에띵 바

Part.5 언제까지 계약해야 하나요?

주요표현

쭈에이 완 션머 스호우 치엔딩 허통
A: 最晚什么时候签订合同?
Zuì wǎn shénme shíhou qiāndìng hétong?
언제까지 계약해야 하나요?

야오 지에더 런 뿌샤오 찐 콰이 바
B: 要借的人不少, 尽快吧。
Yào jiè de rén bùshǎo, jǐn kuài ba.
빌리려는 사람이 많아요. 가능한 한 빨리 부탁드립니다.

표현늘리기

• 계약하겠습니다.
要签订合同。 Yào qiāndìng hétong.
야오 치엔딩 허통

• 오늘 중으로 연락드리겠습니다.
今天之内取得联系。 Jīntiān zhī nèi qǔdé liánxì.
찐티엔 즈네이 취더 리엔씨

• 내일까지는 연락을 주셔야 합니다.
最晚要明天之内跟我联系。
Zuì wǎn yào míngtiān zhīnèi gēn wǒ liánxì.
쭈에이 완 야오 밍티엔 쯔네이 껀 워 리엔씨

• 너무 비싸네요. [계약하지 않겠습니다. / 깎아 줄 수 있나요?]
太贵了, [我不想签定合同。/ 能便宜一点吗?]
Tài guì le, [wǒ bù xiǎng qiāndìng hétong. / néng piányi yìdiǎn ma?]
타이 꿰이러 [워 뿌시앙 치엔띵 허통 / 넝 피엔이 이디엔 마]

• 계약하시려면 먼저 두 달치 방값을 내셔야 합니다.

要签合同，首先得付两个月的租金。

Yào qiān hétong, shǒuxiān děi fù liǎngge yuè de zūjīn.

야오 치엔 허통 쇼우시엔 데이 푸 량거 위에더 쭈찐

• 좋습니다. 요구하시는대로 지불하죠.

没问题，你要多少，就给你多少。

Méi wèntí, nǐ yào duōshao, jiù gěi nǐ duōshao.

메이 원티 니 야오 뚜오샤오 찌우 게이 니 뚜오샤오

• 여기 있습니다. 세어 보세요.

给你，请数数看吧。

Gěi nǐ, qǐng shǔshu kàn ba.

게이 니 칭 슈슈칸 바

• 감사합니다. 예약되었습니다.

谢谢，订好了。

Xièxie, dìng hǎo le.

씨에시에 띵하오러

• 여기 시설이 아주 좋네요. 새로 지은 거죠?

你们的设备特别好，是新盖的吧？

Nǐmen de shèbèi tèbié hǎo, shì xīn gài de ba?

니먼더 셔뻬이 터비에 하오 스 씬까이더바

• 예, 작년에 새로 지은 유럽스타일 아파트입니다.

是，去年新盖的欧洲式的公寓。

Shì, qùnián xīn gài de Ōuzhōushì de gōngyù.

스 취니엔 씬까이더 오우조우스더 꿍위

• 어쩐지, 예전에 여기 왔을 때는 이 아파트를 못 봤거든요.

怪不得，以前来这儿的时候，我没有发现这所公寓。

Guàibudé, yǐqián lái zhèr de shíhou, wǒ méiyǒu fāxiàn zhè suo gōngyù.

꽈이부더 이치엔 라이 쩔더 스호우 워 메이요우 파시엔 쩌 쑤오 꿍위

Part.6 집이 몇 평이지요?

주요표현

팡즈 뚜오따
A: 房子多大? 집은 어느 정도 넓어요?
Fángzi duōdà?

빠스 핑미 주오요우
B: 80平米左右。 80 평방미터 정도 됩니다.
Bāshí píngmǐ zuǒyòu.

표현늘리기

• 집은 그다지 크지 않습니다.
房子不算大。
Fángzi bú suàn dà.
팡즈 부쑤안 따

• 당신의 집은 아파트입니까?
您的房子是公寓楼吗?
Nín de fángzi shì gōngyùlóu ma?
닌더 팡즈 스 꿍위로우 마

• 몇 층입니까?
是几楼?
shì jǐ lóu.
스 지로우

• 5층입니다.
是五楼。
Shì wǔ lóu.
스 우로우

• 집에는 방이 몇 개 있습니까?

房子里有几间屋子?

Fángzi lǐ yǒu jǐ jiān wūzi?

팡즈 리 요우 지지엔 우즈

• 방이 세 개, 거실 하나, 부엌 하나, 화장실이 두 개입니다.

有三个房间、一个客厅、一个厨房,还有两个洗手间。

Yǒu sān ge fángjiān、yí ge kètīng、yí ge chúfáng, háiyǒu liǎng ge xǐshǒujiān.

요우 싼거 팡지엔 이거 커팅 이거 추팡 하이요우 량거 씨쇼우지엔

• 최근에 이사했다면서요?

听说你最近搬家了?

Tīngshuō nǐ zuìjìn bān jiā le.

팅슈오 니 쭈에이진 빤쟈러

• 주택에서 아파트로 이사간 건가요?

是不是从平房搬到楼房去?

Shì bu shì cóng píngfáng bāndào lóufáng qù?

스부스 총 핑팡 빤 따오 로우팡 취

• 예, 좀 오래된 아파트라서 수리 좀 했습니다.

是,比较老的公寓,所以装修了。

Shì, bǐjiào lǎo de gōngyù, suǒyǐ zhuāngxiū le.

스 비쟈오 라오더 꿍위 쑤오이 주앙시우러

• 돈 좀 들었겠군요. 가구와 가전제품까지 바꿨나요?

付了不少钱吧。家具和家电也换了吗?

Fù le bù shǎo qián ba. Jiājù hé jiādiàn yě huàn le ma?

푸러 뿌샤오 치엔 바 쟈쥐 허 쟈띠엔 예 환러 마

• 내일 가구를 들입니다. 전자제품은 아직 쓸 만하구요.

明天要搬进家具,家电是还能用。

Míngtiān yào bān jìn jiājù, jiādiàn shì hái néng yòng.

밍티엔 야오 빤 찐 쟈쥐 쟈띠엔 스 하이 넝 용

Part.7 오늘은 날씨가 무척 좋습니다.

주요표현

찐티엔 티엔치 쩐머양
A: 今天天气怎么样? 오늘 날씨가 어때요?
Jīntiān tiānqì zěnmeyàng?

찐티엔 티엔치 헌 하오
B: 今天天气很好。 오늘은 날씨가 무척 좋습니다.
Jīntiān tiānqì hěn hǎo.

표현늘리기

- 오늘 춥지 않습니까?

  今天不冷吗?
  Jīntiān bù lěng ma?
  찐티엔 뿌 렁 마

- 춥지 않아요. 오히려 조금 후텁지근해요.

  不冷，反而有点闷热。
  Bù lěng, fǎn'ér yǒudiǎn mēnrè.
  뿌 렁 판얼 요우디엔 먼러

- 오늘 아침은 흐렸습니다.

  今天早晨多云。
  Jīntiān zǎochén duō yún.
  찐티엔 자오천 뚜오 윈

- 바람이 무척 세게 붑니다.

  风刮得很大。
  Fēng guā de hěn dà.
  펑 과더 헌 따

• 이제 봄이네요. 전보다 훨씬 따뜻해졌어요.

春天了，比以前暖和多了。

Chūntiān le, bǐ yǐqián nuǎnhuo duō le.

춘티엔러 비 이치엔 누안훠 뚜오러

• 그러게 말이에요. 오늘만 해도 어제보다도 더 따뜻해요.

可不是，今天就比昨天更暖和。

Kě bú shì, jīntiān jiù bǐ zuótiān gèng nuǎnhuo.

커부스 찐티엔 찌우 비 주오티엔 껑 누안훠

• 북경의 날씨는 어때요?

北京的天气怎么样?

Běijīng de tiānqì zěnmeyàng?

베이징더 티엔치 쩐머양

• 4계절이 분명해요, 봄은 따뜻하고, 여름은 덥고, 가을은 선선하고, 겨울은 추워요.

四季分明，春天暖和，夏天热，秋天凉快，冬天冷。

Sìjì fēnmíng, chūntiān nuǎnhuo, xiàtiān rè, qiūtiān liángkuài, dōngtiān lěng.

쓰지 펀밍 춘티엔 누안훠 샤티엔 러 치우티엔 량콰이 똥티엔 렁

• 북경의 겨울도 서울처럼 추운가요?

北京的冬天是不是跟首尔一样冷?

Běijīng de dōngtiān shì bu shì gēn Shǒu'ěr yíyàng lěng?

베이징더 똥티엔 스부스 껀 쇼우얼 이양 렁

• 서울보다 약간 더 추워요. 게다가 조금 건조하구요.

比首尔冷一点，还有有点儿干燥。

Bǐ Shǒu'ěr lěng yìdiǎn, háiyǒu yǒudiǎnr gānzào.

비 쇼우얼 렁 이디엔 하이요우 요우디얼 깐자오

Part.8 내일도 비가 온다고 합니다.

주요표현

쮜 티엔치위빠오 슈오 밍티엔 하이야오 샤위
A: 据天气预报说，明天还要下雨。
Jù tiānqì yùbào shuō, míngtiān hái yào xià yǔ.
일기예보에 의하면 내일도 비가 온다고 합니다.

스 마
B: 是吗？
Shì ma?
그래요?

표현늘리기

• 오늘은 흐립니다.

今天多云。 Jīntiān duō yún.
찐티엔 뚜오윈

• 맑은 뒤 흐립니다.

今天晴转多云。 Jīntiān qíng zhuǎn duō yún.
찐티엔 칭주안 뚜오윈

• 내일은 눈이 온다고 들었습니다.

听说明天下雪。 Tīngshuō míngtiān xià xuě.
팅슈오 밍티엔 샤쉬에

• 일기예보에 의하면 오늘은 맑다고 합니다.

天气预报说，今天晴天。
Tiānqì yùbào shuō, jīntiān qíngtiān.
티엔치위빠오 슈오 찐티엔 칭티엔

- 밖에 아직도 비가 오나요?

外边还在下雨吗?

Wàibiān hái zài xià yǔ ma?

와이비엔 하이짜이 샤위 마

- 예, 오후가 되니 더 세어지네요.

是,到了下午下得更大。

Shì, dào le xiàwǔ xià de gèng dà.

스 따오러 샤우 샤더 껑 따

- 저런, 내일 야유회가 있는데.

不好了,明天我有郊游。

Bù hǎo le, míngtiān wǒ yǒu jiāoyóu.

뿌하오러 밍티엔 워 요우 쟈오요우

- 오늘 일기예보 못 들었어요?

你没有听今天的天气预报吗?

Nǐ méiyǒu tīng jīntiān de tiānqì yùbào ma?

니 메이요우 팅 찐티엔더 티엔치위빠오 마

- 내일도 비가 올 거라는 예보예요.

天气预报说,明天也会下雨。

Tiānqì yùbào shuō, míngtiān yě huì xià yǔ.

티엔치위빠오 슈오 밍티엔 예 훼이 샤위

- 큰일이네요, 우린 축구시합 계획이 있는데요.

糟糕,我们有足球比赛计划 。

Zāogāo, wǒmen yǒu zúqiú bǐsài jìhuà.

자오까오 워먼 요우 주치우 비싸이 찌화

- 계획을 바꿔야겠네요.

那应该改变计划了。

Nà yīnggāi gǎibiàn jìhuà le.

나 잉가이 가이비엔 찌화러

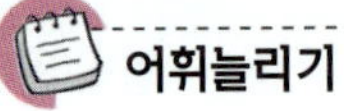

어휘늘리기

본문 중요 어휘

吧	ba	…일 것이다
罢工	bàgōng	파업하다
搬家	bānjiā	이사하다
搬进	bānjìn	반입하다
保证	bǎozhèng	보증하다, 약속하다
…比~多了	…bǐ ~duō le	…에 비해 많이 ~해졌다
比赛	bǐsài	시합
出发	chūfā	출발
倒是	dàoshì	도리어(뜻밖에도) …이다
地铁	dìtiě	지하철
发现	fāxiàn	발견하다
方便	fāngbiàn	간편하다, 편리하다
房费	fángfèi	방값
房租	fángzū	방 빌리는 값, 방세
服务	fúwù	서비스(하다)
付	fù	지불하다
改变	gǎibiàn	바꾸다
盖	gài	짓다, 덮다
更	gèng	한층
怪不得	guàibude	어쩐지 …하더라
贵	guì	비싸다
合伙用车	héhuǒyòngchē	카플, 카플하다
换	huàn	바꾸다
回家	huíjiā	귀가하다, 집으로 돌아오다
家具	jiājù	가구
郊游	jiāoyóu	소풍, 야유회
觉得	juéde	…라 느끼다

决定	juédìng	결정(하다)
看书	kàn shū	책을보다, 공부하다
可不是	kě bushì	정말 그렇다
块	kuài	원
老	lǎo	오래된, 낡은
欧洲	Ōuzhōu	유럽
怕	pà	…을 염려하다
骑	qí	타다
千	qiān	천
上个	shàngge	앞선, 지난
设备	shèbèi	설비
收	shōu	받다, 거두다
数	shǔ	헤아리다, 세다
所	suǒ	가게, 기업 등의 양사
提供	tígōng	제공하다
听	tīng	듣다
拖欠	tuōqiàn	연체되다, 납부가 밀리다
晚饭	wǎnfàn	저녁식사
洗衣	xǐyī	옷을 빨다
下午	xiàwǔ	오후
新	xīn	새롭다
要	yào	…해야 한다, …할 필요성이 있다
以前	yǐqián	예전, 예전에
一点	yìdiǎn	조금
因特网	yīntèwǎng	인터넷
用	yòng	사용하다
原来这样	yuánlái zhèyàng	그(이)렇군요
再	zài	다시
糟糕	zāogāo	큰일이다

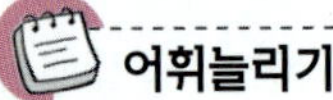

어휘늘리기

自行车	zìxíngchē	자전거
之内	zhīnèi	(장소나 시간) 이내에
周末	zhōumò	주말
足球	zúqiú	축구

관련 어휘

날씨 · 기상

天气	tiānqì	날씨
预报	yùbào	예보
天气预报	tiānqì yùbào	일기예보
四季分明	sìjì fēnmíng	4계절이 분명하다
春天	chūntiān	봄
夏天	xiàtiān	여름
秋天	qiūtiān	가을
冬天	dōngtiān	겨울
暖和	nuǎnhuo	따뜻하다
干燥	gānzào	건조하다
热	rè	덥다
闷热	mēnrè	무덥다
凉快	liángkuai	선선하다
冷	lěng	춥다
太阳	tàiyáng	태양
月	yuè	달
月亮	yuèliang	달
星星	xīngxing	별
云	yún	구름
风	fēng	바람
雨	yǔ	비

雪	xuě	눈
彩虹	cǎihóng	무지개
下雨	xià yǔ	비가 내리다
下雪	xià xuě	눈이 내리다
刮风	guā fēng	바람이 불다
天晴	tiān qíng	날이 개다
多云	duō yún	구름이 많이 끼다
晴转多云	qíng zhuǎn duō yún	맑은 뒤 흐리다

주거 관련 어휘

公寓	gōngyù	아파트
平房	píngfáng	단층집
楼房	lóufáng	복층(2층 이상)집

가전제품

家电	jiādiàn	가전
电视	diànshì	텔레비전
微波炉	wēibōlú	전자레인지
洗碟机	xǐdiéjī	식기세척기
洗衣机	xǐyījī	세탁기
电冰箱	diànbīngxiāng	냉장고
电热毯	diànrètǎn	전기장판
空调	kōngtiáo	에어컨
录象机	lùxiàngjī	비디오
电饭锅	diànfànguō	전기밥솥
吸尘器	xīchénqì	진공청소기
组合音响	zǔhé yīnxiǎng	오디오
电熨斗	diànyùndǒu	전기다리미

중국의 수도 북경(北京)

중국의 수도 북경은 중국의 정치 · 문화 · 국제 교류의 중심지이다. 화북평원 북부에 자리잡고 있으며 그 북쪽으로는 만리장성이 있다. 북경이 처음 수도가 된 것은 금나라 때인데 이 때부터 원, 명, 청나라 때까지 각 왕조의 수도가 되어 정치 · 문화의 중심지로 자리잡게 되었다. 명대(明代)인 1420년에 영락제(永乐帝)가 이곳을 국도로 정하고 북경이라 하였는데, 북경(베이징)이라는 현재 명칭은 이 때에 비롯되었다.

북경은 역사가 깊은 도시로 세계적으로 유명한 문화유산들이 많아서 해마다 많은 관광객들이 몰려든다. 우리 나라 사람들에게 잘 알려진 고궁과 천안문, 이화원, 천단공원도 모두 북경에 있다. 천안문은 도시의 중심에 위치해 있는데 그 남쪽으로는 천안문 광장을 비롯, 인민영웅기념비, 인민대회당, 역사박물관과 혁명박물관, 모택동기념당 등이 있다.

북경은 주요 간선철도의 기점으로 모든 성(省) · 자치구의 중심지와 연결되어 있으며 모스크바 · 울란바토르 · 평양 · 하노이 등지에 이르는 국제열차가 있다. 공항은 도시 북동쪽 50km 거리에 국제 공항인 북경수도공항이 있다.

북경은 교육의 중심지이기도 하다. 중국과학원의 각 연구소를 비롯하여, 북경대학교 · 청화대학교 등 20여 개의 대학이 있다.

제 7 장

여가 • 취미

1. 시간이 있으면 주로 뭘 하세요?
2. 취미가 뭐예요?
3. 어떤 운동을 좋아하세요?
4. 아직 잘 하지는 못합니다.
5. 오늘 저녁 시간 있어요?
6. 약속이 없으면 같이 가시겠어요?
7. 천단공원에 가는 게 어때요?
8. 몇 시에 시작합니까?
9. 연하장을 보내야 합니다.

Part.1 시간이 있으면 주로 뭘 하세요?

주요표현

요우 콩 스 이빤 깐 션머

A: 有空时一般干什么?

Yǒu kòng shí yìbān gàn shénme?

시간이 있으면 주로 뭘 하세요?

이빤 칸 루샹

B: 一般看录象。

Yìbān kàn lùxiàng.

보통 비디오를 봅니다.

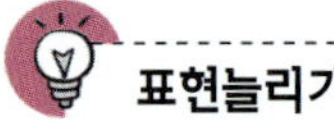

표현늘리기

• 주말은 어떻게 보내세요?

周末怎么过? Zhōumò zěnme guò?

조우모 쩐머 궈

• 산책을 합니다.

散散步。 Sàn sàn bù.

싼 싼뿌

• 낮잠을 잡니다.

睡午觉。 Shuì wǔ jiào.

쉐이 우 쟈오

• 일요일마다 한 번씩 갑니다.

每星期天去一趟。

Měi xīngqītiān qù yí tàng.

매이 씽치티엔 취 이탕

• 당신은 시간이 날 때 주로 뭘 하세요?

有空的时候你一般做什么?

Yǒu kòng de shíhou nǐ yìbān zuò shénme?

요우 콩더 스호우 니 이빤 쭈오 션머

• 중국어 책을 보거나 중국음악을 듣거나 합니다. 당신은요?

念中文书,听中国音乐等等, 你呢?

Niàn Zhōngwén shū, tīng Zhōngguó yīnyuè děng děng, nǐ ne?

니엔 쭝원슈 팅 쭝궈 인위에 덩덩 니너

• 난 중국영화를 즐겨 봅니다.

我喜欢欣赏中国电影。

Wǒ xǐhuan xīnshǎng Zhōngguó diànyǐng.

워 씨환 씬샹 쭝궈 띠엔잉

• 당신도 중국어 배우는 데 관심이 많군요.

你也对学中文很感兴趣吧。

Nǐ yě duì xué Zhōngwén hěn gǎn xìngqù ba.

니 예 뛔이 쉬에 쭝원 헌 간씽취 바

• 예, 저는 빨리 중국어를 잘할 수 있으면 정말 좋겠어요.

是,我真希望赶快学好汉语。

Shì, wǒ zhēn xīwàng gǎnkuài xué hǎo Hànyǔ.

스 워 쩐 씨왕 간콰이 쉬에 하오 한위

Tip

중국어 단어 중에 한 가지 이상으로 발음되며 발음마다 나름의 뜻을 가지는 것이 있는데 이를 파음자(破音字 pòyīnzì), 혹은 다음자(多音字 duōyīnzì)라고 한다. 중국어는 뜻 글자여서 원칙적으로 하나의 단어가 하나의 의미를 표현해야 하는데 이 원칙에 따르자니 일상 회화를 하는 데에도 많은 단어가 필요하게 되었다. 다음자는 일상생활에 쓰는 한자의 수를 줄여 좀 더 쉽게 언어생활을 하려는 노력으로 생긴 것이다.

'空'도 다음자 가운데 하나인데 'kōng'으로 발음할 때는 '공기, 하늘'의 의미이고, 'kòng'으로 발음할 때는 '시간, 여가'의 의미를 나타낸다.

Part.2 취미가 뭐예요?

주요표현

짱 시엔셩 더 아이하오 스 션머
A: 张先生的爱好是什么?
Zhāng xiānsheng de àihào shì shénme?
장 선생의 취미는 뭡니까?

파샨
B: 爬山。
Pá shān.
등산입니다.

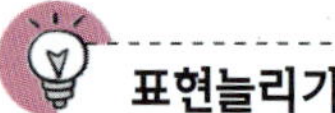

표현늘리기

• 스포츠를 좋아하세요?

喜欢运动吗? Xǐhuan yùndòng ma?
씨환 윈똥 마

• 저는 야구광입니다.

我是棒球迷。 Wǒ shì bàngqiú mí.
워 스 빵치우미

• 서예에 흥미가 있습니다.

对书法有兴趣。 Duì shūfǎ yǒu xìngqù.
뛔이 슈파 요우 씽취

• 저는 중국 무술에 흥미가 있습니다.

我对中国武术有兴趣。
Wǒ duì Zhōngguó wǔshù yǒu xìngqù.
워 뛔이 쭝궈 우슈 요우 씽취

• 당신의 취미는 뭔가요?

你的爱好是什么?

Nǐ de àihào shì shénme?

니더 아이하오 스 션머

• 저는 음악듣기와 친구들과 담소를 즐겨요, 당신은요?

我喜欢听音乐和跟朋友们聊天, 你呢?

Wǒ xǐhuan tīng yīnyuè hé gēn péngyoumen liáotiān, nǐ ne?

워 씨환 팅 인위에 허 껀 펑요우먼 랴오티엔 니 너

• 우표수집과 영화감상입니다.

集邮和欣赏电影。

Jíyóu hé xīnshǎng diànyǐng.

지요우 허 씬샹 띠엔잉

• 그래요? 저도 영화보는 걸 아주 좋아해요. 혈액형은 뭐지요?

是吗? 我也很喜欢看电影。你的血型是什么?

Shì ma? Wǒ yě hěn xǐhuan kàn diànyǐng. Nǐ de xuèxíng shì shénme?

나 타이 하오러 워 예 헌 씨환 칸 띠엔잉 니더 쉬에씽 스 션머

• AB형이에요.

我的血型是AB型。

Wǒ de xuèxíng shì ABxíng.

워더 쉬에씽 스 AB씽

• 정말 묘하네요? 저와 같아요. 빨간색을 좋아하나 모르겠네요?

真巧, 我也一样。不知道你喜不喜欢红色?

Zhēn qiǎo, wǒ yě yíyàng. Bù zhīdào nǐ xǐ bu xǐhuan hóngsè?

쩐 치아오 워 예 이양 뿌쯔따오 니 씨뿌시환 홍써

• 물론이지요. 중국 사람들은 대부분 빨간색을 좋아해요.

当然, 一般中国人都喜欢红色。

Dāngrán, yìbān Zhōngguórén dōu xǐhuan hóngsè.

땅란 이빤 쭝궈런 또우 씨환 홍써

Part.3 어떤 운동을 좋아하세요?

주요표현

니 아이 나종 윈똥
A: 你爱哪种运动?
Nǐ ài nǎ zhǒng yùndòng?
어떤 운동을 좋아합니까?

워 쭈에이 씨환 주치우 허 핑팡치우
B: 我最喜欢足球和乒乓球。
Wǒ zuì xǐhuan zúqiú hé pīngpāngqiú.
저는 축구와 탁구를 가장 좋아해요.

표현늘리기

• 아침에 운동을 하시나요?
你早上运动吗? Nǐ zǎoshàng yùndòng ma?
니 자오샹 윈똥 마

• 저는 아침에 헬스장에서 운동을 합니다.
我早上去健身房运动。 Wǒ zǎoshàng qù jiànshēnfáng yùndòng.
워 자오샹 취 지엔션팡 윈똥

• 저는 매일 아침 태극권을 합니다.
我每天早上打太极拳。 Wǒ měitiān zǎoshàng dǎ tàijíquán.
워 메이티엔 자오샹 다 타이지취엔

• 저는 운동을 싫어해요.
我不喜欢运动。
Wǒ bù xǐhuan yùdòng.
워 뿌 씨환 윈똥

• 함께 배드민턴을 치는 것이 어때요?

我们一起打羽毛球怎么样?

Wǒmen yìqǐ dǎ yúmáoqiú zěnmeyàng?

워먼 이치 다 위마오치우 쩐머양

• 저는 잘 못쳐요. 보고 웃지 마세요.

我打得不好,请不要见笑。

Wǒ dǎ de bù hǎo, qǐng bú yào jiàn xiào.

워 다더 뿌하오 칭 부야오 지엔 샤오

• 저는 프로농구를 즐겨 보는데요. 당신은 어때요?

我爱看职业篮球比赛,你呢?

Wǒ àikàn zhíyè lánqiú bǐsài, nǐ ne?

워 아이칸 즈예 란치우 비싸이 니너

• 저는 미국 프로야구 방송 프로그램을 즐겨 봅니다.

我喜欢看美国职业棒球比赛节目。

Wǒ xǐhuan kàn Měiguó zhíyè bàngqiú bǐsài jiémù.

워 씨환 칸 메이궈 즈예 빵치우 비싸이 지에무

• 어떤 시합에 참가해 봤어요?

你参加过什么比赛?

Nǐ cānjiāguo shénme bǐsài.

니 찬쟈궈 션머 비싸이

• 저는 단지 운동장에서 선수를 응원만 했어요.

我只是在运动场为运动员加过油。

Wǒ zhǐshì zài yùndòngchǎng wèi yùndòngyuán jiā guo yóu.

워 즈스 짜이 윈똥창 웨이 윈똥위엔 쟈궈 요우

• 저는 자주 회사 친선 배구 경기에 참석합니다. 실력도 있습니다.

我常参加公司里的排球友谊赛。 打得比较好。

Wǒ cháng cānjiā gōngsī lǐ de páiqiú yǒuyìsài. Dǎ de bǐjiào hǎo.

워 창 찬쟈 꿍쓰 리더 파이치우 요우이싸이 다더 비쟈오 하오

Part.4 아직 잘 하지는 못합니다.

주요표현

퍄오 시엔셩 훼이 요우용 마

A: 朴先生会游泳吗?

Piáo xiānsheng huì yóuyǒng ma?

박 선생은 수영을 할 수 있습니까?

훼이 스 훼이 딴 하이 뿌 슈리엔

B: 会是会, 但还不熟练。

Huì shì huì, dàn hái bù shúliàn.

하기는 합니다만 아직 잘 하지는 못합니다.

표현늘리기

• 매우 잘 하시는군요.

干得不错嘛。 Gàn de búcuò ma.

깐더 부추오 마

• 아닙니다, 아직 멀었습니다.

不,还差得远呢。 Bù, hái chà de yuǎn ne.

뿌 하이 차더 위엔 너

• 빨리 잘 하고 싶습니다.

想快点熟练。 Xiǎng kuài diǎn shúliàn.

시앙 콰이디엔 슈리엔

• 하기는 조금 합니다.

会是会一点。

Huì shì huì yìdiǎn.

훼이 스 훼이 이디엔

• 아직 걸음마 수준입니다. / 초보 수준입니다.

还是初步阶段。/还是初步水平。

Háishì chūbù jiēduàn. / Háishì chūbù shuǐpíng.

하이스 추뿌 지에뚜안 / 하이스 추뿌 쉐이핑

• 스키 탈 줄 아세요?

你会滑雪吗?

Nǐ huì huáxuě ma?

니 훼이 화쉬에 마

• 탈 줄은 아는데, 아직 서툴러요.

会是会,但是还不熟练。

Huì shì huì, dànshì hái bù shúliàn.

훼이스훼이 딴스 하이 뿌 슈리엔

• 언제부터 배우기 시작했는데요?

从什么时候开始学的?

Cóng shénme shíhou kāishǐ xué de?

총 션머 스호우 카이스 쉬에더

• 2년이 채 안 되요, 게다가 몇 번 와보지도 못했어요. 당신은요?

不到两年,还有没来过几次。你呢?

Bú dào liǎng nián, háiyǒu méi lái guo jǐ cì. Nǐ ne?

부따오 량 니엔 하이요우 메이라이궈 지츠 니너

• 난 스키를 즐겨타요. 하지만 스노우보드를 더 좋아하지요.

我喜欢滑雪,但是更喜欢滑雪板。

Wǒ xǐhuan huáxuě, dànshì gèng xǐhuan huáxuěbǎn.

워 씨환 화쉬에 딴스 껑 씨환 화쉬에반

Tip

'A 是 A' 형식의 문장은 'A이기는 A하다'의 의미이다. '是'가 '…이다'의 의미를 가지고 있으므로 '是'의 앞과 뒤에 같은 동사나 형용사를 붙이면 '…하기는 ~하다'의 의미가 된다.

好是好 hǎo shì hǎo 좋기는 좋다. / 会是会 huì shì huì 하기는 한다.

Part.5 오늘 저녁 시간 있어요?

주요표현

리 샤오지에 찐완 요우 스지엔 마
A: 李小姐,今晚有时间吗?
Lǐ xiǎojiě, jīn wǎn yǒu shíjiān ma?
이 양, 오늘 저녁 시간 있어요?

요우 니 요우 션머 스
B: 有。你有什么事?
Yǒu. Nǐ yǒu shénme shì?
있어요. 무슨 일 있나요?

표현늘리기

• 오늘 시간 있습니까?
今天有空吗? Jīntiān yǒu kòng ma?
찐티엔 요우 콩 마

• 저는 이미 약혼했습니다.
我已经订婚了。 Wǒ yǐjing dìnghūn le.
워 이징 띵훈러

• 한눈에 반했어요
一见钟情。 Yí jiàn zhōng qíng.
이지엔 쭝칭

• 미안합니다. 오늘 저녁에는 시간이 없네요.
对不起,今天晚上我没有空。
Duì bu qǐ, jīntiān wǎnshang wǒ méiyǒu kòng.
뛔이부치 찐티엔 완샹 워 메이요우 콩

- 당신 저의 친구가 되어 주시겠어요?

  你能做我的朋友吗?

  Nǐ néng zuò wǒ de péngyou ma?

  니 넝 쭈오 워더 펑요우 마

- 오늘 저녁에 시간 있어?

  今天晚上你有空吗?

  Jīntiān wǎnshang nǐ yǒu kòng ma?

  찐티엔 완샹 니 요우 콩 마

- 있기는 한데, 무슨 계획이 있니?

  有是有，但是你有什么计划吗?

  Yǒu shì yǒu, dànshì nǐ yǒu shénme jìhuà ma?

  요우스요우 딴스 니 요우 션머 찌화 마

- 내가 정통 중국요리를 대접하려고.

  我想请你吃地道的中国菜。

  Wǒ xiǎng qǐng nǐ chī dìdao de Zhōngguócài.

  워 시앙 칭 니 츠 띠따오더 쭝궈차이

- 어디 있는 음식점인데? 뭐를 전문으로 하는 음식점이야?

  在哪儿的餐厅? 那家饭店的招牌菜是什么?

  Zài nǎr de cāntīng? Nà jiā fàndiàn de zhāopáicài shì shénme?

  짜이 날더 찬팅 나쟈 판디엔더 짜오파이차이 스 션머

- 강남에 있는 음식점인데 중국성이라고 해.

  位于江南的餐厅，名叫中国城。

  Wèiyú Jiāngnán de cāntīng, míng jiào Zhōngguóchéng.

  웨이위 지앙난더 찬팅 밍쟈오 쭝궈청

- 거기에서는 오리지널 우육탕면을 맛볼 수 있어.

  在那儿能吃到地道的牛肉汤面。

  Zài nàr néng chīdào dìdao de niúròu tāngmiàn.

  짜이 날 넝 츠따오 띠따오더 니우로우탕미엔

Part.6 약속이 없으면 같이 가시겠어요?

주요표현

루궈 메이요우 위에훼이 껀 워 이치 취 커이 마
A: 如果没有约会，跟我一起去可以吗？
Rúguǒ méiyǒu yuēhuì, gēn wǒ yìqǐ qù kěyǐ ma?
만약에 약속이 없다면 저와 함께 가시겠습니까?

커이
B: 可以。
Kěyǐ.
그러지요.

표현늘리기

• 나와 함께 커피숍에 갑시다.
跟我一起去咖啡厅吧。 Gēn wǒ yìqǐ qù kāfēitīng ba.
껀 워 이치 취 카페이팅 바

• 탁구 치러 갑시다.
去打乒乓球吧。 Qù dǎ pīngpāngqiú ba.
취 다 핑팡치우 바

• 영화 보러 갑시다.
看电影去吧。 Kàn diànyǐng qù ba.
칸 띠엔잉 취 바

• 만약에 비가 오면, 약속을 취소합니다.
如果下雨的话，就取消约会。
Rúguǒ xiàyǔ de huà, jiù qǔxiāo yuēhuì.
루궈 샤위더 화 찌우 취샤오 위에훼이

• 시간 있으시면 저와 커피 한잔 하시겠어요?
如果你有时间，请跟我一起喝杯咖啡吧。
Rúguǒ nǐ yǒu shíjiān, qǐng gēn wǒ yìqǐ hē bēi kāfēi ba.
루뤄 니 요우 스지엔 칭 껀 워 이치 허 뻐에 카페이 바

• 이번 개교기념일에 어떻게 지낼 거야?
这次校庆你想怎么过?
Zhè cì xiàoqìng nǐ xiǎng zěnme guò?
쩌 츠 샤오칭 니 시앙 쩐머 궈

• 아직 잘 모르겠는데, 이번 시험 때문에 너무 지쳐서 좀 쉬고 싶어.
还不知道，这几天我为了考试太累了，所以要休息。
Hái bù zhīdào, zhèjǐtiān wǒ wèi le kǎoshì tài lèi le, suǒyǐ yào xiūxi.
하이 뿌쯔따오 쩌지티엔 워 웨이러 카오스 타이 레이러 쑤오이 야오 씨우시

• 그래? 그런데 누가 비의 콘서트를 보여 주겠다면 어떻게 할 거야?
是吗? 但是如果有人请你看“雨”的演唱会，你要怎么办?
Shì ma? Dànshì rúguǒ yǒurén qǐng nǐ kàn "Yǔ" de yǎnchànghuì, nǐ yào zěnme bàn?
스마 딴스 루궈 요우런 칭 니 칸 위더 옌창훼이 니 야오 쩐머빤

• 뭐라고? 너 무료 티켓 있니?
什么? 你有免费的入场券吗?
Shénme? Nǐ yǒu miǎnfèi de rù chǎngquàn ma?
션머 니 요우 미엔페이더 루창취엔 마

• 어젯밤에 누나가 티켓을 두 장 주더라.
昨天晚上，我姐姐送给我了两张门票。
Zuótiān wǎnshang, wǒ jiějie sòng gěi wǒ le liǎng zhāng ménpiào.
주오티엔 완샹 워 지에지에 쏭게이워러 량 장 먼퍄오

• 너무 잘됐네, 난 정말 가 보고 싶어. 저녁은 내가 살게.
那太好了，我真的想去。晚饭由我来请。
Nài tài hǎo le, wǒ zhēn de xiǎng qù. Wǎnfàn yóu wǒ lái qǐng.
나 타이 하오러 워 쩐더 시앙 취 완판 요우 워 라이 칭

Part.7 천단공원에 가는 게 어때요?

주요표현

취 티엔탄꽁위엔 쩐머양
A: 去天坛公园怎么样? 천단공원에 가는 게 어때요?
Qù Tiāntán Gōngyuán zěnmeyàng?

하오 취 날 바
B: 好，去那儿吧。 좋아요, 거기에 갑시다.
Hǎo, qù nàr ba.

표현늘리기

• 한번 만나고 싶습니다.
想见一次面。
Xiǎng jiàn yí cì miàn.
시앙 지엔 이츠 미엔

• 몇 시로 정하면 좋을까요?
定几点好呢?
Dìng jǐ diǎn hǎo ne?
띵 지디엔 하오 너

• 무슨 일이십니까?
有什么事?
Yǒu shénme shì?
요우 션머 스

• 당신께 의논드리고 싶은 일이 있습니다.
有件事要跟您商量。
Yǒu jiàn shì yào gēn nín shāngliang.
요우 지엔 스 야오 껀 닌 샹량

- 나가서 바람 좀 쐬고 싶은데, 어디가 좋을까요?

我想出去兜风,去哪儿才好呢?
Wǒ xiǎng chūqù dōufēng, qù nǎr cái hǎo ne?
워 시앙 추취 또우펑 취 날 차이 하오 너

- 남산공원에 가면 어떨까요?

去南山公园怎么样?
Qù Nánshān Gōngyuán zěnmeyàng?
취 난샨꿍위엔 쩐머양

- 어떤 가서 볼 만한 게 있어요? 거기 가 본 지 하도 오래 되어서….

有什么值得去看的吗? 我去过那儿已经很久了。
yǒu shénme zhíde qù kàn de ma? Wǒ qùguo nàr yǐjing hěn jiǔ le.
요우 션머 즈더 취 칸더 마 워 취궈 날 이징 헌 지우러

- 남산 서울 타워 전망대에서는 서울이 한눈에 내려다보여요.

在南山首尔塔的了望台,可以看到首尔的全景。
Zài Nánshān Shǒu'ěrtǎ de liǎowàngtái, kěyǐ kàndào Shǒu'ěr de quánjǐng.
짜이 난샨타더 랴오왕타이 커이 칸따오 쇼우얼더 취엔징

- 그렇기는 해요. 오늘 날씨는 정말 맑아요.

说得对,今天天气真晴朗。
Shuō de duì. Jīntiān tiānqì zhēn qínglǎng.
슈오더 뛔이 찐티엔 티엔치 쩐 칭랑

- 맞아, 생각났다, 거기에 케이블카도 있지요?

对, 想起来了,那儿也有电缆车,是吧?
Duì, xiǎng qǐ lái le, nàr yě yǒu diànlǎnchē, shì ba?
뛔이 시앙치라이러 날 예 요우 띠엔란처 스 바

- 당연히 있지요, 그러면 남산으로 가요!

当然有,那么去南山公园吧!
Dāngrán yǒu, nàme qù Nánshān Gōngyuán ba!
땅란 요우 나머 취 난샨꿍위엔 바

Part.8 몇 시에 시작합니까?

주요표현

지디엔 카이스 너
A: 几点开始呢? 몇 시에 시작합니까?
Jǐ diǎn kāishǐ ne?

샤우 싼디엔 빤 카이스
B: 下午三点半开始。 오후 3시 반에 시작합니다.
Xiàwǔ sān diǎn bàn kāishǐ.

표현늘리기

• 매표소는 어디입니까?
售票处在哪儿?
Shòupiàochù zài nǎr?
쇼우퍄오추 짜이 날

• 가장 싼 자리는 얼마입니까?
最便宜的座位多少钱一张?
Zuì piányi de zuòwèi duōshao qián yì zhāng?
쭈에이 피엔이더 쭈오웨이 뚜오샤오 치엔 이장

• 이런 옷차림도 괜찮습니까?
这样穿戴可以吗?
Zhèyàng chuāndài kěyǐ ma?
쩌양 추안따이 커이 마

• 지금 어떤 영화가 상영되고 있습니까?
现在放什么电影?
Xiànzài fàng shénme diànyǐng?
씨엔짜이 팡 션머 띠엔잉

• 이 영화가 요즘 가장 인기있는 영화입니다.

这部电影是最近非常走红的。

Zhè bù diànyǐng shì zuìjìn fēicháng zǒu hóng de.

쩌 뿌 띠엔잉 스 쭈에이진 페이창 조우 홍더

• 자리는 지정석인가요 아니면 임의로 앉을 수 있나요?

座位是指定的还是可以随便坐的?

Zuòwèi shì zhǐdìng de háishi kěyǐ suíbiàn zuò de?

쭈오웨 스 즈띵더 하이스 커이 쒜이비엔 쭈오더

• 정말 기대되는군요.

我真的期待着!

Wǒ zhēn de qīdàizhe!

워 쩐더 치따이저

• 공연이 언제 시작이지?

表演几点开始呢?

Biǎoyán jǐ diǎn kāishǐ ne?

뱌오옌 지디엔 카이스 너

• 저녁 7시야.

晚上七点开始。

Wǎnshang qī diǎn kāishǐ.

완샹 치디엔 카이스

• 너 그 사람을 위해서 뭐 준비한 것 있니?

你为她准备什么东西了吗?

Nǐ wèi tā zhǔnbèi shénme dōngxi le ma?

니 웨이 타 준뻬이 션머 똥시러 마

• 아직 없어. 꽃다발 하나 사려고.

还没有准备,我想买一束鲜花。

Hái méiyǒu zhǔnbèi, wǒ xiǎng mǎi yí shù xiānhuā.

하이 메이요우 준뻬이 워 시앙 마이 이슈 시엔화

Part.9 연하장을 보내야 합니다.

주요표현

찐니엔 이위에펀 요우 춘지에 바

A : 今年一月份有春节吧?

Jīnnián yí yuè fèn yǒu Chūn Jié ba?

올해 1월에는 춘절이 있지요?

뛔이러 야오 찌 허니엔피엔

B : 对了,要寄贺年片。

Duì le, yào jì hèniánpiàn.

맞습니다, 연하장을 보내야지요.

표현늘리기

• 신년 인사로 연하장을 보냅니다.

为了祝贺新年,要寄贺年卡。

Wèile zhùhè xīnnián, yào jì hèniánkǎ.

웨이러 쭈허 씬니엔 야오 찌 허니엔카

• 연하장 보내는 것은 가장 중요한 행사입니다.

寄贺年卡是最重要的活动。

Jì hèniánkǎ shì zuì zhòngyào de huódòng.

찌 허니엔카 스 쭈에이 쫑야오더 훠똥

• 크리스마스 카드 같은 것입니다.

像圣诞卡那样的。

Xiàng Shèngdàn kǎ nàyàng de.

시앙 셩딴카 나양더

• 뭘 드릴까요?

你要买什么?

Nǐ yào mǎi shénme?

니 야오 마이 션머

• 연하카드 한 세트 주세요.

我想买一套贺年卡。

Wǒ xiǎng mǎi yí tào hèniánkǎ.

워 시앙 마이 이타오 허니엔카

• 아내와 아이들에게 부치려고요.

我要寄给我的太太和孩子。

Wǒ yào jì gěi wǒ de tàitai hé háizi.

워 야오 찌게이 워더 타이타이 허 하이즈

• 가족들이 모두 한국에 계시죠? 어떤 걸로 드릴까요?

你的家人都在韩国吧? 要买哪一种?

Nǐ de jiārén dōu zài Hánguó ba? Yào mǎi nǎ yì zhǒng?

니더 쟈런 또우 짜이 한궈 바 야오 마이 나 이종

• 아내에게는 중국풍경 카드를, 아이들에게는 디즈니의 도널드 덕 카드를 부치고 싶어요.

寄给太太的要中国风景卡,寄给孩子的要迪斯尼的唐老鸭卡。

Jì gěi tàitai de yào Zhōngguó fēngjǐngkǎ, jì gěi háizi de yào Dísīní de Tánglǎoyākǎ.

찌 게이 타이타이더 야오 쭝궈펑징카 찌게이 하이즈더 야오 디쓰니더 탕라오야카

• 그럼 두 세트 사셔야겠네요. 제가 찾아보겠습니다.

那你该买两套。好,我帮你找找看。

Nài nǐ gāi mǎi liǎng tào. Hǎo, wǒ bāng nǐ zhǎozhao kàn.

나 니 까이 마이 량타오 하오 워 빵 니 쟈오쟈오칸

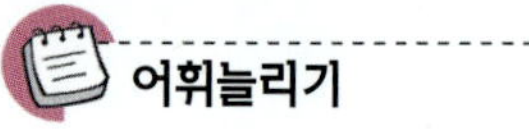

어휘늘리기

본문 중요 어휘

爱好	àihào	취미, 흥미
比赛	bǐsài	시합
表演	biǎoyán	공연
不到	búdào	…에 이르지 못하다
餐厅	cāntīng	식당
出去	chūqù	나가다
传统房屋	chuántǒng fángwū	전통가옥
等等	děngděng	기타, 등등
地道	dìdao	진짜의, 본고장의 (地道 dìdào는 '지하도')
迪斯尼	Dísīní	디즈니
电缆车	diànlǎnchē	케이블카
电影	diànyǐng	영화
东西	dōngxi	물건
兜风	dōufēng	바람 쐬다, 드라이브하다
对	duì	…에 대해서
风景	fēngjǐng	풍경
感	gǎn	느끼다
快	gǎnkuài	서둘러서
韩式	hánshì	한국식
贺年卡	hèniánkǎ	연하카드
红色	hóngsè	붉은색
会	huì	배워서 …할 수 있다
寄	jì	편지를 부치다
江南	Jiāngnán	강남(지명)
健身房	jiànshēnfáng	헬스장
节目	jiémù	(방송) 프로그램

久	jiǔ	오래되다
开始	kāishǐ	시작, 시작하다
累	lèi	피곤하다
两张	liǎng zhāng	두장
了不起	liǎo bu qǐ	훌륭하다
了望台	liǎowàngtái	전망대
买	mǎi	사다
门票	ménpiào	입장권
免费	miǎnfèi	무료
南山公园	Nánshān Gōngyuán	남산공원 (지명)
牛肉	niúròu	소고기
起来	…qǐlái	…하기 시작하다
晴朗	qínglǎng	날씨가 맑다
全景	quánjǐng	전경
入场券	rùchǎngquàn	입장권
时候	shíhou	때, 시기, …할 때
首尔	Shǒu'ěr	서울 (지명)
熟练	shúliàn	능숙하다
送给	sòng gěi	선물로 주다
塔	tǎ	탑
汤面	tāngmiàn	탕면
唐老鸭	Tánglǎoyā	도널드 덕 (만화주인공)
体会	tǐhuì	체득하다, 몸소 배우다
晚上	wǎnshang	저녁
为了	wèi le…	…때문에
位于	wèiyú	…에 위치하다
希望	xīwàng	희망하다
鲜花	xiānhuā	신선한 꽃
想	xiǎng	…하고 싶다

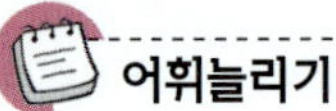

어휘늘리기

校庆	xiàoqìng	개교기념일
欣赏	xīnshǎng	감상하다
休息	xiūxī	휴식, 쉬다
血型	xuèxíng	혈액형
演唱会	yǎnchànghuì	음악회, 콘서트
也	yě	…역시
已经	yǐjing	이미
一束	yí shù	한 묶음
一套	yí tào	한 세트
音乐	yīnyuè	음악
由…来	yóu… lái	…로 이루어지다, …로 비롯되다
友谊赛	yóuyìsài	친선경기
运动	yùndòng	운동
运动场	yùndòngchǎng	운동장
运动员	yùndòngyuán	선수
招牌菜	zhāopáicài	간판음식, 전문음식
这次	zhècì	이번, 이번 차례
真的	zhēn de	정말로
真巧	zhēn qiǎo	정말 공교롭다
值得	zhíde…	…할 만한 가치가 있다
职业	zhíyè	직업, 프로
中国菜	zhōngguócài	중국음식
中国城	Zhōnguóchéng	중국성 (음식점 이름)
种	zhǒng	종류
准备	zhǔnbèi	준비, 준비하다

관련 어휘

운동 · 취미

滑雪板	huáxuěbǎn	스노우 보드

滑雪	huáxuě	스키	集邮	jíyóu	우표수집
足球	zúqiú	축구	棒球	bàngqiú	야구
排球	páiqiú	배구	乒乓球	pīngpāngqiú	탁구
篮球	lánqiú	농구	羽毛球	yǔmáoqiú	배드민턴
跆拳道	táiquándào	태권도	太极拳	tàijíquán	태극권
体操	tǐcāo	체조	电影	diànyǐng	영화
钓鱼	diàoyǔ	낚시	围棋	wéiqí	바둑
象棋	xiàngqí	장기	戏剧	xìjù	연극

중국의 명절 · 기념일

春节	Chūn Jié	춘절(음력 1월 1일)
清明节	Qīngmíng Jié	청명절(음력 4월 5일)
端午节	Duānwǔ Jié	단오절(음력 5월 5일)
中秋节	Zhōngqiū Jié	중추절(음력 8월 15일)
劳动节	Láodòng Jié	노동절(5월 1일)
儿童节	Értóng Jié	아동절(6월 1일)
国庆节	Guóqìng Jié	국경일(10월 1일)
圣诞节	Shèngdàn Jié	성탄절(12월 25일)

전통 소설 · 경극

京剧	jīngjù	경극
水浒传	Shuǐhǔzhuàn	수호전
三国志演义	Sānguózhì Yǎnyì	삼국지연의
霸王别姬	Bàwáng Biéjī	패왕별희
孙悟空	Sūn Wǔkōng	손오공
白蛇传	Báishézhuàn	백사전

중국의 전통극 - 경극

경극(京剧 jīngjù)은 해외에도 '베이징 오페라(Peking Opera)'로 알려진, 그 독특한 예술성으로 높은 평가를 받고 있는 중국의 전통 연극이다. 경극은 이름에서 알 수 있듯이 북경에서 발전하였는데 노래 · 대사 · 동작 · 액션 등으로 구성되는 형식연극으로, 노래가 중시되고 무용에 가까운 동작은 격렬하면서도 아름답다. 호궁과 징 · 북을 중심으로 한 반주의 선율과 리듬이 극의 기조를 이룬다.

경극은 모두 1시간 내외의 짧은 연극으로 연출과 연기 모두 지극히 서사적인 표현 양식을 쓰고, 장치도 없이 상징적인 연기와 복장의 특징으로 상황이나 행동을 나타낸다. 의상은 명나라 때의 복장을 기초로 한 전통극 고유의 것이며, 색과 무늬에 따라 인물의 신분과 직업 등을 알 수 있다. 배역은 크게 생(生:주역), 단(旦:여자역), 정(净:호걸 · 악한), 축(丑:어릿광대), 말(末:단역)으로 나뉘고, 각기 문무(文武)의 2계통 이외에 다시 세분화된다.

현존하는 경극의 각본은 대부분이 작자미상이다. 대개는 사전(史传) 소설과 전설에서 소재를 따거나 원곡(元曲)과 전기(传奇)를 개작한 것으로, 《수호전 水浒传》, 《삼국지연의 三国志演义》 등의 부분 각색이 적지 않다. 대표작으로 《패왕별희 霸王别姬》, 《손오공 孙悟空》, 《백사전 白蛇传》, 《팔선과해 八仙过海》, 《추강 秋江》, 《장상화 将相和》 등이 있다.

제 8 장

초대 · 방문

1. 모임은 언제예요?
2. 실례합니다.
3. 어서 들어오세요.
4. 와 줘서 기뻐요.
5. 무엇을 드시겠어요?
6. 어서 드세요.
7. 밥 더 드실래요?
8. 이만 가 보겠습니다.

Part.1 모임은 언제예요?

주요표현

션머 스호우 쮜훼이
A: 什么时候聚会? 모임은 언제예요?
Shénme shíhou jùhuì?

샹우 치디엔
B: 上午七点。 오전 7시입니다.
Shàngwǔ qī diǎn.

표현늘리기

• 몇 시에 만날까요?
几点见面?
Jǐ diǎn jiàn miàn?
지디엔 찌엔미엔

• 4시는 어떠세요?
四点怎么样?
Sì diǎn zěnmeyàng?
쓰디엔 쩐머양

• 4시는 아마도 무리일 것입니다.
四点恐怕不行。
Sì diǎn kǒngpà bù xíng.
쓰디엔 콩파 뿌씽

• 시간에 댈 수 있을 겁니다.
准时到达。
Zhǔnshí dàodá.
준스 따오다

• 언제 동창회가 있지요?

什么时候有同学会?

Shénme shíhou yǒu tóngxuéhuì?

션머 스호우 요우 통쉬에훼이

• 격주 화요일 오후 8시에 있습니다.

每隔星期二下午8点。

Měi gé xīngqī'èr xiàwǔ bā diǎn.

메이 거 씽치얼 샤우 빠디엔

• 고등학교 시절 합창단원으로 구성된 모임이죠.

是由高中时的合唱团团员构成的社团聚会。

Shì yóu gāozhōng shí de héchàngtuán tuányuán gòuchéng de shètuán jùhuì.

스 요우 까오중스더 허창투안 투안위엔 꼬우청더 셔투안 쮜훼이

• 그럼 만날 때마다 노래를 하겠군요.

那每次唱歌吧。

Nà měicì chàng gē ba.

나 메이츠 창꺼 바

• 물론이죠, 저같은 중년이 스트레스를 해소하는 좋은 방법입니다.

当然,是像我这样的中年人解除压力的好办法。

Dāngrán, shì xiàng wǒ zhèyàng de zhōngniánrén jiěchú yālì de hǎo bànfǎ.

땅란 스 시앙 워 쩌양더 쭝니엔런 지에추 야리더 하오 빤파

• 정말 부럽네요!

真羡慕你啊!

Zhēn xiànmù nǐ a!

쩐 시엔무 니 아

Part.2 실례합니다.

주요표현

다라오 닌러
A: 打扰您了。 실례합니다.
Dărăo nín le.

오 퍄오 시엔셩 칭 찐
B: 噢,朴先生,请进! 아, 박 선생님, 어서 오세요.
Ō, Piáo xiānsheng, qǐng jìn!

표현늘리기

• 여기가 김명덕 씨 댁입니까?
这是金明德先生家吗?
Zhè shì Jīn Míngdé xiānsheng jiā ma?
쩌 스 찐밍더 시엔셩 쟈 마

• 실례지만 김명덕 씨 계신가요?
请问,金明德先生在吗?
Qǐngwèn, Jīn Míngdé xiānsheng zài ma?
칭원 찐밍더 시엔셩 짜이 마

• 오래 기다리셨습니다.
让你久等了。
Ràng nǐ jiǔ děng le.
랑 니 지우 덩러

• 실례합니다. 장 교수님을 뵈러 왔습니다.
打搅了,我来找张教授。
Dǎjiǎo le, wǒ lái zhǎo Zhāng jiàoshòu.
다쟈오러 워 라이 자오 짱 쟈오쇼우

• 때마침 잘 오셨습니다.

来得正好。

Lái de zhèng hǎo.

라이더 쩡 하오

• 실례합니다.

打扰你了。

Dǎrǎn nǐ le.

다라오 니러

• 이게 누구야! 따밍 아냐?

这是谁啊! 不是大名吗?

Zhè shì shéi a! Bú shì Dàmíng ma?

쩌 스 셰이 아 부스 따밍 마

• 몇 년간 만나지 못했는데 너는 여전하구나.

几年没见面了,但是你还是老样。

Jǐ nián méi jiàn le, dànshì nǐ háishi lǎoyàng.

지니엔 메이 찌엔미엔러 딴스 니 하이스 라오양

• 정말 오랜만이야, 너를 여기서 우연히 만날 줄은 생각도 못했는데.

真的好久没见面了,真没想到在这儿能遇见你。

Zhēn de hǎojiǔ méi jiànmiàn le, zhēn méi xiǎngdào zài zhèr néng yùjiàn nǐ.

쩐더 하오 지우 메이 찌엔미엔러 쩐 메이 시앙따오 짜이 쩔 넝 위지엔 니

• 맞아, 세상이 정말 좁군, 너도 공부하러 온 거니?

对,这世界太小了,你也到这儿来念书吗?

Duì, zhè shìjiè tài xiǎo le, nǐ yě dào zhèr lái niànshū ma?

뛔이 쩌 스지에 타이 샤오러 니 예 따오 쩔 라이 니엔슈 마

• 아니, 난 벌써 졸업했지. 우리 회사 지사가 여기 있어.

不,我已经毕业了,我们公司的分社就在这儿。

Bù, wǒ yǐjing bìyè le, wǒmen gōngsī de fēnshè jiù zài zhèr.

뿌 워 이징 삐예러 워먼 꿍쓰더 펀셔 찌우 짜이 쩔

Part.3 어서 들어오세요.

주요표현

칭 찐
A: 请进!
Qǐng jìn!
어서 들어오세요.

하오 나머 다쟈오 닌러
B: 好! 那么打搅您了。
Hǎo! Nàme dǎjiǎo nín le.
예! 그러면 실례하겠습니다.

표현늘리기

• 이리 오세요.
来这儿吧。 Lái zhèr ba.
라이 쩔 바

• 여기 앉으세요.
坐这儿吧。 Zuò zhèr ba.
쭈오 쩔 바

• 편히 계세요. / 편히 (아무 곳이나) 앉으세요.
随便吧。/随便坐吧。 Suíbiàn ba. / Suíbiàn zuò ba.
쒜이비엔 바 / 쒜이비엔 쭈오 바

• 앉고 싶은 곳에 앉으세요, 편하게 계세요.
请随便坐，放松一点。
Qǐng suíbiàn zuò, fàngsōng yìdiǎn.
칭 쒜이비엔 쭈오 팡쏭 이디엔

• 기다리고 있었습니다. 어서 오세요.

我在等着你啊，欢迎光临。

Wǒ zài děngzhe nǐ a, huānyíng guānglín.

워 짜이 덩저 니 아 환잉꽝린

• 시간에 맞춰 오셨군요. 어서 오세요.

准时来了，欢迎你。

Zhǔnshí lái le, huānyíng nǐ.

준스 라이러 환잉 니

• 아, 들어오세요! 안쪽으로 앉으시지요.

啊，请进！ 请里边坐。

Ā, qǐng jìn! Qǐng lǐbian zuò.

아 칭 찐 칭 리비엔 쭈오

• 원래 폐 끼치지 않으려고 했는데, 정말 죄송합니다.

好，原来不想给你添麻烦，真抱歉。

Hǎo, yuánlái bù xiǎng gěi nǐ tiān máfan, zhēn bàoqiàn.

하오 위엔라이 뿌 시앙 게이 닌 티엔 마판 쩐 빠오치엔

• 별말씀을. 뭐 마실 것 좀 드릴까요? 커피 괜찮아요?

不客气，你想喝什么？ 要咖啡吗?

Bú kèqì, nǐ xiǎng hē shénme? Yào kāfēi ma?

부커치 니 시앙 허 션머 야오 카페이 마

• 죄송하지만, 커피를 마시지 않아서요. 생수 있나요?

对不起，我不喝咖啡。有矿泉水吗?

Duì bu qǐ, wǒ bù hē kāfēi. Yǒu kuàngquánshuǐ ma?

뛔이부치 워 뿌 허 카페이 요우 쾅취엔쉐이 마

• 물론 있지요. 냉장고 안에 찬 생수가 있습니다.

当然有，冰箱里有冰镇的水。

Dāngrán yǒu, bīngxiāng lǐ yǒu bīngzhèn de shuǐ.

땅란 요우 삥시앙리 요우 삥쩐더 쉐이

Part.4 와 줘서 기뻐요.

주요표현

뛔이부치 라이 완러
A: 对不起，来晚了。
Duì bu qǐ, lái wǎn le.
늦어서 죄송합니다.

아이요 리 샤오지에 니 넝 라이 워 쩐 까오싱
B: 唉哟，李小姐，你能来，我真高兴。
Àiyō, Lǐ xiǎojiě, nǐ néng lái, wǒ zhēn gāoxìng.
아이구, 이 양, 와 줘서 정말 기뻐요.

표현늘리기

• 그에게 소개해 드리겠습니다.
给他介绍一下。 Gěi tā jièshào yíxià.
게이 타 지에샤오 이시아

• 저는 그를 알고 있습니다.
我认识他。 Wǒ rènshi tā.
원 런스 타

• 초대해 주셔서 감사합니다.
谢谢您招待我。 Xièxie nín zhāodài wǒ.
씨에시에 닌 쟈오따이 워

• 일찍 가서 도와 드릴까요?
早一点去帮忙好不好?
Zǎo yì diǎn qù bāng máng hǎo bu hǎo?
자오 이디엔 취 빵망 하오뿌하오

• 오늘 모임에 참석해 주셔서 감사드립니다.

谢谢你来参加今天的聚会。

Xièxie nǐ lái cānjiā jīntiān de jùhuì.

씨에시에 니 라이 찬쟈 찐티엔더 쮜훼이

• 미안합니다. 오래 기다리게 했습니다.

对不起，让你们久等了。

Duì bu qǐ, ràng nǐmen jiǔ děng le.

뛔이부치 랑 니먼 지우 덩러

• 아닙니다. 당신이 첫 번째인걸요. 저의 집에 오신 것을 환영합니다.

不是，你是第一次，欢迎你到我家。

Bú shì, nǐ shì dì yí cì, huānyíng nǐ dào wǒ jiā.

부스 니 스 띠 이츠 환잉 니 따오 워 쟈

• 집들이에 우리를 초대해 주셔서 고맙습니다.

谢谢你叫我们来你的搬家请客。

Xièxie nǐ jiào wǒmen lái nǐ de bānjiā qǐng kè.

씨에시에 니 쟈오 워먼 라이 니더 빤쟈 칭커

• 별것 아니지만 성의니까 받아 주세요.

这是我们的一点儿小心意，请你笑纳。

Zhè shì wǒmen de yì diǎnr xiǎo xīnyì, qǐng nǐ xiào nà.

쩌 스 워먼더 이디얼 샤오 씬이 칭 니 샤오나

• 몸만 와도 되는데요. 뭘 이렇게 신경을 쓰셨어요. 고맙습니다!

只要人来就行。你太客气了，多谢!

Zhǐyào rén lái jiù xíng. Nǐ tài kèqi le, duō xiè!

즈 야오 런 란이 찌우 씽 니 타이 커치러 뚜오시에

• 그렇게 말해 주시니 고맙습니다.

谢谢，你那么说。

Xièxie, nǐ màme shuō.

씨에시에 니 나머 슈오

주요표현

니 야오 허 디얼 션머
A: 你要喝点儿什么? 무엇을 드시겠어요?
Nǐ yào hē diǎn shénme?

쒜이비엔 바
B: 随便吧。 알아서 해 주세요.
Suíbiàn ba.

표현늘리기

• 음료수 드시겠어요?
喝不喝饮料?
Hē bu hē yǐnliào?
허부허 인랴오

• 예, 고맙습니다.[마시겠습니다./ 안 마십니다.]
好,谢谢。[我要喝。/ 我不喝。]
Hǎo, xièxie.[Wǒ yào hē./ Wǒ bù hē.]
하오 씨에시에 [워 야오 허 / 워 부 허]

• 한 잔이면 됩니다.
一杯就行。
Yì bēi jiù xíng.
이뻬이 찌우 씽

• 저는 커피를 주세요.
我要咖啡。
Wǒ yào kāfēi.
워 야오 카페이

• 이제야 왔구나. 날씨가 정말 무더워.

终于到了，天气真闷热。

Zhōngyú dào le, tiānqì zhēn mēnrè.

쫑위 따오러 티엔치 쩐 먼러

• 너 뭐 좀 마시겠어?

你想喝点儿什么吗?

Nǐ xiǎng hē diǎnr shénme ma?

니 시앙 허 디얼 션머 마

• 뭐든 차게 한 음료수 있나요?

有什么冰镇的饮料吗?

Yǒu shénme bīngzhèn de yǐnliào ma?

요우 션머 삥쩐더 인랴오 마

• 콜라, 사이다, 환타, 생수, 뭐든지 다 있어.

可乐、雪碧、芬达、矿泉水、什么都有。

Kělè、xuěbì、fēndá、kuàngquánshuǐ、shénme dōu yǒu.

커러 쉬에삐 펀다 광취엔쉐이 션머 또우 요우

• 차게 한 맥주 있나요?

有没有冰镇啤酒?

Yǒu mei yǒu bīngzhèn píjiǔ?

요우메이요우 삥쩐 피지우

• 어휴 이 술꾼! 당연히 주지. 잠시만 기다려.

你这个酒鬼！ 当然能给你啊，请稍等。

Nǐ zhège jiǔguǐ! Dāngrán néng gěi nǐ a, qǐng shāo děng.

니 쩌거 지우꿰이 땅란 넝 게이 니 아 칭 샤오 덩

• 미안해요. 맥주는 나중에 다들 모이면 그때 마실게요.

对不起，啤酒是等大家都到齐了再喝。

Duì bu qǐ, píjiǔ shì děng dàjiā dōu dào qí le zài hē.

뛔이부치 피지우 스 덩 따쟈 또우 따오치러 짜이 허

Part.6 어서 드세요.

콰이 츠 바

A: 快吃吧。 어서 드세요

Kuài chī ba.

하오 씨에시에

B: 好,谢谢。 네, 잘 먹겠습니다.

Hǎo, xièxie.

표현늘리기

- 당신이 좋아하는 요리를 고르세요.

  请您选一下喜欢的菜。

  Qǐng nín xuǎn yíxià xǐhuan de cài.

  칭 닌 쉬엔 이샤 씨환더 차이

- 어느 요리가 좋을까요?

  哪个菜好呢?

  Nǎge cài hǎo ne?

  나거 차이 하오 너

- 당신에게는 이것이 좋을 것 같군요.

  对您来说,这个好些。

  Duì nín lái shuō, zhège hǎoxiē

  뛔이 닌 라이 슈오 쩌거 하오시에

- 이것을 먹겠습니다.

  我吃这个。

  Wǒ chī zhège.

  워 츠 쩌거

- 배고프시죠? 차린 건 없지만 많이 드세요.

你饿吧? 没什么菜,但是你尽量吃吧。

Nǐ è ba? Méi shénme cài, dànshì nǐ jǐnliàng chī ba.

니 어 바 메이션머 차이 딴스 니 찐량 츠바

- 와 정말 맛있어 보이네요!

哇,看起来很好吃。

Wā, kàn qǐ lái hěn hǎochī!

와 칸치라이 헌 하오츠

- 이건 위샹로우쓰예요. 오리지널 중국요리이지요.

这是鱼香肉丝,是地道的中国菜。

Zhè shì yúxiāng ròusī, shì dìdao de Zhōngguócài.

쩌 스 위시앙로우쓰 스 띠따오더 쭝궈차이

- 무엇으로 만든 거지요? 안에 생선도 들었나요?

是用什么做的? 里面有鱼吗?

Shì yòng shénme zuò de? Lǐmiàn yǒu yú ma?

스 용 션머 쭈오더 리미엔 요우 위 마

- 아니요, 위샹은 양념이에요. 주 재료는 돼지고기구요.

没有,鱼香是一种调料。 是专门用猪肉做的。

Méiyǒu, yúxiāng shì yì zhǒng tiáoliào. Shì zhuānmén yòng zhūròu zuòde.

메이요우 위시앙 스 이종 탸오랴오 스 쭈안먼 용 쭈로우 쭈오더

- 아 그렇군요. 그러면 잘 먹을게요.

原来如此,那我吃了。

Yuánlái rúcǐ, nà wǒ chī le.

위엔라이루츠 나 워 츠러

- 그래요, 따뜻할 때 어서 드세요.

好,趁热吃。

Hǎo, chènrè chē.

하오 천러 츠

Part.7 밥 더 드실래요?

주요표현

짜이 라이 디엔판 마
A: 再来点饭吗? 밥 더 드실래요?
Zài lái diǎn fàn ma?

뿌 워 츠바오 러
B: 不,我吃饱了。 아니요, 저는 배가 불러요.
Bù, wǒ chī bǎo le.

표현늘리기

• 입에 맞으세요?

合口味吗?
Hé kǒuwèi ma?
허 코우웨이 마

• 맛은 어때요?

味道怎么样?
Wèidao zěnmeyàng?
웨이따오 쩐머양

• 아주 맛있네요.

味道不错。
Wèidao búcuò.
웨이따오 부추오

• 대단히 맛있습니다.

真好吃。
Zhēn hǎo chī.
쩐 하오츠

• 입에 맞으신다니 다행입니다.

合你的口味，太好了。

Hé nǐ de kǒuwèi, tài hǎo le.

허 니더 코우웨이 타이 하오러

• 더 드세요. 아직 많이 있습니다.

再多吃点儿，还剩下很多。

Zài duō chī diǎnr, hái shèngxià hěn duō.

짜이 뚜오 츠 디얼 하이 셩샤 헌 뚜오

• 어때요? 밥 좀 더 드시겠어요?

怎么样? 再来点饭吗?

Zěnme yàng? Zài lái diǎn fàn ma?

쩐머양 짜이라이 디엔판 마

• 됐어요, 배불러요, 정말 잘 먹었어요.

够了，我吃饱了。吃得很痛快!

Gòu le, wǒ chī bǎo le, chī de hěn tòngkuai!

꼬우러 워 츠바오러 츠더 헌 통콰이

• 이 북경오리는 안 좋아하세요?

这个北京烤鸭你不喜欢吗?

Zhège běijīng kǎoyā nǐ bù xǐhuan ma?

쩌거 베이징카오야 니 뿌 씨환 마

• 미안해요. 좀 물렸거든요. 다른 건 다 맛있어요.

对不起，我吃腻了，别的菜都很好吃。

Duì bu qǐ, wǒ chī nì le, bié de cài dōu hěn hǎochī.

뛔이부치 워 츠니러 비에더 차이 또우 헌 하오츠

Tip 북경 오리구이(北京烤鸭 Běijīng kǎoyā) : 북경의 대표적인 요리. 연한 오리살과 바삭한 오리 껍질을 얇게 저며, 펼친 밀쌈 위에 놓고 특유의 소스와 파 등을 함께 싸서 먹는다. 기름기를 제거해서 오리고기의 느끼한 맛을 없앴다.

Part.8 이만 가 보겠습니다.

주요표현

나머 워 까이 조우러
A: 那么，我该走了。 그럼, 이만 가 보겠습니다.
Nàme, wǒ gāi zǒu le.

칭 만 조우
B: 请慢走。 살펴 가세요.
Qǐng màn zǒu.

표현늘리기

• 그러면, 이만 먼저 실례하겠습니다.
那么，这就失陪了。
Nàme, zhè jiù shīpéi le.
나머 쩌 찌우 스페이러

• 또 뵙기를 기대하겠습니다.
后会有期。
Hòu huì yǒuqī.
호우훼이 요우치

• 나오지 마세요.
请留步。
Qǐng liúbù.
칭 리우뿌

• 역까지 모셔다 드리겠습니다.
送到车站。
Sòng dào chēzhàn.
쑹따오 처잔

• 시간이 늦었군요, 저는 이만 가 보겠습니다.

时间不早了，我该走了。

Shíjiān bù zǎo le, wǒ gāi zǒu le.

스지엔 뿌 자오러 워 까이 조우러

• 좀 더 있다 가시지요. 뭐가 바쁘세요.

再多坐一会儿吧，忙什么？

Zài duō zuò yíhuìr ba. máng shénme?

짜이 뚜오 쭈오 이훨 바 망 션머

• 날도 저물었고, 해야 할 다른 일도 있어요.

天黑了，还有别的事要做。

Tiān hēi le, hái yǒu bié de shì yào zuò.

티엔 헤이러 하이요우 비에더 스 야오 쭈오

• 알았어요, 안 잡을게요.

好，那不挽留你了。

Hǎo, nà bù wǎnliú nǐ le.

하오 나 뿌 완리우 니러

• 그래요, 제 대신 어머니께 안부 전해 드리세요.

好，代我向你妈问好。

Hǎo, dài wǒ xiàng nǐ mā wènhǎo.

하오 따이 워 시앙 니 마 원하오

• 예, 꼭 전하겠습니다.

好，一定，一定。

Hǎo, yídìng, yídìng.

하오 이딩 이딩

• 그러면 멀리 안 나가요. 조심해서 가세요.

那么，不远送了，请慢走。

Nàme, bù yuǎn sòng le. Qǐng màn zǒu.

나머 뿌 위엔 쏭러 칭 만 조우

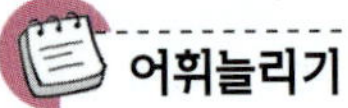

어휘늘리기

본문 중요 어휘

办法	bànfǎ	방법
北京烤鸭	běijīng kǎoyā	북경 오리구이
冰箱	bīngxiāng	냉장고, 아이스박스
冰镇	bīngzhèn	얼음에 넣어 차게 하다
唱歌	chànggē	노래하다
趁热	chènrè	뜨거울 때를 이용하다
吃腻	chīnì	(너무 먹어서) 물리다, 실증나다, 느끼하다
打扰	dǎrǎo	성가시게 하다
到…来	dào… lái	…로 오다
到齐	dàoqí	모이다
高中	gāozhōng	고등학교
放松	fàngsōng	긴장을 늦추다
芬达	fēndá	환타
分社	fēnshè	지국, 지부
隔	gé	간격을 두다
构成	gòuchéng	구성
还是	háishi	여전히
合唱团	héchàngtuán	합창단
解除	jiěchú	…를 없애다
酒鬼	jiǔguǐ	술꾼
聚会	jùhuì	모임, 모이다
咖啡	kāfēi	커피
可乐	kělè	콜라
矿泉水	kuàngquánshuǐ	생수, 광천수
老样	lǎoyàng	원래 모습
里边	lǐbiān	안쪽
每次	měicì	매번

闷热	mēnrè	무덥다
啤酒	píjiǔ	맥주
请客	qǐngkè	한턱 내다
稍	shāo	약간
时	shí	…(할) 때
世界	shìjiè	세계, 세상
随便	suíbiàn	편한대로
添麻烦	tiān máfan	번거롭게 하다
调料	tiáoliào	양념
痛快	tòngkuai	기분 좋다, 흐뭇하다, 통쾌하다
同学会	tóngxuéhuì	동창회
团员	tuányuán	단원
像	xiàng	…를 닮다
小	xiǎo	작다
笑纳	xiàonà	웃으며 받아 주세요
心意	xīnyì	성의, 정성
星期	xīngqī	주, 요일
雪碧	xuěbì	사이다, 스프라이트
压力	yālì	압력, 스트레스
饮料	yǐnliào	음료
由	yóu	…로 부터
鱼香肉丝	yúxiāng ròusī	위샹러우쓰 (음식이름)
遇见	yùjiàn	만나다
原来	yuánlái	원래
只要…就~	zhǐyào… jiù~	…하기만 하면 ~이다
中年人	zhōngniánrén	중년
终于	zhōngyú	마침내
专门	zhuānmén	전적으로, 주로, 전문
猪肉	zhūròu	돼지고기

중국 요리

오랜 역사와 광대한 영토를 가진 중국은 각 지방이 상이한 기후풍토, 서로 다른 생산물을 가진 관계로 지방마다 특징 있는 요리가 발달되어 왔다. 중국요리를 지역적으로 크게 분류하면 북경요리(北京料理), 남경요리(南京料理), 광동요리(广东料理), 사천요리(四川料理)로 나눌 수 있다.

북경요리 : 북경을 중심으로 산동성, 태원까지의 요리를 포괄한다. 북경이 오랫동안 중국의 수도였던 까닭에 궁중 요리를 비롯한 고급 요리가 발달하였다. 대표적인 요리로는 북경 오리구이가 있다.

남경요리 : 남경은 중부를 대표하는 도시이다. 19세기 서구 열강의 침입으로 상하이가 중심이 되자 남경요리는 구미풍으로 변화하였는데 이를 상해요리(上海料理)라 한다. 장강(长江) 하구를 중심으로 발달한 요리답게 해산물과 미곡이 주 재료로 많이 쓰이며 기름기 많고 맛이 진한 것이 특징이다.

광동요리 : 광주를 중심으로 복건성의 요리를 총칭한다. 광동요리는 종류와 맛이 매우 다양한데, 서양의 영향으로 서양 요리의 재료와 조미료를 많이 사용한다. 신선하고 부드러우며 재료의 원래 맛을 살리는 것이 광동요리의 특징이다.

사천요리 : 사천, 운남, 귀주 지방의 요리를 총칭한다. 사천요리는 고추, 마늘, 파 등을 사용하여 강한 향기와 매운맛을 낸다. 이런 특색은 습도가 높고 여름에는 더운 사천 분지의 특성에서 유래했다고 한다. 유명한 요리로는 닭고기 땅콩볶음, 마파두부 등이 있다.

제 9 장

회사생활

1. 어떤 회사입니까?
2. 사원은 몇 명인가요?
3. 점심은 밖에서 먹습니까?
4. 입사한 지 10년째입니다.
5. 김산 부장님 계십니까?
6. 휴가에 뭘 하실 생각이십니까?
7. 잔업이 많습니까?

Part.1 어떤 회사입니까?

주요표현

꿰이 꿍쓰 짜이 찡잉 션머

A: 贵公司在经营什么?

Guì gōngsī zài jīngyíng shénme?

귀 회사는 어떤 일을 합니까?

워 꿍쓰 쩡짜이 카이파 띠엔나오 루안지엔

B: 我公司正在开发电脑软件。

Wǒ gōngsī zhèngzài kāifā diànnǎo ruǎnjiàn.

저희 회사는 컴퓨터 소프트웨어를 개발합니다.

표현늘리기

• 미국과의 합병회사입니다.

是与美国的合并公司。

Shì yú Měiguó de hébìng gōngsī.

스 위 메이궈더 허삥 꿍쓰

• 기술 제휴를 맺고 있습니다.

签订了技术协同。

Qiāndìng le jìshù xiétóng.

치엔띵러 찌슈 시에통

• 판매 전문 회사입니다.

是专门 销售公司。

Shì zhuānmén xiāoshòu gōngsī.

스 쭈안먼 샤오쇼우 꿍쓰

• 왕 선생은 어떤 일을 하십니까?

王先生做什么工作?

Wáng xiānshēng zuò shénme gōngzuò?

왕 시엔셩 쭈오 션머 꿍쭈오

• 귀 회사는 어떤 일을 합니까?

你的公司经营什么?

Nǐ de gōngsī jīngyíng shénme?

니더 꿍쓰 찡잉 션머

• 저희 회사는 컴퓨터 프로그램을 개발하고 있습니다.

我们公司正在开发电脑软件

Wǒmen gōngsī zhèngzài kāifā diànnǎo ruǎnjiàn.

워먼 꿍쓰 쩡짜이 카이파 띠엔나오 루안지엔

• 당신은 어떤 부서에서 일하시는데요?

你在哪个部门工作?

Nǐ zài nǎge bùmén gōngzuò?

니 짜이 나거 뿌먼 꿍쭈오

• 저는 개발부에서 일하고 있습니다.

我在开发部工作。

Wǒ zài kāifābù gōngzuò.

워 짜이 카이파뿌 꿍쭈오

• 주로 어떤 업무를 담당하고 계시지요?

主要担当什么业务?

Zhǔyào dāndāng shénme yèwù?

주야오 딴땅 션머 예우

• 저는 프로그래머입니다.

我是编程员。

Wǒ shì biānchéngyuán.

워 스 삐엔청위엔

Part.2 사원은 몇 명인가요?

주요표현

꿰이 꿍스 요우 뚜오샤오 셔위엔

A: 贵公司有多少社员?

Guì gōngsī yǒu duōshao shèyuán?

귀 회사의 사원은 몇 명입니까?

중 꿍 빠스밍

B: 总共八十名。

Zǒng gòng bāshí míng.

전부 80명입니다.

표현늘리기

- 회사는 언제 생겼습니까?

公司是什么时候成立的?

Gōngsī shì shénme shíhou chénglì de?

꿍쓰 스 션머 스호우 청리더

- 생긴 지 얼마 안 되었습니다.

刚成立。

Gāng chénglì.

깡 청리

- 지사가 있습니까?

有分社吗?

Yǒu fēnshè ma?

요우 펀셔 마

• 거래처는 몇 군데 정도 있습니까?

有几个交易公司?

Yǒu jǐ ge jiāoyì gōngsī?

요우 지거 쟈오이 꿍쓰

• 당신네 회사의 사원은 모두 몇 명입니까?

你们的公司有多少员工?

Nǐmen de gōngsī yǒu duōshao yuángōng?

니먼더 꿍쓰 요우 뚜오샤오 위엔꿍

• 저까지 포함해 모두 15명입니다.

包括我一共十五名。

Bāokuò wǒ yígòng shíwǔ míng.

빠오쿠어 워 이꿍 스우밍

• 수당은 있습니까?

有补贴吗?

Yǒu bǔtiē ma?

요우 부티에 마

• 왠걸요, 추가 업무 수당도 없습니다.

哪儿啊，连加班费都没有。

Nǎr a, lián jiābānfèi dōu méiyǒu.

날 아 리엔 쟈빤페이 또우 메이요우

• 너무하군요. 그것 가지고 살 수 있나요?

太过分了，能过得去吗?

Tài guòfèn le, néng guò de qù ma?

타이 궈펀러 넝 궈더 취 마

• 가까스로 살 순 있지만 재미가 없지요. 이직을 생각하고 있어요.

勉强过得去吧，但是没有意思。所以想跳槽。

Miǎnqiǎng guò de qù ba, dànshì méiyǒu yìsi, suǒyǐ xiǎng tiàocáo.

미엔치앙 궈더취 바 딴스 메이요우 이쓰 쑤오이 시앙 탸오차오

Part.3 점심은 밖에서 먹습니까?

주요표현

우판 따오 와이비엔 취 츠 마
A: 午饭到外边去吃吗?
Wǔfàn dào wàibiān qù chī ma?
점심은 밖에서 먹습니까?

뿌 짜이 셔네이 찬팅 츠
B: 不,在社内餐厅吃。
Bù, zài shènèi cāntīng chī.
아니요, 회사 식당에서 먹습니다.

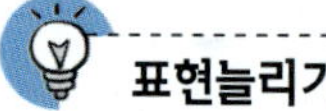

표현늘리기

• 회사 근처에 좋은 식당이 있습니까?
公司附近有好饭店吗?
Gōngsī fùjìn yǒu hǎo fàndiàn ma?
꿍쓰 푸진 요우 하오 판디엔마

• 이 빌딩 안에 식당은 없습니까?
在这大厦里有没有餐厅?
Zài zhè dàshà lǐ yǒu mei yǒu cāntīng?
짜이 쩌 따샤 리 요우메이요우 찬팅

• 퇴근 후에는 무엇을 합니까?
下班后,你做什么?
Xià bān hòu, nǐ zuò shénme?
샤빤호우 니 쭈오 션머

• 그의 회사는 잔업을 자주 합니까?

她的公司经常加班吗?

Tā de gōngsī jīngcháng jiā bān ma?

타더 꿍쓰 징창 쟈빤 마

• 점심은 밖에서 드십니까?

午饭在外边吃吗?

Wǔfàn zài wàibiān chī ma?

우판 짜이 와이비엔 츠 마

• 아니요, 회사에서 먹습니다.

不,在单位吃饭。

Bù, zài dānwèi chīfàn.

뿌 짜이 딴웨이 츠판

• 어, 직원 식당이 있습니까?

哦,有职员食堂吗?

Ò, yǒu zhíyuán shítáng ma?

오 요우 즈위엔 스탕 마

• 있습니다. 그곳에서 제공하는 요리는 그런대로 맛있습니다.

有,他们提供的菜还不错。

Yǒu, tāmen tígōng de cài hái búcuò.

요우 타먼 티꿍더 차이 하이 부추오

• 그렇습니까? 기회가 있으면 저도 가서 먹어 보고 싶네요.

是吗,有机会我也想去尝尝。

Shì ma, yǒu jīhuì wǒ yě xiǎng qù chángchang.

스마 요우 찌훼이 워 예 시앙 취 창창

Tip

'他'는 사람을 나타내는 인칭 대명사로 3인칭 남성을 대신할 때 사용한다. 여성을 대신하는 대명사로는 '她(tā)'가 있다. 사물을 표현하는 대명사는 남성과 여성에 상관 없이 '它(tā)'를 사용한다.

Part.4 입사한 지 10년째입니다.

주요표현

루셔 이징 요우 스니엔 러

A: 入社已经有十年了。

Rùshè yǐjing yǒu shí nián le.

저는 입사한 지 10년째입니다.

와 쩐 랴오부치

B: 哇，真了不起。

Wā, zhēn liǎo bu qǐ.

와, 대단하군요.

표현늘리기

• 당신은 입사한 지 몇 년 되었습니까?

你入社有几年? Nǐ rù shè yǒu jǐ nián?

니 루셔 요우 지니엔

• 당신은 입사한 지 얼마나 오래 되었습니까?

你入社有多久? Nǐ rù shè yǒu duō jiǔ?

니 루셔 요우 뚜오지우

• 당신은 언제 입사하셨습니까?

你是什么时候入社的? Nǐ shì shénme shíhou rù shè de?

니 스 션머 스호우 루셔더

• 자주 출장을 갑니까?

经常出差吗?

Jīngcháng chūchāi ma?

징창 추차이 마

• 휴가는 있습니까?

有休假吗?

Yǒu xiūjià ma?

요우 시우쟈 마

• 당신은 예전에 어떤 부서에서 일을 했습니까?

你以前在哪个部门工作?

Nǐ yǐqián zài nǎge bùmén gōngzuò?

이치엔 짜이 나거 뿌먼 꿍쭈오

• 예전에 구매부에서 일을 했습니다.

以前在采购部工作。

Yǐqián zài cǎigòubù gōngzuò.

이치엔 짜이 차이꼬우뿌 꿍쭈오

• 우리 판매부로 파견 온 것을 환영합니다.

欢迎你调到我们销售部来。

Huānyíng nǐ diào dào wǒmen xiāoshòubù lái.

환잉 니 댜오따오 워먼 샤오쇼우뿌 라이

• 당신은 언제 회사에 입사했습니까?

你什么时候加入公司的?

Nǐ shénme shíhou jiārù gōngsī de?

니 션머 스호우 쟈루 꿍스더

• 저는 이 일이 이미 10년째입니다.

我在这儿工作已经十年了。

Wǒ zài zhèr gōngzuò yǐjing shí nián le.

워 짜이 쩔 꿍쭈오 이징 스니엔러

• 와, 정말 쉽지 않은 건데요. 정말 대단하시네요.

哇,挺不容易的,真了不起。

Wā, tǐng bù róngyì de, zhēn liǎo bu qǐ.

와 팅 뿌 롱이더 쩐 랴오부치

Part.5 김산 부장님 계십니까?

주요표현

찐샨 뿌장 짜이마
A: 金山部长在吗? 김산 부장님 계십니까?
Jīn Shān bùzhǎng zài ma?

쩡짜이 카이훼이 너
B: 正在开会呢。 지금 마침 회의 중입니다.
Zhèngzài kāihuì ne.

표현늘리기

• 죄송합니다, 지금 안 계십니다.

对不起，他现在不在。
Duì bu qǐ, tā xiàn zài bú zài.
뛔이부치 타 씨엔짜이 부짜이

• 이 서류를 그에게 전해 주시겠어요?

请您把这个文件交给他好吗?
Qǐng nín bǎ zhège wénjiàn jiāo gěi tā hǎo ma?
칭 닌 바 쩌거 원지엔 쟈오 게이 타 하오 마

• 그는 몸이 불편해서 출근하지 못했습니다.

他身体不舒服没能上班。
Tā shēntǐ bù shūfu méi néng shàng bān.
타 션티 뿌 슈푸 메이 넝 샹빤

• 김산 부장은 전근하셨습니다.

金山部长已经调走了。
Jīn Shān bùzhǎng yǐjing diào zǒu le.
찐샨 뿌장 이징 댜오조우러

• 정진기업 소속입니다.

我是正进企业的。

Wǒ shì Zhèngjìn Qǐyè de.

워 스 쩡찐치예더

• 박 과장님 계십니까?

朴科长在吗?

Piáo kēzhǎng zài ma?

퍄오 커장 짜이 마

• 곧 회의가 시작되니 좀 기다리셔야 됩니다.

快要开会了，请稍等。

Kuài yào kāihuì le, qǐng shāo děng.

콰이야오 카이훼이러 칭 샤오 덩

• 얼마나 기다려야 될까요?

要等多长时间?

Yào děng duōcháng shíjiān?

야오 덩 뚜오창 스지엔

• 30분 이상은 걸립니다.

至少要等三十分钟以上。

Zhìshǎo yào děng sānshí fēnzhēng yǐshàng.

쯔샤오 야오 덩 싼스펀종 이샹

• 약속을 하고 왔는데요. 이 실장님 계신가요?

我已经跟李室长约好了，他在吗?

Wǒ yǐjing gēn Lǐ shìzhǎng yuē hǎo le, tā zài ma?

워 이징 껀 리스장 위에 하오러 타 짜이 마

• 지금 기다리고 계십니다.

他正在等着。

Tā zhèngzài děngzhe.

타 쩡짜이 덩저

Part.6 휴가에 뭘 하실 생각이십니까?

주요표현

시우쟈 치지엔 시앙 깐 션머
A: 休假期间想干什么? 휴가에 뭘 하실 생각이십니까?
Xiūjià qījiān xiǎng gàn shénme?

준뻬이 취 뤼싱
B: 准备去旅行。 여행을 가려고 합니다.
Zhǔnbèi qù lǚxíng.

표현늘리기

• 이번 휴가에 무엇을 하실 겁니까?

这次休假干什么?
Zhè cì xiūjià gàn shénme?
쩌츠 시우쟈 깐 션머

• 휴가 일정은 이미 정했습니까?

休假日程已经定了吗?
Xiūjià rìchéng yǐjing dìng le ma?
시우쟈 르청 이징 띵러 마

• 며칠을 쉽니까?

休几天?
Xiū jǐ tiān?
시우 지티엔

• 일주일간 쉴 수 있습니다.

可以休息一个星期。
Kěyǐ xiūxi yí gè xīngqī.
커이 씨우시 이거 씽치

• 제 휴가가 며칠이나 남아 있죠?

我还有几天假?

Wǒ háiyǒu jǐ tiān jià?

워 하이요우 지티엔 쟈

• 5일 남아 있습니다.

你有五天。

Nǐ yǒu wǔ tiān.

니 요우 우티엔

• 그러면 휴가를 신청하겠습니다.

那我就要请假。

Nà wǒ jiù yào qǐng jià.

나 워 찌우야오 칭쟈

• 전부 다 쓰실 건가요?

全部请完吗?

Quánbù qǐng wán ma?

취엔뿌 칭 완 마

• 아니요. 3일이면 됩니다. 가능할까요?

不用,三天就行,可以吗?

Búyòng, sān tiān jiù xíng, kěyǐ ma?

부용 싼티엔 찌우 씽 커이 마

• 가능합니다. 무슨 일 때문에 그러시죠?

可以,理由是什么?

Kěyǐ, lǐyóu shì shénme?

커이 리요우 스 션머

• 부모님을 찾아뵈려고요.

我想去探望父母。

Wǒ xiǎng qù tànwàng fùmǔ.

워 시앙 취 탄왕 푸무

Part.7 잔업이 많습니까?

　　쟈빤 뚜오 마
A: 加班多吗? 잔업이 많습니까?
Jiābān duō ma?

　　스　부궈 요우 이쓰
B: 是,不过有意思。 네, 그래도 재미있습니다.
Shì, búguò yǒu yìsi.

표현늘리기

• 하고 싶은 일을 하는 편이 좋습니다.
还是干自己想干的事好些。
Háishi gàn zìjǐ xiǎng gàn de shì hǎoxiē.
하이스 깐 쯔지 시앙 깐더 스 하오시에

• 자신의 장점을 발휘하는 것이 좋습니다.
还是发挥自己的长处好一些。
Háishì fāhuī zìjǐ de chángchu hǎo yìxiē.
하이스 파훼이 쯔지더 창추 하오 이시에

• 남에게 뒤쳐지지는 않을 것입니다.
不至于落在别人后面。
Bú zhìyú luò zài bié rén hòumiàn.
뿌 쯔위 루오 짜이 비에런 호우미엔

• 회사 정년은 60세입니다.
公司退休年龄是六十岁。
Gōngsī tuìxiū niánlíng shì liùshí suì.
꿍쓰 퉤이시우 니엔링 스 리우스쒜이

• 중국에는 일벌레들이 많은가요?

中国人当中工作狂多吗?

Zhōngguórén dāngzhōng gōngzuòkuáng duō ma?

쭝궈런 땅중 꿍쭈오쾅 뚜오 마

• 그런 면이 있지만, 꼭 그런 건 아니고 사람 나름입니다.

说的也是, 但是不一定, 得看是什么人。

Shōu de yě shì, dànshì bù yídìng, děi kàn shì shénme rén.

슈오더 예스 딴스 뿌 이딩 데이 칸 스 션머 런

• 왕 선생님은 잔업이 많으신가요?

王先生加班多吗?

Wáng xiānsheng jiābān duō ma?

왕 시엔셩 쟈빤 뚜오 마

• 예, 하지만 재미있습니다.

是啊, 不过有意思。

Shì a, búguò yǒu yìsi.

스 아 부궈 요우 이쓰

• 일주일에 4~5시간 정도 추가 근무를 합니다.

一个星期当中, 有4-5个小时的加班。

Yí ge xīngqī dāngzhōng, yǒu sì-wǔ ge xiǎoshí de jiābān.

이거 씽치 땅중 요우 쓰우거 샤오스더 쟈빤

• 오늘도 야근하시나요?

今晚也有加班吗?

Jīn wǎn yě yǒu jiābān ma?

찐완 예 요우 쟈빤 마

• 아니요. 오늘은 약속이 있습니다.

没有, 今晚我有个约会。

Méiyǒu, jīn wǎn wǒ yǒu ge yuēhuì.

메이요우 찐완 워 요우거 위에훼이

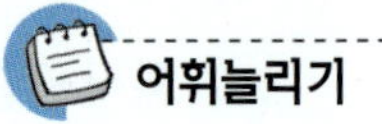

어휘늘리기

본문 중요 어휘

包括	bāokuò	포괄하다. 포함하다. 일괄하다
补贴	bǔtiē	수당
不容易	bù róngyì	쉽지 않다, 어렵다
不一定	bù yídìng	꼭 …한 것은 아니다
尝	cháng	맛보다
大概	dàgài	대략, 아마도
担当	dāndāng	담당하다, 맡다
单调	dāndiào	단조롭다
单位	dānwèi	직장, 단위부서
…当中	dāngzhōng	…의 가운데
调到	diàodào	…로 파견되다, 이동하다
父母	fùmǔ	부모
工员	gōngyuán	직원과 노무자. 종업원
工作狂	gōngzuòkuáng	일벌레
过得去	guò de qù	살아갈 만하다. 지낼 만하다
过分	guòfèn	(말이나 행동이) 지나치다
还	hái	그리고 또 그 외에
几天	jǐ tiān	며칠
假	jià	휴가
加班费	jiābānfèi	추가근무 수당
今晚	jīnwǎn	오늘 저녁(밤)
经营	jīngyíng	경영하다
就要	jiùyào	곧 …하게 된다
开发	kāifā	개발하다, 개척하다
开会	kāihuì	회의를 열다
可以	kěyǐ	…해도 좋다, …이 가능하다
快要…了	kuàiyào …le	곧 …하게 된다

理由	lǐyóu	이유
没有意思	méiyǒu yìsi	재미없다
哪个	nǎgè	어느 것
请假	qǐngjià	휴가를 청하다
全部	quánbù	전부
软件	ruǎnjiàn	소프트웨어
食堂	shítáng	식당
说的也是	shuō de yěshì	일리있는 말이다
探望	tànwàng	방문하다, 문안하다
跳槽	tiàocáo	회사를 옮기다
挺	tǐng	매우
午饭	wǔfàn	점심식사
一共	yígòng	합계 전부 모두
以上	yǐshàng…	…이상
有	yǒu	있다, 존재하다
正进企业	Zhèngjìn Qǐyè	정진기업 (회사명)
正在	zhèngzài	막 …하는 중이다
职员	zhíyuán	직원, 사무원
至少	zhìshǎo	적어도
主要	zhǔyào	중요하다, 주로, 대부분

관련 어휘

직급 · 직책

董事长	dǒngshìzhǎng	회장
总经理	zǒngjīnglǐ	총사장
经理	jīnglǐ	사장
常务	chángwù	상무

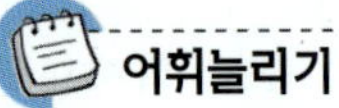

어휘늘리기

局长	júzhǎng	국장
部长	bùzhǎng	부장
科长	kēzhǎng	과장
主任	zhǔrèn	주임
代理	dàilǐ	대리
社员	shèyuán	사원
秘书	mìshū	비서

사무용품

桌子	zhuōzi	책상
椅子	yǐzi	의자
电脑	diànnǎo	컴퓨터
复印机	fùyìnjī	복사기
打印机	dǎyìnjī	프린터
传真机	chuánzhēnjī	팩스
名片	míngpiàn	명함
图章	túzhāng	도장
订书机	dìngshūjī	스테플러
文件袋	wénjiàndài	서류봉투
透明胶带	tòumíng jiāodài	접착용 셀로판 테이프
文件柜	wénjiànguì	캐비닛
书橱	shūchú	책장
书架	shūjià	책꽂이
笔筒	bǐtǒng	연필꽂이
圆珠笔	yuánzhūbǐ	볼펜
自动笔	zìdòng qiānbǐ	샤프 펜슬
复印纸	fùyìnzhǐ	복사용지

부서

部门	bùmén	부문, 부서
采购部	cǎigòubù	구매부
生产部	shēngchǎnbù	생산부
管理部	guǎnlǐbù	관리부
营业部	yíngyèbù	영업부
销售部	xiāoshòubù	판매부
技术部	jìshùbù	기술부
开发部	kāifābù	개발부
总务处	zǒngwùchù	총무부
人事科	rénshìkē	인사과
编辑部	biānjíbù	편집부
经理处	jīnglǐchù	대리점

중국 최대의 상공업도시 상하이(上海)

장강(长江) 하구에 위치한 중국 최대의 도시이며 행정적으로는 성(省)과 동격인 중앙정부 직할시이다.

상해(상하이)는 송나라 말에 이미 무역항으로 널리 알려졌다. 1842년 아편전쟁의 결과로 맺어진 남경조약에 의해 구미 제국과의 무역을 위한 개항장이 되자, 상공업도시로서 급속히 발전하여 중국 제1의 도시로 성장하였다. 그러나 치외법권이 인정되는 외국인 조계(租界)가 설치되어 제국 열강의 중국 침략의 근거지가 되었으며, 동시에 민족해방운동과 노동운동의 중심지가 되어 1949년까지 혁명과 반혁명 세력의 대결이 되풀이되었다.

상해는 방직 · 기계 · 조선 · 전기 · 화학 · 인쇄 등의 공업이 다양하게 발달하였다. 본래 방직공업의 비중이 높았으나, 근래에는 중화학공업과 IT산업이 크게 신장하고 있다. 상해 국제공항은 국내선과 국제항로가 열려 있고, 황포강의 상해항은 중국 최대의 무역항이자 세계적인 무역항이다.

상해는 중국의 주요 학술 · 문화의 중심지이기도 하여 복단대학 · 화동사범대학 등 유명 대학들이 소재하고 있다. 명소 · 고적으로는 정안사 · 중산공원 및 노신의 묘 등이 있으며 대한민국 임시정부 청사, 윤봉길 의사 의거 유적지도 이 곳에 있다.

제 10 장

전화

1. 여보세요, 장 선생 댁입니까?
2. 잠시만 기다려 주세요.
3. 연결해 드리겠습니다.
4. 지금 자리에 안 계십니다.
5. 지금 다른 전화를 받고 있습니다.
6. 그럼 다시 전화하겠습니다.
7. 말을 전해 주십시오.
8. 반드시 전해 드리겠습니다.
9. 전할 말씀이 있습니까?
10. 몇 번에 거셨어요?
11. 수신자부담으로 부탁합니다.

Part.1 여보세요, 장 선생 댁입니까?

주요표현

웨이 스 짱 시엔셩 쟈 마
A: 喂,是张先生家吗?
Wèi, shì Zhāng xiānsheng jiā ma?
여보세요, 장 선생 댁입니까?

스 닌 스 셰이
B: 是。 您是谁?
Shì. Nín shì shéi?
그렇습니다. 당신은 누구시죠?

표현늘리기

- 실례지만, 누구십니까?
  很抱歉,您是谁? Hěn bàoqiàn, nín shì shéi?
  헌 빠오치엔 닌 스 셰이

- 실례지만, 성함이 어떻게 되십니까?
  不好意思,您贵姓? Bù hǎoyìsi, nín guìxìng?
  뿌하오 이쓰 닌 꿰이씽

- 좋아요, 그렇게 하지요. 안녕히 계세요.(전화 끊을 때)
  好,就这样吧。 再见! Hǎo, jiù zhèyàng ba. zàijiàn!
  하오 찌우 쩌양 바 짜이지엔

- 실례지만, 김산 씨를 부탁드립니다.
  打搅您了,请转金山先生。
  Dǎjiǎo nín le, qǐng zhuǎn Jīn Shān xiānsheng.
  다쟈오 닌러 칭 주안 찐샨 시엔셩

- 여보세요. 중국 북경이지요?

喂，是中国北京吗?

Wèi, shì Zhōngguó Běijīng ma?

웨이 스 쭝궈 베이징 마

- 그런데요, 누구시죠?

是，你是哪一位?

Shì, nǐ shì nǎ yí wèi?

스 니 스 나 이웨이

- 여긴 한국 서울인데요. 저는 이혜민입니다.

我们这儿是韩国首尔。 我叫李惠民。

Wǒmen zhèr shì Hánguó Shǒu'ěr. Wǒ jiào Lǐ Huìmín.

워먼 쩔 스 한궈 쇼우얼 워 쟈오 리훼이민

- 그래요, 누굴 찾으세요?

好的，您找谁呀?

Hǎode, nín zhǎo shéi ya?

하오더 닌 쟈오 셰이 야

- 이씨 성을 가진 한국 학생 있습니까?

有没有姓李的韩国学生?

Yǒu mei yǒu xìng Lǐ de Hánguó xuésheng?

요우메이요우 씽 리더 한궈 쉬에셩

- 자리에 없습니다. 학교에 갔어요.

不在, 他上学去了。

Bú zài, tā shàng xué qù le.

부짜이 타 샹쉬에 취러

- 그래요? 알겠습니다. 제가 잠시 후에 다시 걸지요, 감사합니다.

是吗? 好，那稍后再打，谢谢。

Shì ma? Hǎo, nà shāo hòu zài dǎ, xièxie.

스마 하오 나 샤오호우 짜이 다 씨에시에

Part.2 잠시만 기다려 주세요.

주요표현

왕 시엔셩 짜이 마
A: 王先生在吗? Wáng xiānsheng zài ma?
왕 선생님 계십니까?

칭 샤오 덩
B 请稍等。 Qǐng shāo děng.
잠시만 기다려 주세요.

표현늘리기

• 무슨 일로 전화하셨습니까?
你来电话，有什么事?
Nǐ lái diànhuà, yǒu shénme shì?
니 라이 띠엔화 요우 션머 스

• 많이 기다리셨지요? 저는 김산입니다.
等很长时间了吧? 我是金山。
Děng hěn cháng shíjiān le ba? Wǒ shì Jīn Shān.
덩 헌창 스지엔러 바 워 스 찐샨

• 네, 안녕하세요! 저는 김산입니다.
喂，你好! 我是金山。
Wèi, nǐ hǎo! Wǒ shì Jīn Shān.
웨이 니 하오 원 스 찐샨

• 이 양, 전화 받아요.
李小姐，听电话。
Lǐ xiǎojiě, tīng diànhuà.
리 샤오지에 팅 띠엔화

- 왕 선생님, 당신 전화입니다.

  王先生，有你的电话。

  Wáng xiānsheng yǒu nǐ de diànhuà,

  왕 시엔셩 요우 니더 띠엔화

- 진 교수님 계십니까?

  陈教授在吗?

  Chén jiàoshòu zài ma?

  천 쟈오쇼우 짜이 마

- 계십니다. 김 군이지요. 잠시 기다리세요.

  是，你是金同学吧，请稍等。

  Shì, nǐ shì Jīn tóngxué ba, qǐng shāo děng yíxià.

  스 나 스 찐 통쉬에 바 칭 샤오 덩이샤

- 여보세요. 안녕하세요. 제가 진정진입니다.

  喂，你好，我是陈正进。

  Wèi, nǐ hǎo, wǒ shì Chén Zhèngjìn.

  웨이 니 하오 워 스 천쩡찐

- 선생님 안녕하세요, 저 대명입니다.

  老师好，我是大明。

  Lǎoshī hǎo, wǒ shì Dàmíng.

  라오스 하오 워 스 따밍

- 어? 대명이구나. 너 귀국하지 않았니?

  咦? 大明，是你啊，你不是回国了吗?

  Yí? Dàmíng, shì nǐ a, nǐ búshì huíguó le ma?

  이 따밍 스 니아 니 부스 훼이궈러 마

- 예, 여기 서울이에요.

  是，这儿是首尔。

  shì, zhèr shì Shǒu'ěr.

  스 쩔 스 쇼우얼

Part.3 연결해 드리겠습니다.

주요표현

칭 주안　잉예뿌더　찐 시엔셩

A: 请转营业部的金先生。

Qǐng zhuǎn yíngyèbù de Jīn xiānsheng.

영업부의 김 선생 부탁드리겠습니다.

하오　칭 샤오덩　마샹 게이 니 주안

B: 好，请稍等，马上给你转。

Hǎo, Qǐng shāo děng, mǎshang gěi nǐ zhuǎn.

네, 잠시만 기다려 주십시오. 곧 연결해 드리겠습니다.

표현늘리기

• 한국어를 할 수 있는 분과 통화하게 해 주세요.

请让会说韩国话的人接电话。

Qǐng ràng huì shuō Hánguóhuà de rén jiē diànhuà.

칭 랑 훼이 슈오 한궈화더런 지에 띠엔화

• 총무부의 어느 분을 연결해 드릴까요?

转总务部的哪位好呢？

Zhuǎn zǒngwùbù de nǎ wèi hǎo ne?

주안 종우뿌더 나웨이 하오 너

• 끊지 말고 기다려 주세요.

别挂断，等一下吧。

Bié guàduàn, děng yíxià ba.

비에 꽈두안　덩 이샤 바

• 김 선생에게서 전화 왔습니다.

是金先生打来了电话。

Shì Jīn xiānsheng dǎ lái le diànhuà.

스 찐 시엔셩 다라이러 띠엔화

• 안녕하세요. 정진 무역입니다.

你好，这是正进贸易公司。

Nǐ hǎo, zhè shì Zhèngjìn Màoyì Gōngsī.

니 하오 쩌 스 쩡찐마오이꿍쓰

• 판매부의 최 주임 부탁드립니다.

请转销售部的崔主任。

Qǐng zhuǎn xiāoshòubù de Cuī zhǔrèn.

칭 주안 샤오쇼우뿌더 췌이 주런

• 실례지만 누구신지?

请问，你是谁?

Qǐng wèn, nǐ shì shéi?

칭원 니 스 셰이

• 저는 방금 미국에서 돌아온 데이비드입니다.

我是刚从美国回来的大卫。

Wǒ shì gāngcóng měiguó huílái de Dàwèi.

워 스 깡 총 메이궈 훼이라이더 따웨이

• 죄송하지만 지금 통화 중이신데요. 잠시 후에 전화 주시죠.

抱歉，他正在讲电话，等会儿再打吧。

Bàoqiàn, tā zhèngzài jiǎng diànhuà, děng huìr zài dǎ ba.

빠오치엔 타 쩡짜이 쟝 띠엔화 덩훨 짜이 다 바

• 잠깐 끊지 마세요, 지금 연결해 드리겠습니다.

请不要挂断，现在给你转。

Qǐng bú yào guàduàn, xiànzài gěi nǐ zhuǎn.

칭 부야오 꽈두안 씨엔짜이 게이니 주안

Part. 4 지금 자리에 안 계십니다.

주요표현

워 쟈오 찐샨 왕 커장 짜이 마

A: 我叫金山，王科长在吗?

Wǒ jiào Jīn shān, Wáng kēzhǎng zài ma?

저는 김산이라고 합니다, 왕 과장님 계십니까?

왕 커장 씨엔짜이 부짜이

B: 王科长现在不在。

Wáng kēzhǎng xiànzài bú zài.

왕 과장님은 지금 자리에 안 계십니다.

표현늘리기

• 남편은 지금 외출했습니다.

丈夫现在出去了。 Zhàngfu xiànzài chūqù le.

짱푸 씨엔짜이 추취러

• 언제 돌아오십니까?

什么时候回来呢? Shénme shíhou huílai ne?

션머 스호우 훼이라이 너

• 금방 올 것입니다.

马上回来。 Mǎshàng huílai.

마샹 훼이라이

• 언제 댁에 계십니까?

什么时候在家?

Shénme shíhou zài jiā?

션머 스호우 짜이 쟈

• 오후에는 계십니까?

下午在吗?

Xiàwǔ zài ma?

샤우 짜이 마

• 안녕하세요. 구매부입니다.

你好,这儿是采购部。

Nǐ hǎo, zhèr shì cǎigòubù.

니 하오 쩔 스 차이꼬우뿌

• 반 부장님 계신지요?

潘部长在吗?

Pān bùzhǎng zài ma?

판 뿌장 짜이 마

• 아마 안 계실 것 같은데요.

恐怕他现在不在。

Kǒngpà tā xiànzài bú zài.

콩파 타 씨엔짜이 부짜이

• 그래요? 그러면 나중에 전화하겠습니다.

是吗? 那么过会儿再打吧。

Shì ma? Nàme guòhuìr zài dǎ ba.

스 마 나머 궈 훨 짜이 다 바

• 잠시만요, 누구시죠? 메모 남겨드릴까요?

请稍等,你是哪位? 要留言吗?

Qǐng shāo děng, nǐ shì nǎ wèi? yào liúyán ma?

칭 샤오 덩 니 스 나 웨이 야오 리우옌 마

• 괜찮습니다. 감사합니다.

不用了,谢谢。

Bú yòng le, xièxie.

부용러 씨에시에

Part.5 지금 다른 전화를 받고 있습니다.

주요표현

칭 주안 쉬 주런

A: 请转许主任。

Qǐng zhuǎn Xǔ zhǔrèn.

허 주임 부탁드립니다.

타 쩡짜이 지에 링 이거 띠엔화

B: 他正在接另一个电话。

Tā zhèngzài jiē lìng yí ge diànhuà.

그는 지금 다른 전화를 받고 있습니다.

표현늘리기

• 허 주임은 지금 통화 중입니다.

许主任正在接电话。 Xǔ zhǔrèn zhèngzài jiē diànhuà.

쉬 주런 쩡짜이 지에 띠엔화

• 받는 사람이 없습니다.

没人接。 Méi rén jiē.

메이런 지에

• 이쪽에서 다시 전화를 해야 합니까?

需要这边再打电话吗? Xūyào zhèbiān zài dǎ diànhuà ma?

쉬야오 쩌비엔 짜이 다 띠엔화 마

• 얼마나 기다려야 연결이 될까요?

要等多久才能接通?

Yào děng duōjiǔ cái néng jiētōng?

야오 덩 뚜오지우 차이 넝 지에통

• 정진출판사입니다.

这儿是正进出版社。

Zhèr shì Zhèngjìn Chūbǎnshè.

쩔 스 쩡찐 추반셔

• 저는 성주라고 합니다, 영업부 책임자 부탁드립니다.

我叫成株，请转营业部主管。

Wǒ jiào Chéngzhū, qǐng zhuǎn yíngyèbù zhǔguǎn.

워 쟈오 청주 칭 주안 잉예뿌 주관

• 대화 중이십니다. 메모 남기시겠습니까?

他在讲话中，要留话吗?

Tā zài jiǎnghuà zhōng, yào liúhuà ma?

타 짜이 지앙화중 야오 리우화 마

• 그러면 통화 끝나시면 제게 전화해 달라고 전해 주시겠습니까?

那么请告诉他，通完话给我回电话好吗?

Nàme qǐng gàosu tā, tōng wán huà gěi wǒ huí diànhuà hǎo ma?

나머 칭 까오수 타 통완 화 게이 워 훼이 띠엔화 하오 마

• 좋습니다, 꼭 전해 드리겠습니다.

好，我一定告诉他。

Hǎo, wǒ yídìng gàosu tā.

하오 워 이딩 까오수 타

• 잠깐 끊지 마세요, 통화가 끝나셨네요.

请不要挂断，他通话完了。

Qǐng bú yào guà duàn, tā tōnghuà wán le.

칭 부야오 꽈두안 타 통화 완러

Tip

대화 중에 상대의 이야기가 잘 들리지 않으면 '听不清楚。tīng bu qīngchu.' 라고 말하면 된다. 이 말은 '잘 안 들린다.'의 의미이다. 말소리가 작아서 안 들릴 경우는 '听不清楚。' 뒤에 '大声一点儿。dà shēng yì diǎnr.(크게 말씀해 주세요.)'를 붙이고, '잘 안 들립니다. 다시 한 번 말씀해 주세요.'라고 말하려면 뒤에 '再说一遍。zài shuō yí biàn.'을 붙이면 된다.

Part.6 그럼 다시 전화하겠습니다.

주요표현

하오시앙 치디엔 찌우 넝 지에슈

A: 好像七点就能结束。

Hǎoxiàng qī diǎn jiù néng jiéshù.

7시에는 끝날 것 같습니다.

나머 궈 이훨 짜이 다 띠엔화

B: 那么过一会儿再打电话。

Nàme guò yíhuìr zài dǎ diànhuà.

그럼 잠시 후에 다시 전화하겠습니다.

표현늘리기

• 잠시 후에 다시 전화 주시겠습니까?

过一会儿再来电话好吗? Guò yí huìr zài lái diànhuà hǎo ma?

궈 이훨 짜이라이 띠엔화 하오 마

• 5분 후에 또다시 걸겠습니다.

五分钟后再打。 Wǔ fēn zhōng hòu zài dǎ.

우펀중 호우 짜이 다

• 이쪽에서 걸겠습니다.

这边给你打电话吧。 Zhèbiān gěi nǐ dǎ diànhuà ba.

쩌비엔 게이 니 다 띠엔화 바

• 언제 다시 전화하면 좋을까요?

什么时候再打电话好呢?

Shénme shíhou zài dǎ diànhuà hǎo ne?

션머 스호우 짜이 다 띠엔화 하오 너

• 이 선생님 계십니까?

李先生在家吗?

Lǐ xiānsheng zài jiā ma?

리 시엔셩 짜이 쟈 마

• 그 분 지금 고객 접대 중이십니다.

他现在接待客户。

Tā xiànzài jiēdài kèhù.

타 시엔짜이 지에따이 커후

• 언제 끝나실까요?

什么时候结束?

Shénme shíhou jiéshù

션머 스호우 지에슈

• 7시가 넘으면 끝날 것 같습니다.

大概过了七点结束。

Dàgài guò le qī diǎn jiéshù.

따까이 궈러 치디엔 지에슈

• 잘 안들리거든요. 소리를 좀 크게 해 주시겠어요?

听得不是很清楚，再讲大声一点儿好吗?

Tīng de búshì hěn qīngchu, zài jiǎng dàshēng yìdiǎnr hǎo ma?

팅더 부스 헌 칭추 짜이 지앙 따셩 이디얼 하오 마

• 아-마-7-시-넘-으-면-끝-난-다-고-요!!

大 - 概 - 过 - 了 - 七 - 点 - 结 - 束!

Dà - gài - guò - le - qī - diǎn - jié - shù.

따 까이 궈 러 치 디엔 지에 슈

• 그러면 제가 7시 반에 다시 전화한다고 전해 주세요.

谢谢, 那请告诉他，我七点半再打。

Xièxie, nà qǐng gàosu tā, wǒ qī diǎn bàn zài dǎ.

씨에시에 나 칭 까오수 타 워 치디엔빤 짜이 다

Part.7 말을 전해 주십시오.

주요표현

타 시엔짜이 부짜이 빤꿍스

A: 他现在不在办公室。

Tā xiànzài bú zài bàngōngshì.

지금 사무실에 안 계십니다.

나머 칭 니 주안까오 워더 리우옌

B: 那么，请你转告我的留言。

Nàme, qǐng nǐ zhuǎngào wǒ de liúyán.

그럼 저의 말을 전해 주십시오.

표현늘리기

• 전달해 주십시오.

请你转达一下。 Qǐng nǐ zhuǎndá yíxià.

칭 니 주안다 이샤

• 메모를 남기고 싶습니다.

想留个条子。 Xiǎng liú ge tiáozi.

시앙 리우거 탸오즈

• 몇 시 정도에 돌아오십니까?

几点钟能回来? Jǐ diǎn zhōng néng huílai?

지디엔 쭝 넝 훼이라이

• 6시에는 돌아올 것입니다.

六点钟能回来。

Liù diǎn zhōng néng huílái.

리우디엔 쭝 넝 훼이라이

• 영업부입니다.

这是营业部。

Zhè shì yíngyèbù.

쩌 스 잉예뿌

• 전 조룡이라고 합니다. 왕 주임 계십니까?

我叫赵龙，王主任在吗?

Wǒ jiào Zhào Lóng, Wáng zhǔrèn zài ma?

워 쟈오 자오롱 왕 주런 짜이 마

• 그분은 본사에 가셨는데요.

他去公司总部了。

Tā qù gōngsī zǒngbù le.

타 취 꿍쓰 종뿌러

• 그분 휴대전화번호를 아십니까?

你知道他的手机号码吗?

Nǐ zhīdao tā de shǒujī hàomǎ ma?

니 쯔다오 타더 쇼우찌 하오마 마

• 죄송합니다. 모르겠는데요.

对不起，我不知道。

Duì bu qǐ, wǒ bù zhīdào.

뛔이부치 워 뿌쯔다오

• 그러면 그분에게 제 메시지 좀 전해 주십시오.

那么，请你转告我的留言。

Nàme, qǐng nǐ zhuǎngào wǒ de liúyán.

나머 칭 니 주안까오 워더 리우옌

Tip 중국의 전화번호는 지역번호-국번-전화번호 순으로 읽는다. 단, '○○○-○○○○'의 '-' 즉, 국(局)은 읽지 않고, 순서대로 읽으며 지역번호-국번-전화번호는 혼동이 없도록 각기 쉬었다가 읽는다. 예를 들어 '02-1234-5678'을 읽는다면 'líng èr, yāo èr sān sì, wǔ liù qī bā'와 같이 읽는다.

Part.8 반드시 전해 드리겠습니다.

주요표현

워더 띠엔화 하오마 스 지우 빠 치-리우 우 쓰 싼

A: 我的电话号码是 987-6543。

Wǒ de diànhuà hàomǎ shì jiǔ bā qī liù wǔ sì sān.

제 전화번호는 987-6543입니다.

워 이딩 주안까오 타

B: 我一定转告他。

Wǒ yídìng gàosu tā.

꼭 전해 드리겠습니다.

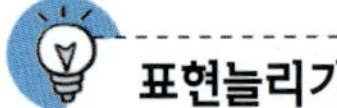

표현늘리기

- 알겠습니다. 말씀대로 전해 드리겠습니다.

  知道了,尊嘱给他转达。 Zhīdao le, zūnzhǔ gěi tā zhuǎndá.

  쯔다오러 쭌주 게이 타 주안다

- 돌아오시면 당신께 전화하라고 전해 드리겠습니다.

  他回来,叫他给你打电话。 Tā huílái, jiào tā gěi nǐ dǎ diànhuà.

  타 훼이라이 쟈오 타 게이니 다 띠엔화

- 그가 다시 전화한다고 합니다.

  他说要再打电话过来。 Tā shuō yào zài dǎ diànhuà guòlai.

  타슈오 야오 짜이 다 띠엔화 궈라이

- 당신께 바로 전화하도록 그에게 꼭 전하겠습니다.

  我一定转告,让他马上给你打电话。

  Wǒ yídìng zhuǎngào, ràng tā mǎshàng gěi nǐ dǎ diànhuà.

  워 이딩 까오수 랑 타 마샹 게이니 다 띠엔화

- 전화번호가 어떻게 되시죠?

电话号码是多少?

Diànhuà hàomǎ shì duōshao?

띠엔화 하오마 스 뚜오샤오

- 886-7456입니다.

886-7456。

Bā bā liù, qī sì wǔ liù.

빠 빠 리우 - 치 쓰 우 리우

- 잠깐만요. 메모할 것 좀 찾고요.

请稍等,让我找个东西写。

Qǐng shāo děng ràng wǒ zhǎo ge dōngxi xiě.

칭 샤오 덩 랑 워 자오거 똥시 씨에

- 메모하실 필요 없어요. '안녕, 화나 죽겠어.' 외우기 쉽지요?

你不用写,"拜拜了,气死我了",很容易记得吧?

Nǐ bú yòng xiě, "bàibài le, qì sǐ wǒ le", hěn róngyì jì de ba?

니 부용 씨에 빠이빠이러 치쓰워러 헌 롱이 찌더 바

- 아주 재밌네요, 알겠습니다. 돌아오시면 꼭 전해 드리지요.

很有意思。好的,他回来了,我一定转告他。

Hěn yǒu yìsi. Hǎode, tā huílái le, wǒ yídìng zhuǎngào tā.

헌 요우 이쓰 하오더 타 훼이라이러 워 이딩 주안까오 타

※ '886'과 '拜拜了', 그리고 '7456'과 '气死我了'는 발음이 아주 흡사하여 후자를 암기하면 전자의 숫자의 연상이 가능하다.

Tip

전화번호 숫자는 낱개의 숫자를 하나씩 읽어나가면 된다. 즉, '1234-5678'이라면 'yāo èr sān sì, wǔ liù qī bā'로 읽는 것이다. 1의 경우 전화번호나 방 번호를 말할 때 원래의 발음인 'yī'와 다르게 '幺 yāo'로 발음하는데 이것은 1이 중복되거나(yī, yī) 7과 1이 연결되었을 때(qī, yī) 발음에 혼동이 오는 것을 피하려는 목적에서 'yāo'로 읽는 것이다.

Part. 9 전할 말씀이 있습니까?

주요표현

니 요우 리우옌 마
A: 你有留言吗?
Nǐ yǒu liúyán ma?
전할 말씀이 있습니까?

칭 주안까오 타 훼이이 총 쓰디엔 카이스
B: 请转告他, 会议从四点开始。
Qǐng zhuǎngào tā, huìyì cóng sì diǎn kāishǐ.
그에게 4시부터 회의가 시작된다고 전해 주세요.

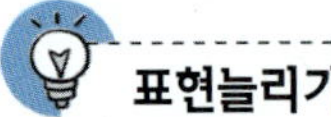

• 저에게 전화 주세요.
给我打电话吧。 Gěi wǒ dǎ diànhuà ba.
게이 워 다 띠엔화 바

• 제가 전화해도 됩니까?
我打电话好吗? Wǒ dǎ diànhuà hǎo ma?
워 다 띠엔화 하오 마

• 나중에 그에게 꼭 전하겠습니다.
以后一定转达给他。 Yǐhòu yídìng zhuǎndá gěi tā.
이호우 이딩 주안다 게이 타

• 그에게 제가 이미 전화를 받았다고 전해 주세요.
告诉他我以接到了电话。 Gàosu tā wǒ yǐ jiēdào le diànhuà.
까오수 타 워 이 지에따오러 띠엔화

• 메시지를 남겨도 될까요?

我可以留个口信吗?

Wǒ kěyǐ liú ge kǒuxìn ma?

워 커이 리우거 코우씬 마

• 좋습니다. 남기실 말씀이 뭐죠?

好的，你有什么话要留?

Hǎode, nǐ yǒu shénme huà yào liú?

하오더 니 요우 션머 화 야오 리우

• 회의가 4시부터 시작한다고 그에게 알려 주세요.

请转告他，会议从四点开始。

Qǐng zhuǎngào tā, huìyì cóng sì diǎn kāishǐ.

칭 주안까오 타 훼이이 총 쓰디엔 카이스

• 알겠습니다.

是，知道了。

Shì, zhīdao le.

스 쯔다오러

• 절대 잊으시면 안 됩니다.

你千万不要忘记。

Nǐ qiānwàn búyào wàngjì.

니 치엔완 부야오 왕지

• 안심하세요, 꼭 전해 드리겠습니다.

你放心，我一定转告他。

Nǐ fàng xīn, wǒ yídìng zhuǎngào tā.

니 팡씬 워 이딩 주안까오 타

• 감사합니다. 부탁합니다.

谢谢，拜托你了。

Xièxie, bàituō nǐ le.

씨에시에 빠이투오 니러

Part.10 몇 번에 거셨어요?

주요표현

닌 다더 스 션머 띠엔화 하오마
A: 您打的是什么电话号码?
Nín dǎ de shì shénme diànhuà hàomǎ?
몇 번에 거셨어요?

부스 지우 리우 지우 야오 얼 싼 쓰 마
B: 不是 969-1234 吗?
Búshì jiǔ - liù - jiǔ - yāo - èr - sān - sì ma?
969-1234 아닌가요?

표현늘리기

- 어디에 거셨어요?

  你打到哪儿? Nǐ dǎ dào nǎr?
  니 다 따오 날

- 여기에는 그런 사람이 없습니다.

  我们这里没有这个人。 Wǒmen zhèlǐ méi yǒu zhège rén.
  워먼 쩌리 메이요우 쩌거 런

- 누구와 통화를 원하신다구요?

  您要找谁听电话? Nín yào zhǎo shéi tīng diànhuà?
  닌 야오 자오 셰이 팅 띠엔화

- 당신의 음성이 너무 작아서 잘 들리지 않습니다.

  你的声音太小，听不清楚。
  Nǐ de shēngyīn tài xiǎo, tīng bù qīngchu.
  니더 셩인 타이 샤오 팅 부 칭추

• 여보세요? 왕 여사님 계십니까?

喂,王女士在吗?

Wèi, Wáng nǚshì zài ma?

웨이 왕 뉘스 짜이 마

• 몇 번에 거셨어요?

你打的是多少号?

Nǐ dǎ de shì duōshǎo hào?

니 다더 스 뚜오샤오 하오

• 888-3210 아닙니까?

不是888-3210吗?

Bú shì bā - bā - bā - sān - èr - yāo - líng ma?

부스 빠빠빠-싼 얼 야오 링 마

• 전화번호는 맞습니다. 그런데….

电话号码是对的, 但是…。

Diànhuà hàomǎ shì duì de, dànshì...

띠엔화 하오마 스 뛔이더 딴스

• 그런데 뭐죠?

但是什么?

Dànshì shénme?

딴스 션머

• 여기는 왕 여사님 회사가 아니라 그분 집인데요.

这里不是王女士的公司,是她的家。

Zhèli bú shì Wáng nǚshì de gōngsī, shì tā de jiā.

쩌리 부스 왕 뉘스더 꿍스 스 타더 쟈

• 아, 죄송합니다, 제가 전화를 잘못 걸었군요.

啊,对不起,我打错了。

À, duìbuqǐ, wǒ dǎ cuò le.

아 뛔이부치 워 다추오러

Part. 11 수신자부담으로 부탁합니다.

주요표현

안 뛔이팡 푸콴 팡스 지에통 띠엔화
A: 按对方付款方式接通电话。
Àn duìfāng fùkuǎn fāngshì jiētōng diànhuà.
수신자부담으로 연결 부탁드립니다.

닌 야오 다따오 날
B: 您要打到哪儿?
Nín yào dǎ dào nǎr?
어디로 전화를 거실 건가요?

표현늘리기

• 국제전화 오퍼레이터입니까? 한국 교환원을 부탁드립니다.
国际电话台吗? 找韩国接线员。
Guójì diànhuàtái ma? Zhǎo Hánguó jiēxiànyuán.
궈지 띠엔화타이 마 자오 한궈 찌에시엔위엔

• 끊지 말고 기다리십시오.
请别挂断，请稍等。
Qǐng bié guàduàn, qǐng shāo děng.
칭 비에 꽈두안 칭 샤오 덩

• 연결되었습니다. 통화하십시오.
接通了。 请讲话。
Jiētōng le. Qǐng jiǎnghuà.
지에통러 칭 지앙화

- 저는 한국으로 수신자부담 전화를 걸려고 합니다.

  我要打到韩国受话人付费电话。

  Wǒ yào dǎ dào Hánguó shòuhuàrén fùfèi diànhuà.

  워 야오 다따오 한궈 쇼우화런 푸페이 띠엔화

- 콜렉트콜로 국제전화를 하고 싶은데요.

  我想用对方付款打国际电话。

  Wǒ xiǎng yòng duìfāng fùkuǎn dǎ guójì diànhuà.

  워 시앙 용 뛔이팡 푸콴 다 궈지 띠엔화

- 어디로 하실 건데요? 상대방 전화번호는요?

  你要打哪儿? 对方电话号码呢?

  Nǐ yào dǎ nǎr? Duìfāng diànhuà hàomǎ ne?

  니 야오 다 날 뛔이팡 띠엔화 하오마 너

- 한국 서울이고, 번호는 654-3210입니다.

  韩国首尔。号码是654-3210。

  Hánguó Shǒu'ěr. Hàomǎ shì liù wǔ sì, sān èr yāo líng.

  한궈 쇼우얼 하오마 스 리우 우 쓰 싼 얼 야오 링

- 받는 분 성함은요?

  受话人的名字呢?

  Shòuhuàrén de míngzi ne?

  쇼우화런더 밍즈 너

- 받는 사람은 이대원, 저는 이혜민입니다.

  受话人是李大元,还有我叫李惠民。

  Shòuhuàrén shì Lǐ Dàyuán, háiyǒu wǒ jiào Lǐ huìmín.

  쇼우화런 스 리따위엔 하이요우 워 쟈오 리훼이민

- 알겠습니다. 끊지 마시고 잠깐만 기다리세요.

  好,别挂断,请稍等。

  Hǎo, bié guàduàn, qǐng shāo děng.

  하오 비에 꽈두안 칭 샤오덩

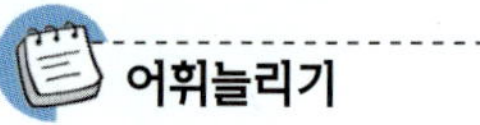

어휘늘리기

본문 중요 어휘

拜拜	bàibai	빠이빠이(bye-bye), 안녕
拜托	bàituō	부탁합니다
不是 …吗	búshì …ma	…아닌가요? 그럴 텐데요
陈	Chén	진 (성씨)
出版社	chūbǎnshè	출판사
从	cóng…	…로 부터 (시간과 공간에 다 쓰임)
告诉	gàosu	알리다
挂断	guàduàn	전화를 끊다
回电	huídiàn	답전하다, 답전
回国	huíguó	귀국하다
会议	huìyì	회의
记得	jìde	기억하고 있다
家里	jiāli	집안 가정
讲话	jiǎnghuà	이야기하다, 연설, 말
教授	jiàoshòu	교수
接待	jiēdài	접대, 응대하다
结束	jiéshù	끝내다
客户	kèhù	고객
恐怕	kǒngpà	아마도 …일 것이다 (안 좋은 일을 추측)
口信	kǒuxìn	전갈, 풍문
留话	liúhuà	말을 남기다, 전언
留言	liúyán	말을 남기다, 메모
女士	nǚshì	학식있는 여자, 숙녀
潘	Pān	반 (성씨)
千万	qiānwàn	제발, 아무쪼록
受话人	shòuhuàrén	수신인
通话	tōnghuà	통화하다

找	zhǎo	(수소문 하여) 찾다
咦	yí	아니! (놀람을 나타내는 감탄사)
一定	yídìng	일정한, 반드시 (…해야 한다)
有意思	yǒuyìsi	재미있다, 의미있다
赵龙	zhàolóng	조룡 (사람이름)
主任	zhǔrèn	주임
主管	zhǔguǎn	주관하다, 주관자
转	zhuǎn	전환하다, (전화를) 돌려다
总部	zǒngbù	본사, 총 본부
转告	zhuǎngào	전해 알리다, 전달하다, 전언하다

관련 어휘

전화 관련 어휘

电话	diànhuà	전화
听筒	tīngtǒng	수화기
号码盘	hàomǎpán	전화 다이얼
电话线	diànhuàxiàn	전화선
手机	shǒujī	휴대전화
公用电话	gōngyòng diànhuà	공용[공중]전화
内线	nèixiàn	구내전화
总机	zǒngjī	교환대
区域号码	qūyù hàomǎ	지역번호
电话号码	diànhuà hàomǎ	전화번호
长途电话	chángtú diànhuà	장거리 전화
国际电话	guójì diànhuà	국제전화
国内电话	guónèi diànhuà	국내전화
国际电话台	guójì diànhuàtái	국제전화 오퍼레이터
对方付款电话	duìfāng fùkuǎn diànhuà	콜렉트 콜

전화 걸기

한국에서 중국으로

001, 002 등 국제전화 서비스 번호 – 86(중국 국가번호) – 지역번호 – 가입자 번호. 단, 지역번호의 첫째자리 0은 돌리지 않는다. 예를 들면, 한국 통신(001)을 이용하여 한국에서 북경의 주중 한국대사관(010-6532-0290) 으로 전화할 경우, 001-86-10-6532-0290으로 하면 된다.

중국에서 한국으로

(1) **콜렉트 콜 :** 한국통신(10882) 또는 데이콤(108858). 한국인 안내원이 연결해 준다. 한국 통신사의 서비스를 이용하는 것으로 중국의 일반 전화보다 30% 정도 저렴하다.

(2) **일반전화 이용 :** 00 – 82(한국 국가번호) – 지역번호 – 가입자 번호. 지역번호의 첫째자리 0은 돌리지 않는다. 중국에서 서울의 주한 중국 대사관(02-738-1038) 으로 전화할 경우 00-82-2-738-1038로 하면 된다.

제 11 장

교통 · 길묻기

1. 북해공원은 어디에 있습니까?
2. 세 번째 건물입니다.
3. 길을 잃어버렸습니다.
4. 이 버스는 백화점에 갑니까?
5. 동물원은 몇 번째 정류장입니까?
6. 어디에서 갈아타나요?
7. 상하이행은 몇 시에 출발합니까?
8. 이거 베이징행입니까?
9. 한국어 신문 있습니까?
10. 베이징역까지 가 주세요.

Part.1 북해공원은 어디에 있습니까?

주요표현

베이하이꿍위엔 짜이 날
A: 北海公园在哪儿?
Běihǎi Gōngyuán zài nǎr?
북해공원은 어디 있습니까?

옌저 쩌탸오루 이즈 조우 찌우 따오러
B: 沿着这条路一直走就到了。
Yánzhe zhè tiáo lù yìzhí zǒu jiù dào le.
이 길을 따라서 쭉 가시면 됩니다.

표현늘리기

• 베이징에 가려고 합니다.
我要去北京。 Wǒ yào qù Běijīng.
워 야오 취 베이징

• (만리)장성은 어떻게 가지요?
去长城怎么走? Qù Chángchéng zěnme zǒu?
취 창청 쩐머 조우

• 지금 이 주소를 찾고 있습니다.
正在找这个地址。 Zhèngzài zhǎo zhège dìzhǐ.
쩡짜이 쟈오 쩌거 띠즈

• 걸어서 몇 분이면 도착합니까?
走多长时间就能到?
Zǒu duōcháng shíjiān jiù néng dào?
조우 뚜오창 스지엔 찌우 넝 따오

• 수고하십니다. 월드컵 경기장 어떻게 가죠?

劳驾, 世界杯体育场怎么走?

Láojià, Shìjièbēi Tǐyùchǎng zěnme zǒu?

라오쟈 스지에뻬이 티위창 쩐머 조우

• 죄송한데요, 여기 사는 사람이 아니라서 잘 몰라요.

抱歉, 我不是这儿的人，不熟悉这儿。

Bàoqiàn, wǒ búshì zhèr de rén, bù shúxī zhèr.

빠오치엔 워 부스 쩔더 런 뿌 슈씨 쩔

• 어떻게 가려고요? 걸어서 가려구요?

你要怎么走? 要走路去吗?

Nǐ yào zěnme zǒu? Yào zǒulù qù ma?

니 야오 쩐머 조우 야오 조우루 취 마

• 그렇습니다. 여기서 아주 가깝지 않나요?

是，不是离这儿很近吗?

Shì, búshì lí zhèr hěn jìn ma?

스 부스 리 쩔 헌 찐 마

• 그다지 가깝지는 않습니다. 걸어서는 못 가요.

不怎么近，不能走着去。

Bù zěnme jìn, Bù néng zǒuzhe qù.

뿌 쩐머 찐 뿌넝 조우저 취

• 그러면 어떻게 가죠?

那怎么去?

Nà zěnme qù?

나 쩐머 취

• 버스나 택시를 타고 가셔야 할 것 같습니다.

你坐公车或者打的去才行。

Nǐ zuò gōngchē huòzhě dǎdí qù cái xíng.

니 쭈오 꿍처 후오저 다띠 취 차이 씽

Part. 2 세 번째 건물입니다.

주요표현

칭원 쩌 푸진 요우 씬화슈디엔 마

A: 请问，这附近有新华书店吗？

Qǐngwèn, zhè fùjìn yǒu Xīnhuá Shūdiàn ma?

말씀 좀 묻겠습니다. 이 근처에 신화서점이 있습니까?

왕 요우과이 띠 싼거 찌엔주우 찌우스

B: 往右拐第三个建筑物就是。

Wǎng yòu guǎi dì sān de jiànzhùwù jiùshì.

모퉁이를 오른쪽으로 돌아 세 번째 건물입니다.

표현늘리기

• 이쪽 방향입니까?

是这个方向吗? Shì zhège fāngxiàng ma?

스 쩌거 팡시앙 마

• 막다른 골목에 있습니다.

在死胡同里。 Zài sǐhútòng lǐ.

짜이 쓰후통 리

• 이 길의 맞은편입니다.

在这条路的对面。 Zài zhè tiáo lù de duìmiàn.

짜이 쩌 탸오 루 더 뛔이미엔

• 이 길을 건너세요.

过马路吧。

Guò mǎlù ba.

궈 마루 바

• 좌측으로 꺾어지는 겁니까?

往左拐吗?

Wǎng zuǒ guǎi ma?

왕 주오과이 마

• 말씀 좀 묻겠는데요. 이 근처에 천안문이 있나요?

请问, 这附近有天安门吗?

Qǐngwèn zhè fùjìn yǒu Tiān'ānmén ma?

칭원 쩌 푸진 요우 티엔안먼 마

• 똑바로 가시면 됩니다.

你一直走就到了。

Nǐ yìzhí zǒu jiù dào le.

니 이즈 조우 찌우 따오러

• 말씀 좀 묻겠습니다. 외문서점이 여기에서 먼가요?

请问,外文书店离这儿远吗?

Qǐngwèn, Wàiwén Shūdiàn lí zhèr yuǎn ma?

칭원 와이원슈디엔 리 쩔 위엔 마

• 외문서점이요?

是外文书店吗?

Shì Wàiwén shūdiàn ma?

스 와이원슈디엔 마

• 좌회전하셔서 네거리를 지나세요.

往左拐过十字路口。

Wǎng zuǒ guǎi guò shízì lùkǒu.

왕 주오과이 스쯔루코우

• 대각선쪽 3번째 건물입니다.

斜对面儿,第三个建筑物就是。

Xié duìmiàn, dì sān ge jiànzhùwù jiùshì.

씨에 뛔이미엔 띠 싼거 찌엔주우 찌우스

Part.3 길을 잃어버렸습니다.

미루러 쩌 스 션머 띠팡
A: 迷路了，这是什么地方？
Mí lù le, zhè shì shénme dìfang?
길을 잃어버렸어요. 여기가 어디입니까?

스 씨딴 스창
B: 是西单市场。
Shì Xīdān Shìchǎng.
시단시장입니다.

• 여기가 전문대로입니까?
这是前门大街吗? Zhè shì Qiánmén Dàjiē ma?
쩌 스 치엔먼 따지에 마

• 어떻게 가야 할지 모르겠습니다.
不知道怎么走。 Bù zhīdào zěnme zǒu.
뿌 쯔다오 쩐머 조우

• 약도를 그려 주시지 않겠습니까?
能给我画一张略图吗? Néng gěi wǒ huà yì zhāng lüètú ma?
넝 게이워 화 이장 뤼에투 마

• 이 지도에 표시를 해 주시겠습니까?
能不能在这个地图上做个标记?
Néng bù néng zài zhège dìtúshang zuò ge biāojì?
넝뿌넝 짜이 쩌거 띠투샹 쭈오거 뱌오지

• 이쪽 길로 따라가면 학원로에 도착합니까?

顺着这条路可以到学院路吗?

Shùnzhe zhè tiáo lù kěyǐ dào Xuéyuànlù ma?

쉰저 쩌탸오루 커이 따오 쉬에위엔루 마

• 아니요, 길을 잘못 드셨군요.

不对，你走错方向了。

Bú duì, nǐ zǒu cuò fāngxiàng le.

부뛔이 니 조우 추오 팡시앙러

• 이런, 길을 잃어버렸네. 여기가 어디죠?

糟糕，迷路了。这是什么地方?

Zāogāo, mí lù le, zhè shì shénme dìfang?

자오까오 미루러 쩌 스 션머 띠팡

• 여기는 장춘 거리입니다.

是长椿街。

Shì Chángchūnjiē.

스 창춘지에

• 호텔로 돌아가고 싶습니다.

我想回饭店去。

Wǒ xiǎng huí fàndiàn qù.

워 시앙 훼이 판디엔 취

• 어느 호텔에 묵고 계시죠?

你住在哪个饭店?

Nǐ zhù zài nǎge fàndiàn?

니 쭈짜이 나거 판디엔

• 베이징 숭문문 호텔에 묵습니다.

我住在北京崇文门饭店。

Wǒ zhù zài Běijīng Chóngwénmén Fàndiàn.

워 쭈짜이 베이징 충원먼 판디엔

Part.4 이 버스는 백화점에 갑니까?

주요표현

짜 루 꽁꽁치처 취 바이훠 샹디엔 마

A: 这路公共汽车去百货商店吗?

Zhè lù gōnggòng qìchē qù bǎihuò shāngdiǎn ma?

이 버스는 백화점에 갑니까?

취

B: 去。

Qù.

갑니다.

표현늘리기

• 버스 정거장은 어디입니까?

公共汽车站在哪儿?

Gōnggòng qìchē zhàn zài nǎr?

꽁꽁 치처짠 짜이 날

• 도심까지 가는 버스는 있습니까?

有去市中心的公共汽车吗?

Yǒu qù shìzhōngxīn de gōnggòng qìchē ma?

요우 취 스쭝씬더 꽁꽁치처 마

• 앞으로 얼마나 더 갑니까?

往前再走多远?

Wǎng qián zài zǒu duō yuǎn?

왕 치엔 짜이조우 뚜오 위엔

• 천안문 가는 버스는 어디서 탑니까?

去天安门的公共汽车在哪里坐?

Qù Tiān'ānmén de gōnggòng qìchē zài nǎli zuò?

취 티엔안먼더 꿍꿍치처 짜이 나리 쭈오

• 이화원에 가려면 건너편에서 375번을 타야 합니다.

要去颐和园得在对面坐375路公车。

Yào qù Yíhéyuán děi zài duìmiàn zuò sānqīwǔ lù gōngchē.

야오 취 이허위엔 데이 짜이 뛔이미엔 쭈오 싼치우루 꿍처

• 저 버스는 백화점에 갑니까?

那路公车去百货公司吗?

Nà lù gōngchē qù bǎihuò gōngsī ma?

나 루 꿍처 취 바이훠 꿍쓰 마

• 물론 갑니다.

当然去。

Dāngrán qù.

땅란 취

• 백화점은 몇 번째 정류장입니까?

百货商店是第几站?

Bǎihuò shāngdiàn shì dì jǐ zhàn?

바이훠 샹디엔 스 띠 지짠

• 7번째 정류장입니다.

第七站。

Dì qī zhàn.

띠 치짠

• 알겠습니다. 고맙습니다.

知道了,谢谢。

Zhīdao le, xièxie.

쯔다오러 씨에시에

Part.5 동물원은 몇 번째 정류장입니까?

주요표현

취 똥우위엔 짜이 나 이짠 샤처

A: 去动物园在哪一站下车?

Qù dòngwùyuán zài nǎ yí zhàn xià chē?

동물원에 가려면 어느 정거장에서 내려야 합니까?

띠 치짠 샤처

B: 第七站下车。

Dì qī zhàn xià chē.

7번째 정류장에서 내리세요.

표현늘리기

• 어디에서 내리면 됩니까?

该在哪儿下车呢? Gāi zài nǎr xià chē ne?

까이 짜이 날 샤처 너

• 종점에서 내리세요.

到终点站下车吧。 Dào zhōngdiǎnzhàn xià chē ba.

따오 쭝디엔짠 샤처 바

• 다음 정류장에서 내리세요.

下一站下车吧。 Xià yí zhàn xià chē ba.

샤 이짠 샤처 바

• 뭔가 표적이 될 만한 것은 없습니까?

有没有做标志的东西?

Yǒu mei yǒu zuò biāozhì de dōngxi?

요우메이요우 쭈오 뱌오쯔더 뚱시

• 식물원은 어느 정거장에서 내리는 거지?

不知道去植物园在哪一站下车?

Bù zhīdào qù zhíwùyuán zài nǎ yí zhàn xià chē?

뿌쯔다오 취 즈우위엔 짜이 나 이짠 샤처

• 여섯 번째 정거장이야.

第六站下车。

Dì liù zhàn xià chē.

띠 리우짠 샤처

• 오늘 또 정류장을 지나칠까봐 걱정이야.

我怕今天又坐过站。

Wǒ pà jīntiān yòu zuò guò zhàn.

워 파 찐티엔 요우 쭈오궈 짠

• 기억력이 왜 그 모양이니. 너는?

怎么这么没记性呢，你?

Zěnme zhème méi jìxìng ne, nǐ?

쩐머 쩌머 메이 찌씽 너 니

• 글쎄말이야, 문제야.

可不是，这就是问题。

Kě bú shì, zhè jiùshì wèntí.

커 부스 쩌 찌우스 원티

• 나 먼저 내릴 테니 정류장 지나치지 않게 조심해!

我先下车，千万不要坐过站!

Wǒ xiān xià chē, qiānwàn bú yào zuò guò zhàn!

워 씨엔 샤처 치엔완 부야오 쭈오궈 짠

• 알았어, 안심해.

我知道了，你放心。

Wǒ zhīdao le, nǐ fàng xīn.

워 쯔다오러 니 팡씬

Part.6 어디에서 갈아타나요?

주요표현

짜이 날 환처 너
A: 在哪儿换车呢? 어디서 갈아타면 되나요?
Zài nǎr huànchē ne?

짜이 푸씽먼짠 환처 바
B: 在复兴门站换车吧。 푸씽먼역에서 갈아타세요.
Zài Fùxīngménzhàn huànchē ba.

표현늘리기

• 지하철을 타고 시단에 갈 수 있습니까?

坐地铁可以去西单吗?
Zuò dìtiě kěyǐ qù Xīdān ma?
쭈오 띠티에 커이 취 씨딴 마

• 이화원에 가려면 버스가 가장 편리합니다.

要去颐和园, 坐公共汽车最方便。
Yào qù Yíhéyuán, zuò gōnggòng qìchē zuì fāngbiàn.
야오 취 이허위엔 쭈오 꿍꿍치처 쭈에이 팡비엔

• 지하철 출구는 어디입니까?

地铁出口在哪儿?
Dìtiě chūkǒu zài nǎr?
띠티에 추코우 짜이 날

• 지하철은 몇 시까지 운행합니까?

地铁运行到几点?
Dìtiě yùnxíng dào jǐ diǎn?
띠티에 윈씽 따오 지디엔

• 노선을 잘못 탔어요.

坐错了路线。

Zuò cuò le lùxiàn.

쭈오 추오러 루시엔

• 죄송한데요, 뭐 좀 여쭙겠습니다.

打扰你了，请问一下。

Dǎrǎo nǐ le, qǐngwèn yíxià.

다라오 니러 칭원 이샤

• 뭔데요?

什么事?

Shénme shì?

션머 스

• 만리장성에 가려면 어디서 갈아타야 하죠?

去长城，在哪儿倒车呢?

Qù Chángchéng, zài nǎr dǎo chē ne?

취 창청 짜이 날 따오처 너

• 치엔먼에서 갈아타세요.

在前门倒车。

Zài Qiánmén dǎo chē.

짜이 치엔미엔 따오처

Tip

2008년 현재 중국에는 베이징, 상하이, 톈진, 광저우, 홍콩 등에 지하철이 건설되어 있다. 1969년 베이징에 처음으로 지하철이 다니기 시작한 이후로 1999년 광저우에 지하철이 건설되기까지 홍콩, 톈진, 상하이 순으로 지하철이 건설되었다.

현재에는 선쩐, 난징에 지하철을 건설하고 있으며 우한, 장춘, 선양, 따롄, 항저우, 청뚜, 시안 등의 도시는 지하철이나 전철 건설이 예정되어 있다.

Part.7 상하이행은 몇 시에 출발합니까?

취 샹하이더 훠처 지디엔 파처

A: 去上海的火车几点发车?

Qù Shànghǎi de huǒchē jǐ diǎn fāchē?

상하이행 열차는 몇 시에 출발합니까?

스 디엔 쓰스펀 파처

B: 十点四十分发车。

Shí diǎn sìshí fēn fāchē.

10시 40분에 출발합니다.

• 베이징행 차표 한 장 주세요.

要一张去北京的车票。

Yào yì zhāng qù Běijīng de chēpiào.

야오 이장 취 베이징더 퍄오

• 베이징까지 가격은 얼마입니까?

去北京,要多少钱?

Qù Běijīng, yào duōshao qián?

취 베이징 야오 뚜오샤오 치엔

• 침대석을 사려고 합니다, 일반 침대석은 얼마입니까?

我买卧铺,硬卧多少钱?

Wǒ mǎi wòpù, yìngwò duōshao qián?

워 마이 워푸 잉워 뚜오샤오 치엔

• 제게 열차 시각표를 주실 수 있습니까?

能不能给我一张时刻表?

Néng bu néng gěi wǒ yì zhāng shíkèbiǎo?

넝뿌넝 게이 워 이장 스커뱌오

• 베이징행 기차가 몇 시에 출발이죠?

去北京的火车几点发车?

Qù Běijīng de huǒchē jǐ diǎn fāchē?

취 베이징더 훠처 지디엔 파처

• 4시 10분 출발입니다.

四点十分发车。

Sì diǎn shí fēn fāchē.

쓰디엔 스펀 파처

• 침대칸은 얼마에요?

卧铺多少?

Wòpù duōshao?

워푸 뚜오샤오

• 이등칸은 300 위안, 일등칸은 400 위안입니다.

硬卧三百元，软卧四百元。

yìngwò sānbǎi yuán, ruǎnwò sìbǎi yuán.

잉워 싼바이 위엔 루안워 쓰바이 위엔

Tip

중국 열차의 좌석

■ 硬座 yìngzuò : 가장 요금이 싸다. 좌석은 출발역에서만 지정되고 나머지 구간에서는 지정석이 아니다.

■ 软座 ruǎnzuò : 부드러운 시트가 깔린 좌석으로 지정석이다.

■ 硬卧 yìngwò : 얇은 매트리스가 깔린 일반 침대석이다. 6인 1칸의 3단 침대로 꾸며져 있다. 가장 아래 침대가 비싸며 위로 갈수록 가격이 싸다.

■ 软卧 ruǎnwò : 부드러운 침대칸으로 4인 1실이다.

Part.8 이거 베이징행입니까?

주요표현

짜 스 취 베이징더 훠처 마

A: 这是去北京的火车吗?
Zhè shì qù Běijīng de huǒchē ma?
이거 베이징행입니까?

스

B: 是。
Shì.
네.

표현늘리기

• 여기에서 얼마나 정차합니까?

这里停车几分钟? Zhèli tíngchē jǐ fēnzhōng?
쩌리 팅처 지펀종

• 여기는 빈 자리입니까?

这是空座吗? Zhè shì kòngzuò ma?
쩌 스 콩 쭈오 마

• 여기 제 자리인데요.

这是我的座位。 Zhè shì wǒ de zuòwèi.
쩌 스 워더 쭈오웨이

• 얼마를 더 가야 베이징에 도착할 수 있습니까?

再走多长时间就到北京了?
Zài zǒu duōcháng shíjiān jiù dào Běijīng le?
짜이 조우 뚜오창 스지엔 찌우따오 베이징러

• 이 열차 베이징행이죠?

这火车去北京吧?

Zhè huǒchē qù Běijīng ba.

쩌 훠처 취 베이징 바

• 다음 역은 어디입니까?

下一站是哪儿?

Xià yí zhàn shì nǎr?

시아 이짠 스 날

• 죄송한데 자리 좀 바꿀 수 있을까요?

对不起,介意和我换座位吗?

Duì bu qǐ, jièyì hé wǒ huàn zuòwèi ma?

뛔이부치 지에이 허 워 환 쭈오웨이 마

• 이 자리에 임자가 있습니까?

这座位有人吗?

Zhè zuòwèi yǒu rén ma?

쩌 쭈오웨이 요우런 마

• 없습니다.

没有。

Méiyǒu.

메이요우

• 그럼, 자리 좀 맡아주시겠어요?

那,帮我看一下座位,好吗

Nà, bāng wǒ kān yíxià zuòwèi, hǎo ma?

나 빵 워 칸이샤 쭈오웨이 하오 마

• 그러죠

好吧。

Hǎoba.

하오 바

Part. 9 한국어 신문 있습니까?

주요표현

요우 한원 빠오즈 마

A: 有韩文报纸吗?

Yǒu Hánwén bàozhǐ ma?

한국어 신문 있습니까?

요우 하이 쉬야오 비에더 마

B: 有,还需要别的吗?

Yǒu, hái xūyào bié de ma?

있습니다. 더 필요한 것이 있으신가요?

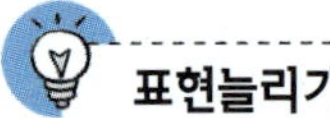

표현늘리기

• 카운터는 어디입니까?(비행기 발권할 때)

吧台在哪儿? Bātái zài nǎr?

빠타이 짜이 날

• 비행기멀미 같아요.

好象有点儿晕机。 Hǎoxiàng yǒu diǎnr yùnjī.

하오시앙 요우디얼 윈지

• 좀 지나가겠습니다.

先过去一下吧。 Xiān guòqù yíxià ba.

시엔 궈취 이샤 바

• 앞으로 얼마를 더 가야 상하이 공항에 도착합니까?

再走多长时间就到上海机场了?

Zài zǒu duōcháng shíjiān jiù dào Shànghǎi Jīchǎng le?

짜이 조우 뚜오창 스지엔 찌우따오 샹하이 찌창러

• 짐은 전부 두 개입니다.

总共两件包裹。

Zǒng gòng liǎng jiàn bāoguǒ.

종꽁 량지엔 빠오궈

• 수고하십니다. 한국 신문있나요?

劳驾，有韩国报纸吗？

Láojià, yǒu Hánguó bàozhǐ ma?

라오쟈 요우 한궈 빠오즈 마

• 있습니다. 금방 가져다 드릴께요.

有，马上就给你拿来。

Yǒu, mǎshang jiù gěi nǐ nálái.

요우 마샹 찌우 게이니 나라이

• 면세품 좀 사고 싶습니다.

我想买免税物品。

Wǒ xiǎng mǎi miǎnshuì wùpǐn.

워 시앙 마이 미엔쉐이우핀

• 어떤 종류를 원하시나요?

要买哪种？

Yào mǎi nǎ zhǒng?

야오 마이 나 종

• 스와치를 사고 싶어요.

我想买斯沃琪。

Wǒ xiǎng mǎi Sīwòqí.

워 시앙 마이 쓰워치

• 알겠습니다. 상품 카탈로그를 바로 가져다 드리지요.

好，马上给你拿来商品目录。

Hǎo, mǎshang gěi nǐ nálái shāngpǐn mùlù.

하오 마샹 게이니 나라이 샹핀 무루

Part. 10 베이징역까지 가 주세요.

주요표현

취 베이징짠
A: 去北京站。 베이징역까지 가 주세요.
Qù Běijīngzhàn.

하오 쯔다오러
B: 好，知道了。 네, 알겠습니다.
Hǎo, zhīdao le.

표현늘리기

- 택시 승차장은 어디입니까?
  出租汽车站在哪儿?
  Chūzū qìchēzhàn zài nǎr?
  추주치처짠 짜이 날

- 이것이 제 짐입니다.
  这是我的东西。
  Zhè shì wǒ de dōngxi.
  쩌 스 워더 똥시

- 여기에서 상해역까지 몇 킬로미터인가요?
  从这儿到上海站几公里?
  Cóng zhèr dào Shànghǎizhàn jǐ gōnglǐ?
  총 쩔 따오 샹하이짠 지꿍리

- 여기서 기다려 주시지 않겠습니까?
  能不能在这里等一会儿?
  Néng bu néng zài zhèli děng yíhuìr?
  넝뿌넝 짜이 쩌리 덩 이훨

• 저기서 세워 주세요.

到那儿停车吧。

Dào nàr tíngchē ba.

따오 날 팅처 바

• 어디까지 가세요?

你去哪儿?

Nǐ qù nǎr?

니 취 날

• 수도공항이요. 급해요!

首都机场，快点!

Shǒudū Jīchǎng, kuàidiǎn!

쇼우뚜 찌창 콰이디엔

• 딱지 떼이고 싶지 않아요, 왜 그렇게 서두르죠?

我不想受罚，你着急什么?

Wǒ bù xiǎng shòufá, nǐ zháojí shénme?

워 뿌시앙 쇼우파 니 자오지 션머

• 1시 비행기 타야 하거든요.

我要坐一点的飞机。

Wǒ yào zuò yìdiǎn de fēijī.

워야오 쭈오 이디엔더 페이지

• 1시요? 아직 시간 괜찮아요.

一点? 还来得及。

Yì diǎn? hái lái de jí.

이디엔 하이 라이더지

• 그래요? 그래도 늦을까봐 염려되요.

是吗? 但是我怕来不及啊。

Shì ma? Dànshì wǒ pà lái bu jí a.

스 마 딴스 워 파 라이부지 아

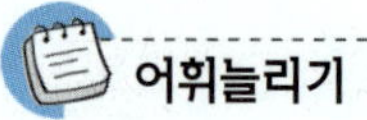

어휘늘리기

본문 중요 어휘

百货公司	bǎihuògōngsī	백화점 (=百货商店)
报纸	bàozhǐ	신문
长城	Chángchéng	장성
长椿街	Chángchūnjiē	장춘거리, 장춘지에 (지명)
崇文门饭店	Chóngwénmén Fàndiàn	숭문문 호텔 (지명)
打的	dǎ dí	택시를 타다
对面儿	duìmiànr	맞은편
发车	fāchē	차를 출발시키다
方向	fāngxiàng	방향
放心	fàngxīn	안심하다
附近	fùjìn	부근
公车	gōngchē	버스
机场	jīchǎng	비행장
记性	jìxìng	기억력
建筑物	jiànzhùwù	건물
介意	jièyì	개의하다, 신경 쓰다
开票	kāipiào	표를 끊다, 영수증을 끊다
看着	kànzhe	지키다
来不及	lái bù jí	시간에 늦다, 시간 내에 도착하지 못하다
来得及	lái dé	시간에 대다, 시간에 늦지 않다
劳驾	láojià	수고하십니다, 실례합니다
路	lù	길, 노선
迷路	mílù	길을 잃다
免税	miǎnshuì	면세
目录	mùlù	목록, 카탈로그
拿来	nálái	가져오다
哪种	nǎzhǒng	어떤 종류

怕	pà	두려워 하다
前门	Qiánmén	치엔먼, 전문 (지명)
请问	qǐngwèn	묻다, 물음을 청하다
软卧	ruǎnwò	일등 침대칸
商品	shāngpǐn	상품
十字路口	shízì lùkǒu	네거리
市场	shìchǎng	시장
世界杯	Shìjièbēi	월드컵
受罚	shòufá	벌을 받다, 딱지 떼다
熟悉	shúxī	잘 알다
顺着	shùnzhe	…를 따라서
斯沃琪	Sīwòqí	스와치 (스위스 시계의 일종)
体育场	tǐyùchǎng	경기장, 그라운드
天安门	Tiān'ānmén	천안문 (지명)
条	tiáo	가늘고 긴 것을 묘사하는 양사
往	wǎng	…쪽으로, …를 향하여, 가다
外文书店	Wàiwén Shūdiàn	외문서점 (外文 = 외국 문장, 외국어)
问题	wèntí	문제
卧铺	wòpù	침대칸
物品	wùpǐn	물품
西单	Xīdān	시딴 (지명)
下车	xiàchē	차에서 내리다
先	xiān	우선, 먼저
斜	xié	기울다
学院路	Xuéyuànlù	학원로 (지명)
一直	yìzhí	똑바로
硬卧	yìngwò	2등 침대칸
着急	zháojí	서두르다
植物园	zhíwùyuán	식물원

어휘늘리기

住在	zhùzài	…에 살다
走错	zǒucuò	길을 잘못 가다
走着	zǒuzhe	걸어서, 걷는 상태로
坐过站	zuò guò zhàn	정거장을 지나치다
左拐	zuǒguǎi	왼쪽으로 돌다
座位	zuòwèi	자리

관련 어휘

합성 방위사

上边	shàngbian	위쪽
下边	xiàbian	아래쪽
前边	qiánbian	앞쪽
后边	hòubian	뒤
里边	lǐbian	안쪽
外边	wàibian	바깥쪽
左边	zuǒbian	왼쪽
右边	yòubian	오른쪽
旁边	pángbiān	곁

중국의 교통수단-시내

公共汽车	gōnggòng qìchē	버스
巴士	bāshì	버스
小公共汽车	xiǎo gōnggòng qìchē	소형 버스
小巴	xiǎobā	소형 버스
无轨电车	wúguǐ diànchē	무궤도 전차
地铁	dìtiě	지하철
出租汽车	chūzū qìchē	택시
的士	díshì	택시, Texi의 음역

중국의 교통수단-시외

飞机	fēijī	버스
游船	yóuchuán	유람선
长途汽车	chángtú qìchē	장거리 시외버스
火车	huǒchē	기차
快速列车	kuàisù lièchē	장거리 쾌속 열차
特快	tèkuài	장거리 쾌속 열차
直快	zhíkuài	장거리 열차
快车	kuàichē	단거리 운행 열차
普客	pǔkè	단거리 완행 열차
市郊	shìjiāo	시 교외 운영 열차
游缆车	yóulǎnchē	관광열차

열차 좌석의 종류

硬座	yìngzuò	가장 요금이 싼 좌석
软座	ruǎnzuò	부드러운 시트가 깔린 좌석
硬卧	yìngwò	일반 침대, 6인 1칸
软卧	ruǎnwò	부드러운 침대석, 4인 1실

짜오 라오스(赵老师)의 잔소리 No. 5

외워 볼까요? 들어 볼까요?
아니아니 아니죠, 소리 내야죠!

"아빠가 주신 돈 사탕 살까요? 과자 살까요? 아니 아니 아니죠 저금 해야죠." 지금도 유치원에서 배우는지는 잘 모르겠지만 과거 유치원에서 불려지던 노래의 멜로디가 떠오르는군요.

완벽한 영어를 구사한다는 '미친영어(疯狂英语)'의 창시자 중국인 리양이 외국어를 정복하는 방법으로 제시한 것이 큰소리로 정확히, 그리고 숙달되면 빨리, 필요하다면 몸짓까지 섞어서 훈련하라는 것이었습니다. 과거 중국어를 배울 때 "무조건 암기하라"는 말을 들은 적이 있었고 본인도 그렇게 하려고 노력하였습니다. 그 결과 이나마 중국어를 하게 되었는지도 모르겠습니다.

그러나 무조건적(?)인 암기를 위해서 투자했던 시간들을 돌이켜보면 과연 그것이 최선의 방법이었을까? 하는 의구심이 들기도 합니다. 물론 언어라는 것은 앞에서도 말했듯이 창조가 아니라 모방이지요 이 모방은 암기를 해야 하는 것임에는 틀림이 없습니다. 하지만 무조건 외우기만 한다면 능률이 오르지 않을 것입니다. 우리말로 쓰여진 문장이라 할지라도 생소한 어휘나 문장을 강제로 외우는 것은 힘든 일이니까요.

우선 문장을 구성하고 있는 어휘의 의미와 성조를 정확하게 기억하고 난 후 그것을 바탕으로 암기하고자 하는 부분을 여러 번

소리내어 읽어-왜냐하면 소리내지 않고 읽는 묵독(默讀)에서 간과되었던 성조나 발음이 낭독시 드러나는 경우가 허다하기 때문에-자연스럽게 어느 정도 몸에 배게 한 다음 암기를 해 보시기 바랍니다.

상술한 순서를 제대로 지키지 않고 처음부터 대충 문장을 암기하려고 했을 때 소요되는 시간보다 훨씬 짧은 시간에 문장을 암기할 수 있을 것입니다. 그리고 중간 중간에 내용이 생각나지 않는 것을 방지하기 위해 개략적인 내용의 흐름을 우리말로 연상하기 편하게 메모해 두었다가 내용이 떠오르지 않을 때 잠깐씩 참조하면 능률을 올릴 수 있을 것입니다.

중국의 기차

중국 대륙은 서북지방의 국경지대, 남쪽의 여러 섬들을 제외하고는 철도망이 미치지 않는 곳이 없다. 특히 인구밀도가 높은 북경, 상해와 동쪽 지방으로는 철도 노선이 거미줄처럼 얽혀 있다.
중국 열차는 종류가 매우 다양한데 특쾌(特快 tèkuài), 직쾌(直快 zhíkuài), 쾌차(快车 kuàichē), 시교(市郊 xījiāo), 보객(普客 pǔkè), 유(游 yóu) 등으로 나눌 수 있다. 이 중에서 특쾌와 직쾌는 장거리를 운행하는 것이고, 쾌차와 보객은 중 · 단거리를 운행하는 열차이다. 시교는 중심시의 교외지역을 오가는 것으로 운행 시간은 2시간 안팎이다. 유는 관광 목적의 열차로 노선은 그리 많지 않다. 여행자들은 주로 특쾌를 이용한다.

특쾌(特快) : 알파벳 K로 표시되는, 번호가 1~99번 대의 차(次)로 국제열차와 관광열차 모두 이에 속한다. 열차 중에서 가장 빠르며 시설도 가장 좋다. 주요 도시에만 정차한다.

직쾌(直快), **쾌차(快车)** : 직쾌와 쾌차는 한 철도국을 넘어서느냐 넘어서지 않느냐에 따라서 직쾌와 쾌차로 나뉜다. 즉, 한 철도국 내를 운행하는 것은 쾌차(차량 번호 200~300번 대), 두 철도국 이상을 운행하는 것은 직쾌(차량 번호 100~199번)이다. 쾌차는 낮시간에 짧은 거리를 달려서 주로 좌석이 많고, 직쾌는 비교적 장거리를 운행해서 식당차와 침대차로 되어 있다.

보객(普客) : 모든 역마다 서는 열차로 예전 우리 나라의 비둘기호와 비슷하다. 요금은 다른 것보다 싸며, 401~498번의 열차이다.

제 12 장

부탁 · 요청

1. 잠깐 기다리세요.
2. 천천히 가도 됩니까?
3. 볼펜을 빌려 주시겠어요?
4. 빨리 출발하는 편이 낫겠지요?
5. 다시 한번 말해 주세요.
6. 사진을 찍어 주시겠습니까?

Part.1 잠깐 기다리세요.

주요표현

덩 이훨
A: 等一会儿。 잠깐 기다리세요.
Děng yíhuìr.

워 짜이 쩔 덩저
B: 我在这儿等着。 여기서 기다리고 있겠습니다.
Wǒ zài zhèr děngzhe.

표현늘리기

• 지금 기다리고 있습니다.

正在等着呢。
Zhèngzài děngzhe ne.
쩡짜이 덩저 너

• 잠깐 기다려.

等一等。
Děng yi děng.
덩이덩

• 여기에서 잠시 기다려 주세요.

请你在这里稍等一下。
Qǐng nǐ zài zhèli shāo děng yíxià.
칭 니 짜이 쩌리 샤오 덩이샤

• 저는 당신을 기다릴 시간이 없습니다.

我没有时间等你。
Wǒ méiyǒu shíjiān děng nǐ.
워 메이요우 스지엔 덩 니

• 잠깐 기다려요.

请稍等一下。

Qǐng shāo děng yíxià.

칭 샤오 덩이샤

• 왜 그러지요?

为什么呢?

Wèi shénme ne?

웨이선머 너

• 깜빡 잊고 디지털 카메라를 안 가져왔어요.

我忘带数码相机了。

Wǒ wàng dài shùmǎ xiàngjī le.

워 왕 따이 슈마시앙지러

• 그러면 내가 여기서 기다릴게요.

那么,我在这儿等着。

Nàme, wǒ zài zhèr děngzhe.

나머 워 짜이 쩔 덩저

• 날씨가 이렇게 더운데 여기서 기다릴 필요 없어요.

天气这么热,不用在这儿等。

Tiānqì zhème rè, bú yòng zài zhèr děng.

티엔치 쩌머 러 부용 짜이 쩔 덩

• 그럼 어디서 기다리지요?

那在哪儿等呢?

Nà zài nǎr děng ne?

나 짜이 날 덩 너

• 저기 매점 안에서 기다려요.

在那个小卖部里面等吧。

Zài nàge xiǎomàibù lǐmiàn děng ba.

짜이 나거 샤오마이뿌 리미엔 덩 바

Part.2 천천히 가도 됩니까?

주요표현

커이 만디얼 조우 마

A: 可以慢点儿走吗?

Kěyǐ màn diǎnr zǒu ma?

천천히 가도 됩니까?

뿌커이 삐쉬 팅처

B: 不可以, 必须停车。

Bù kěyǐ, bìxū tíngchē.

안 됩니다. 반드시 정차해야 합니다.

표현늘리기

• 담배를 피워도 됩니까?

可以抽烟吗? Kěyǐ chōuyān ma?

커이 초우옌 마

• 한눈을 팔아서는 안 됩니다.

分散注意力可不行。 Fēnsàn zhùyìlì kě bùxíng.

펀싼 쭈이리 커 뿌씽

• 한눈팔지 마세요!

别东张西望! Bié dōng zhāng xī wàng!

비에 똥장 씨왕

• 여보, 이 원피스를 사도 될까요?

亲爱的, 我可以买这件连衣裙吗?

Qīn'àide, wǒ kěyǐ mǎi zhè jiàn liányīqún ma?

친아이더 워 커이 마이 쩌 지엔 리엔이췬 마

• 안 됩니다.

不行。 / 不可以。

Bùxíng. / Bù kěyǐ.

뿌씽 / 뿌 커이

• 좀 밟아라 너무 느려.

你加点速，太慢了。

Nǐ jiā diǎn sù, tài màn le.

니 쟈 디엔 쑤 타이 만 러

• 저기 신호 안 보여?

你没看见那个信号吗?

Nǐ méi kànjiàn nàge xìnhào ma?

니 메이 칸지엔 나거 씬하오 마

• 무슨 신호지?

这是什么信号?

Zhè shì shénme xìnhào?

쩌 스 션머 씬하오

• 정지하란 거야.

停车的信号。

Tíngchē de xìnhào.

팅처더 씬하오

• 신호를 위반하란 얘긴 아니고, 좀 천천히 지나가면 안 되냐고.

我的意思不是让你违反信号。可以慢一点走过去嘛。

Wǒ de yìsi búshì ràng nǐ wéifǎn xìnhào. Kěyǐ màn yìdiǎn zǒu guò qù ma.

워더 이쓰 부스 랑 니 웨이판 씬하오 커이 만 이디엔 조우궈취 마

• 안돼, 반드시 정차해야 해.

不行，必须停车。

Bù xíng, bìxū tíngchē.

뿌씽 삐쉬 팅처

Part. 3 볼펜을 빌려 주시겠어요?

주요표현

워 커이 찌에 용 니더 위엔주삐 마

A: 我可以借用你的圆珠笔吗?

Wǒ kěyǐ jiè yòng nǐ de yuánzhūbǐ ma?

볼펜을 좀 빌릴 수 있을까요?

커이 니 쒜이비엔 용

B: 可以, 你随便用。

Kěyǐ, nǐ suíbiàn yòng.

그러세요. 마음껏 쓰세요.

표현늘리기

• 빌려 드릴 수 있습니다.

可以借给你。 Kěyǐ jiè gěi nǐ.

커이 찌에 게이니

• 제가 빌려 드리지요.

我来借给你。 Wǒ lái jiè gěi nǐ.

워 라이 찌에게이니

• 제게 보여 주실 수 있나요?

你能给我看看吗? Nǐ néng gěi wǒ kànkan ma?

니 넝 게이 워 칸칸 마

• 당연히 되지요. 여기 있습니다. 보여 드리죠.

当然可以,这儿有, 给你看。

Dāngrán kěyǐ, zhèr yǒu, gěi nǐ kàn.

땅란 커이 쪌 요우 게이 니 칸

• 미안하지만 빌려 주고 싶지 않군요.

对不起，我不想借给你。

Duì bu qǐ, wǒ bù xiǎng jiè gěi nǐ.

뛔이부치 워 뿌시앙 찌에게이니

• 미안합니다. 빌려 드리기가 어려워요.

抱歉，不能借给你。

Bàoqiàn, bù néng jiè gěi nǐ.

빠오치엔 뿌넝 찌에게이니

• 이 소설책을 빌릴 수 있을까요?

我能借这本小说吗?

Wǒ néng jiè zhè běn xiǎoshuō ma?

워 넝 찌에 쩌 번 샤오슈오 마

• 미안해요. 저도 아직 다 못 봐서요.

对不起，我还没看完。

Duì bu qǐ, wǒ hái méi kàn wán.

뛔이부치 워 하이메이 칸완

• 그러세요. 저는 다 봤어요.

行，我已经看完了。

Xíng, wǒ yǐjing kàn wán le.

씽 워 이징 칸완러

• 급한 일이 있어서 그러는데 돈을 좀 빌릴 수 있을까?

我有急事，能借钱吗?

Wǒ yǒu jíshì, néng jiè qián ma?

워 요우 지스 넝 찌에치엔 마

• 미안해, 나도 돈이 없어.

对不起，我也没有钱。

Duì bu qǐ, wǒ yě méiyǒu qián.

뛔이부치 워 예 메이요우 치엔

Part.4 빨리 출발하는 편이 낫겠지요?

주요표현

하이스 자오디엔 추파 하오 바

A: 还是早点出发好吧?

Háishi zǎodiǎn chūfā hǎo ba?

빨리 출발하는 편이 낫겠지요?

스 위에자오 위에하오

B: 是。越早越好。

Shì. Yuè zǎo yuè hǎo.

네. 이르면 이를수록 좋습니다.

표현늘리기

• 미리 준비해 두는 편이 좋겠지요?

还是先准备好吧。 Háishi xiān zhǔnbèi hǎo ba.

하이스 시엔 준뻬이 하오 바

• 출발해도 될까요?

可以出发吗? Kěyǐ chūfā ma?

커이 추파 마

• 시간이 매우 빡빡합니다.

时间很紧。 Shíjiān hěn jǐn.

스지엔 헌 진

• 그대로 합시다.

就那么办吧。

Jiù nàme bàn ba.

찌우 나머 빤 바

• 모든 준비는 다 마쳤습니까?

一切都准备好了吗?

Yíqiè dōu zhǔnbèi hǎo le ma?

이치에 또우 준뻬이 하오러 마

• 지금 몇 시지요?

现在几点了?

Xiànzài jǐ diǎn le?

씨엔짜이 지디엔러

• 4시 45분입니다.

四点四十五分。 / 差一刻五点。

Sì diǎn sìshíwǔ fēn. / Chà yí kè wǔ diǎn

쓰디엔 쓰스우펀 / 차 이커 우디엔

• 그렇다면 곧 러시아워가 될 시간이예요.

那快到高峰时间了吧。

Nà kuài dào gāofēng shíjiān le ba.

나 콰이 따오 까오펑스지엔러 바

• 맞아요. 교통이 막힐 거예요.

对,交通会堵塞。

Duì, jiāotōng huì dǔsè.

뛔이 쟈오통 훼이 두써

• 그러면 아무래도 좀 일찍 출발하는 게 나을 것 같아요.

那,还是早一点出发的好。

Nà, háishi zǎo yìdiǎn chūfā de hǎo.

나 하이스 자오 이디엔 추파더 하오

• 맞아요. 이르면 이를수록 좋아요.

对,越早越好。

Duì, yuè zǎo yuè hǎo.

뛔이 위에자오 위에하오

Part.5 다시 한번 말해 주세요.

주요표현

짜이 슈오 이비엔
A: 再说一遍。 다시 한번 말해 주세요.
Zài shuō yí biàn.

워 쟈오 안 샨롱
B: 我叫安善荣。 안선영입니다.
Wǒ jiào Àn shànróng.

표현늘리기

• 잘 들리지 않습니다.

听不清楚。
Tīng bu qīngchu.
팅 부 칭추

• 좀더 큰 소리로 말해 주세요.

大声点儿。
Dà shēng diǎnr.
따셩디얼

• 다시 한번 말해 주세요.

再说一次。
Zài shuō yí cì.
짜이 슈오 이츠

• 앞으로 주의하세요.

今后你一定要注意。
Jīnhòu nǐ yídìng yào zhùyì.
찐 호우 니 이딩 야오 쭈이

• 주소가 어떻게 되시지요?

你的地址是什么?

Nǐ de dìzhǐ shì shénme?

니더 띠즈 스 션머

• 베이징시 해전구 서직문 외입니다.

北京市海淀区西直门外。

Běijīngshì Hǎidiànqū Xīzhíménwài.

베이징스 하이띠엔취 씨즈먼와이

• 전화번호가 어떻게 되시죠?

电话号码是多少?

Diànhuà hàomǎ shì duōshao?

띠엔화하오마 스 뚜오샤오

• 6999-8887입니다.

6999-8887。

liù - jiǔ - jiǔ - jiǔ - bā - bā - bā - qī.

리우 지우 지우 지우 빠 빠 빠 치

• 미안합니다. 다시 한번 말씀해 주세요.

麻烦你,请再说一遍。

Máfan nǐ, qǐng zài shuō yí biàn.

마판 니 칭 짜이 슈오 이비엔

Tip

상대방의 말이 너무 빨라서 조금 천천히 말해 달라고 할 때는 '**您说得太快,请你讲慢一点儿。** Nǐ shuō de tài kuài, qǐng nǐ jiǎng màn yìdiǎnr.' 라고 하면 된다. 만일 조금 더 빨리 말해 달라고 한다면 '**请你讲快一点儿。** Qǐng nǐ jiǎng kuài yìdiǎnr.'라고 한다.

Part.6 사진을 찍어 주시겠습니까?

주요표현

넝 게이워 쟈오 장 시앙 마
A: 能给我照张像吗?
Néng gěi wǒ zhào zhāng xiàng ma?
사진을 찍어 주시겠습니까?

커이 니더 쟈오시앙지 쩐머 용
B: 可以,你的照相机怎么用?
Kěyǐ, nǐ de zhàoxiàngjī zěnme yòng?
좋습니다. 당신 카메라는 어떻게 씁니까?

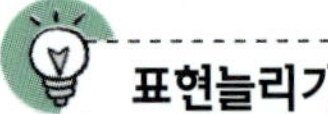

표현늘리기

• 비디오 촬영을 해도 되나요?

可以摄像吗? Kěyǐ shèxiàng ma?
커이 셔시앙 마

• 같이 사진 찍지 않으시겠어요?

一起合影可以吗? Yìqǐ héyǐng kěyǐ ma?
이치 허잉 커이마

• 좋아요, 웃으세요.

好,笑一笑。 Hǎo, xiào yi xiào.
하오 샤오이샤오

• 필름을 끼워 주세요.

请帮我装上胶卷吧。
Qǐng bāng wǒ zhuāng shang jiāojuǎn ba.
칭 빵 워 주앙샹 쟈오쥐엔 바

• 두 장 찍어 주시겠어요?

能给我照两张吗?

Néng gěi wǒ zhào liǎng zhāng ma?

넝 게이 워 쟈오 량 장 마

• 제가 사진 한 장 찍어도 될까요?

我可以照相吗?

Wǒ kěyǐ zhàoxiàng ma?

워 커이 쟈오시앙 마

• 너무 이쁘세요. 잠시 저의 모델이 되어 주시겠어요?

你长得真不错,暂时做我的模特儿好吗?

Nǐ zhǎng de zhēn búcuò, zànshí zuò wǒ de mótèr hǎo ma?

니 장더 쩐 부추오 짠스 쭈오 워더 모터얼 하오 마

• 실례지만 사진 한 장만 찍어 주시겠어요?

打扰你了,帮我照一张好吗?

Dǎrǎo nǐ le. bāng wǒ zhào yì zhāng hǎo ma?

다라오 니러 빵 워 쟈오 이장 하오 마

• 그러죠, 어떻게 찍지요?

可以,怎么用?

Kěyǐ, zěnme yòng?

커이 쩐머 용

• 셔터만 누르시면 됩니다.

按一下快门儿就行了。

Àn yíxià kuàiménr jiù xíng le.

안 이샤 콰이멀 찌우 씽러

• LCD화면을 보시고 찍으시면 됩니다.

看着显示屏照就行了。

Kànzhe xiǎnshìpíng zhào jiù xíng le.

칸저 시엔스핑 쟈오 찌우 씽러

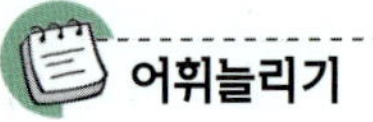

어휘늘리기

본문 중요 어휘

必须	bìxū	반드시
遍	biàn	번 (주로 어떤 행위를 처음부터 끝까지 한 번 끝낸다는 의미의 동량사)
长	cháng	길다
电话号码	diànhuà hàomǎ	전화번호
堵塞	dǔsè	막다, 막히다
罚款	fákuǎn	벌금을 부과하다, 벌금을 내다, 벌금
高峰时间	gāofēng shíjiān	러시아워, 막히는 시간
过期	guòqī	기간을 넘기다
过去	guòqu	다가가다
加速	jiāsù	속력을 내다
交通	jiāotōng	교통
借	jiè	빌리다. 빌려 주다
开	kāi	열다, 운전하다, 꽃이 피다
慢	màn	속도가 늦은
数码相机	shù mǎ xiàngjī	디지털 카메라
停车	tíngchē	차를 멈추다, 주차하다, 정차하다
小卖部	xiǎomàibù	매점
信号	xìnhào	신호
行了	xíng le	가능하다, …이면 그만이다, 충분하다
忘	wàng	잊다
违反	wéifǎn	위반하다, 위반되다
一个	yíge	1개
一下	yíxià	한번 (주로 어떤 행위를 짧게 한 번 한다는 의미의 동량사)
意思	yìsi	의미, 뜻
圆珠笔	yuánzhūbǐ	볼펜

越…越～	yuè… yuè～	…할수록 ～하다
早	zǎo	이른 일찍
照	zhào	사진을 찍다
张	zhāng	장 (넓고 평평한 것을 세는 양사)

관련 어휘

카메라 관련 어휘

镜头	jìngtóu	렌즈
快门	kuàimén	셔터
卷片匣	juǎnpiànxiá	필름 감개
目镜窗	mùjìngchuāng	접안창
胶卷儿	jiāojuǎnr	필름
电池	diànchí	전지
镁光灯	měiguāngdēng	플래시
快照照相机	kuàizhào zhàoxiàngjī	즉석카메라
拍立得	pāilìdé	폴라로이드
显示屏	xiǎnshìpíng	LCD 화면
像素	xiàngsù	화소
感光度	gǎnguāngdù	감광도, ISO
功能	gōngnéng	기능, 성능
连拍功能	liánpài gōngnéng	연사 성능
SD卡	SD kǎ	SD 메모리카드

짜오 라오스(赵老师)의 잔소리 No. 6

첨단 어학 기자재와 중국어 학습

과거에 대만 방송을 한국에서 듣기 위해 단파(短波) 라디오를 모 전자상가에서 구입하여 들어 본 적이 있습니다. 그땐 지금처럼 안방에서 TV로 중국방송을 본다는 것은 생각하기 어려웠거든요. 미국에 다녀온 후 영어를 잘 하게 된 사람들이 무조건 TV를 계속 보았더니 회화 실력이 늘었다는 말을 종종 들었기 때문이지요. 지금 생각하면 '기초도 없는 상태에서 TV만 본다고 실력이 늘까?'하는 생각이 들긴 하지만요. 어쨌든 TV가 안 되면 라디오라도 구해서 들어 보자는 생각에서 였습니다.

그때에 비하면 지금은 TV뿐만 아니라 인터넷과 VCD, DVD, 실물화상기, MP3, PMP 등 수많은 첨단학습기가 도입되어 개별학습이나 단체학습에 일대 혁신을 가져왔습니다. 그러나 한편으로는 첨단 학습기자재가 도입되었다고 해서 학생들의 어학 학습 효과가 눈에 띄게 좋아지거나, 습득에 걸리는 시간이 현격하게 빨라졌는지 한번 생각해 볼 문제입니다. 결국 그것들은 흥미유발이나 다양한 학습방법을 제시해 줄 수는 있어도 중국어 실력을 키우는 데 직접적으로는, 소위 '왕도'를 제시해 주지는 못한다는 것이 제 생각입니다. 특히 말하기에 있어서는 더욱 그렇습니다. 카세트 테이프를 사용하면 왠지 시대에 뒤떨어진 것 같아서 꼭 MP3이나 보이스 레코더를 사용해야만 공부를 한 것 같고 또 직성이 풀린다면 좀 문제가 있지요.

구슬이 서 말이라도 꿰어야 보배라는 말이 있지요. **'외국어는 끊임없이 새로운 단어를 반복해서 암기하고 또한 잊지 않기 위해 아는 단어를 반복하는 것이 가장 근본적이고 또 최상의 방법이다.'**라는 명제를 기억하면서 학습 기자재를 보조도구로 적절히 사용한다면 그것보다 좋은 일은 없겠지만요.

중국의 의복

중국의 의상 중에서 한국인이 가장 잘 알고 있는 것이 중산장(中山装 zhōngshānzhuāng)과 치파오(旗袍 qípáo)이다.

중산장은 손문(孙中山 Sūn Zhōngshān, 손중산) 선생이 생활에 편리하도록 고안한 옷으로 중국인이 가장 애용한 복장이다. 스탈린, 카스트로 등 사회주의 국가의 지도자들도 즐겨 입었다. 현재는 대다수의 사람들이 기성복을 입고 있지만 노동자 · 농민들 중에는 아직도 중산복을 애용하는 사람이 많다.

치파오는 원피스와 비슷하게 생겼지만 아랫단에서 허벅지까지 양쪽에 트임이 있는 것이 원피스와 구별되는 점이다. 치파오는 길고 좁은 소매, 우리가 흔히 차이나 칼라라고 말하는 세운 깃, 앞 중앙, 혹은 겨드랑이부터 깊숙이 포개어 여미는 트임, 끈 단추 등이 특징이다.

치파오는 본래 청나라 만주족의 전통 복장이었으나 청나라 시대를 거치면서 대중화되어 중국 전통 복장으로 자리매김하게 되었다.

현재는 양복의 도입으로 착용 범위가 많이 축소되었으나 각종 서비스 분야에 종사자들을 위주로 다시 치파오를 많이 입고 있으며 취미로 화려한 치파오를 입는 젊은 여성들도 점차 늘어나고 있다.

제 13 장

여러가지 표현

1. 저 뚱뚱한 사람은 누구입니까?
2. 배고프지요?
3. 건강해져서 다행이네요.
4. 힘내세요.
5. 대단하네요.
6. 이런, 아뿔싸!

Part.1 저 뚱뚱한 사람은 누구입니까?

주요표현

나 웨이 팡즈 스 셰이
A: 那位胖子是谁? 저 뚱뚱한 사람은 누구입니까?
Nà wèi pàngzi shì shéi?

스 리우팡
B: 是刘芳。 류팡입니다.
Shì Liú Fāng.

표현늘리기

- 이 양은 말랐습니다.

  李小姐很瘦。
  Lǐ xiǎojiě hěn shòu.
  리 샤오제 헌 쇼우

- 장 양은 키가 큽[작습]니다.

  张姑娘个子高[矮]。
  Zhāng gūniang gèzi gāo[ǎi].
  장 꾸냥 꺼즈 까오 [아이]

- 신장은 1미터 63센티입니다.

  身高一米六十三公分。
  Shēngāo yì mǐ liùshísān gōngfēn.
  션까오 이미 리우스싼 꽁펀

- 체중은 50킬로그램입니다.

  体重五十公斤。
  Tǐzhòng wǔshí gōngjīn.
  티쫑 우스 꽁진

• 당신 여자친구는 어떻게 생겼나요?

你的女朋友长得怎么样?

Nǐ de nǚpéngyou zhǎng de zěnmeyàng?

니더 뉘 펑요우 장더 쩐머양

• 그냥 평범하게 생겼어요.

长得很平凡。

Zhǎng de hěn píngfán.

장더 헌 핑판

• 저기 마르고 키 큰 사람 아세요?

你认识那个瘦高个儿吗?

Nǐ Rènshi nàge shòu gāogèr ma?

니 런스 나거 쇼우 까오 껄 마

• 누구? 앞 줄 가운데 이쁘게 생긴 아가씨요?

谁? 前排中间，长得很漂亮的小姐吗?

Shéi? Qiánpái zhōngjiān, zhǎng de hěn piàoliang de xiǎojie ma?

셰이 치엔파이 쭝지엔 장더 헌 퍄오량더 샤오지에 마

• 세 번째 자리에 앉아있는 안경 쓴 사람 말입니다.

坐在第三个位子，带眼镜的。

Zuò zài dì sān ge wèizi, dài yǎnjìng de.

쭈오 짜이 띠 싼거 웨이즈 따이 옌징더

• 저는 모르는 사람인데요.

我不认识他。

Wǒ bú rènshi tā.

워 부런스 타

• 정말 남잔지 여잔지 모르겠군요.

真是不男不女。

Zhēnshì bù nán bù nǚ.

쩐스 뿌난 뿌뉘

Part.2 배고프지요?

주요표현

뚜즈 어러 바
A: 肚子饿了吧? 배고프지요?
Dùzi è le ba?

스아 헌 어
B: 是啊,很饿。 네, 매우 배고픕니다.
Shì a, hěn è.

표현늘리기

• 목이 마르다.

口渴。
Kǒu kě.
코우 커

• 배가 고파 죽겠다.

饿死人了。 /饿得要命。
È sǐ rén le. / È de yàomìng.
어 쓰 런러 어더 야오밍

• 화장실에 가고 싶습니다.

想去卫生间。
Xiǎng qù wèishēngjiān.
시앙 취 웨이셩지엔

• 매우 피곤합니다.

很困。
Hěn kùn.
헌 쿤

• 배 고프니?

饿不饿?
È bú è?
어부어

• 배가 등에 붙었어.

肚子都饿扁了。
Dùzi dōu è biǎn le.
뚜즈 또우 어비엔러

• 잠깐만 참아. 이것 마치고 먹으러 가자.

忍着点儿,做完了这个去吃吧。
Rěn zhe diǎnr, zuò wán le zhège qù chī ba.
런저 디얼 쭈오 완러 쩌거 취 츠 바

• 오늘 네가 사는 거야?

今天你付吗?
Jīntiān nǐ fù ma?
찐티엔 니 푸 마

• 오늘 내가 한턱 쓰지.

今天我请客。
Jīntiān wǒ qǐng kè.
찐티엔 워 칭커

Tip

'…해 죽겠다'라는 말은 강렬한 어떤 상태를 표현할 때 쓰는 말이다. 중국어에도 같은 표현이 있는데 '…死了 sǐ le'라고 말한다. 이 말의 용법은 우리말 '…해 죽겠다'와 거의 동일하다.

饿死我了! Èsǐ wǒ le. 배고파 죽겠다!
气死我了! Qìsǐ wǒ le. 화나 죽겠다!
吓死我了! Xiàsǐ wǒ le. 놀라 죽겠다!
笑死我了! Xiàosǐ wǒ le. 웃겨 죽겠다!

Part.3 건강해져서 다행이네요.

주요표현

션티 뿌하오 쭈러 이거 씽치더 위엔

A: 身体不好,住了一个星期的院。

Shēntǐ bùhǎo zhù le yí ge xīngqī de yuàn.

몸이 안 좋아서 일주일간 입원했습니다.

씽퀘이 훼이푸러 찌엔캉

B: 幸亏恢复了健康。

Xìngkuī huīfù le jiànkāng.

건강해져서 다행이군요.

표현늘리기

• 마음 놓아도 됩니다.

可以放心。 Kěyǐ fàng xīn.

커이 팡씬

• 몸은 어떠세요?

身体怎么样? Shēntǐ zěnmeyàng?

션티 쩐머양

• 몸조심하세요.

请多保重。 Qǐng duō bǎozhòng.

칭 뚜오 바오쫑

• 조금 나아졌습니다. / 많이 나아졌습니다.

稍微好转了。/ 好多了。

Xiāowēi hǎozhuǎn le. / Hǎo duō le.

샤오웨이 하오 주안러 / 하오 뚜오러

• 안색이 안 좋아보여요.

你的脸色不太好看呢。

Nǐ de liǎnsè bú tài hǎokàn ne.

니더 리엔써 부타이 하오칸 너

• 제가 최근에 수술했거든요.

我最近作了手术。

Wǒ zuìjìn zuò le shǒushù.

워 쭈에이진 쭈오러 쇼우슈

• 왜요? 무슨 수술을요?

为什么？ 什么手术?

Wèi shénme? Shénme shǒushù?

웨이션머 션머 쇼우슈

• 위암 진단을 받았거든요.

我被诊断为胃癌 。

Wǒ bèi zhěnduàn wéi wèi'ái.

워 뻬이 쩐두안 웨이 웨이아이

• 원 세상에, 정도가 심한가요?

我的天，有没有严重?

Wǒ de tiān, yǒu mei yǒu yánzhòng?

워더 티엔 요우메이요우 옌쫑

• 다행히 초기라서 별 문제 없었어요.

幸亏是早期没问题。

Xìngkuī shì zǎoqī, méi wèntí.

씽퀘이 스 자오치 메이원티

• 빨리 건강을 회복하기를 바래요.

祝你早日恢复健康。

Zhù nǐ zǎorì huīfù jiànkāng.

쭈니 자오르 훼이푸 찌엔캉

주요표현

야오스 부 콰이디엔 콩파 뿌넝 안스 완청
A: 要是不快点，恐怕不能按时完成。
Yàoshì bú kuài diǎn, kǒngpà bùnéng ànshí wánchéng.
서두르지 않으면 시간에 완성할 수 없을 것입니다.

쟈요우 바
B: 加油吧！
Jiāyóu ba!
힘내세요!

표현늘리기

• 힘내(열심히 해)!
加油！ Jiāyóu!
쟈요우

• 용기를 내.
鼓起勇气吧！ Gǔ qǐ yǒngqì ba!
구치 용치 바

• 실망하지 마.
别失望。 Bié shīwàng.
비에 스왕

• 힘껏 해 보자.
竭尽全力吧。
Jiéjìn quánlì ba.
지에찐 취엔리 바

• 제출이 언제까지인가요?
提交到什么时候?
Tíjiāo dào shénme shíhou?
티쟈오 따오 션머 스호우

• 15일까지는 제출해야 합니다.
提交到十五号。
Tíjiāo dào shíwǔ hào.
티쟈오 따오 스우하오

• 삼일밖에 안 남았군요.
只剩下三天了。
Zhǐ shèngxià sān tiān le.
즈 셩샤 싼 티엔러

• 서둘지 않다가는 시간 내에 다 해내지 못할 것 같아요.
如果不快点，恐怕不能按时完成。
Rúguǒ bú kuài diǎn, kǒngpà bùnéng ànshí wánchéng.
루궈 부 콰이디엔 콩파 뿌넝 안스 완청

• 그럼 힘내세요!
那么，加油加油!
Nàme, jiāyóu! jiāyóu!
나머 쟈요우 쟈요우

Tip

'加油' 는 직역하면 '기름을 넣다'이다. 기계에 기름을 넣거나 불에 기름을 부으면 기계는 더 힘을 내게 되고 불은 더 힘차게 타오를 것이다. 이런 의미 때문에 '加油'는 상대를 격려하고 독려하는 말로 널리 쓰이고 있으며, 운동경기에서 응원구호로도 쓰이고 있다. 돌려 생각하면 '기름을 부은듯이 타오르라!'는 의미이니 참으로 강렬한 응원구호가 아닐 수 없다. 참고로 중국의 주유소는 '加油站'이라고 한다.

Part.5 대단하네요.

주요표현

찌 또우스 워 쭈오더

A: 这都是我做的。

Zhè dōu shì wǒ zuò de.

이것은 모두 제가 만든 것입니다.

쩐 랴오부치 컨딩 헌 하오츠

B: 真了不起，肯定很好吃。

Zhēn liǎo bu qǐ, kěndìng hěn hǎochī.

정말 대단하군요. 분명히 맛있을 거예요.

표현늘리기

• 훌륭하네요.

真棒。 Zhēn bàng.

쩐빵

• 과연. / 어쩐지.

果然。 / 难怪。 Guǒrán. / nánguài

궈란 난과이

• 역시 그렇군요.

还是那样。 Háishi nàyàng.

하이스 나양

• 나는 매우 만족합니다.

我很满意。

Wǒ hěn mǎnyì.

워 헌 만이

• 이것 전부 당신이 만든 요리인가요?
这都是你自己做的菜吗?
Zhè dōu shì nǐ zìjǐ zuò de cài ma?
쩌 또우스 니 쯔지 쭈오더 차이 마

• 당연히 모두 저 혼자 만든 거지요.
当然都是我一个人做的。
Dāngrán dōu shì wǒ yí ge rén zuò de.
땅란 또우스 워 이거런 쭈오더

• 이것은 뭐로 만든 거지요?
这是用什么做的?
Zhè shì yòng shénme zuò de?
쩌 스 용 션머 쭈오더

• 이것의 주 재료는 두부예요.
这个主要是用豆腐做的。
Zhège zhǔyào shì yòng dòufu zuò de.
쩌거 주야오 스 용 또우푸 쭈오더

• 정말 대단해요. 분명히 맛있을 거예요.
你真棒，一定很好吃。
Nǐ zhēn bàng, yídìng hěn hǎochī.
니 쩐빵 이딩 헌 하오츠

• 칭찬이 과하세요. 입에 맞으세요?
过奖，过奖。 合口味吗?
Guòjiǎng, guòjiǎng. Hé kǒuwèi ma?
궈지앙 궈 지앙 허 코우웨이 마

• 정말 맛이 좋네요.
味道真不错。
Wèidào zhēn búcuò.
웨이따오 쩐 부추오

Part.6 이런, 아뿔싸!

주요표현

아 짜오까오
A: 啊,糟糕! 아, 큰일났다!
Ā, zāogāo!

쩐머러
B: 怎么了? 왜 그러는데요?
Zěnme le.

표현늘리기

- 정말 난감하다. / 정말 재수 없다.

  真倒霉。
  Zhēn dǎoméi.
  쩐 다오메이

- 정말 싫어요.

  真讨厌。
  Zhēn tǎoyàn.
  쩐 타오옌

- 졌다 졌어.(질린다는 뜻)

  输了,输了。
  Shū le, shū le.
  슈러 슈러

- 재미 없어.

  没意思。
  Méi yìsi.
  메이 이쓰

• 화내지 마세요.

别生气。

Bié shēngqì.

비에 셩치

• 아! 이거 큰일인데!

啊！ 糟糕!

Ā! zāogāo!

아 짜오까오

• 왜 그래요? 무슨 일 있어요?

怎么了? 有什么事吗?

Zěnme le? Yǒu shénme shì ma?

쩐머러 요우 션머 스 마

• 보세요. 비가 오기 시작했어요.

你看，下起雨来了。

Nǐ kàn, xià qǐ yǔ lái le.

니칸 샤치 위 라이러

• 그게 뭐 어때서요?

那又怎么样?

Nà yòu zěnmeyàng?

나 요우 쩐머양

• 저는 내일 야유회 계획이 있거든요.

我明天有郊游计划。

Wǒ míngtiān yǒu jiāo yóu jìhuà.

워 밍티엔 요우 쟈오요우 찌화

• 운도 없지, 내일도 억수같이 쏟아질 거라는데요.

真倒霉，听说明天也下大雨。

Zhēn dǎoméi, tīngshuō míngtiān yě xià dàyǔ.

쩐 다오메이 팅슈오 밍티엔 예 샤 따위

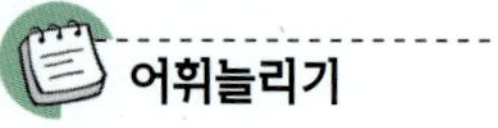

본문 중요 어휘

按时	ànshí	때를 맞추다
棒	bàng	훌륭한, 막대기 (棒球는 야구)
被	bèi	…에 의해서 (당하다)
不男不女	bù nán bù nǚ	남자인지 여자인지 구분이 안 감
菜	cài	음식, 요리
倒霉	dǎoméi	재수 없다
都是	dōushì	전부 …이다
豆腐	dòufu	두부
饿扁	è biǎn	배가 고파서 배가 홀쭉해지다
高个儿	gāogèr	키다리
姑娘	gūniang	아가씨
好看	hǎokàn	보기 좋다
合口味	hé kǒuwèi	입에 맞다
恢复	huīfù	회복하다
加油	jiāyóu	힘내라, 파이팅
加油站	jiāyóuzhàn	주유소
快点	kuàidiǎn	좀 빨리
脸色	liǎnsè	안색, 낯빛
了不起	liǎobuqǐ	대단하다
厉害	lìhai	대단하다 (정도가 가장 강함)
女朋友	nǚpéngyou	여자친구, 애인
平凡	píngfán	평범, 평범하다
忍	rěn	참다
剩下	shèngxia	남다
瘦	shòu	(체형 등이) 마르다
小姐	xiǎojiě	아가씨, …양
幸亏	xìngkuī	다행히

完成	wánchéng	완성 완성하다
为	wéi	…이 되다
胃癌	wèi'ái	위암
味道	wèidao	맛
位子	wèizi	자리
我的天	wǒ de tiān	하느님 맙소사
严重	yánzhòng	심각하다, 위중하다, 중대하다
一个人	yíge rén	혼자, 홀로
眼镜	yǎnjìng	안경
早期	zǎoqī	조기
早日	zǎorì	일찍
长得	zhǎng de	…처럼 생기다
诊断	zhěnduàn	진단, 진단하다
只	zhǐ	단지, 다만
自己	zìjǐ	자기, 스스로
做手术	zuò shǒushù	수술을 하다
做完	zuòwán	일을해서 끝마치다

관련 어휘

외모 평가

好看	hǎokàn	보기 좋다, 잘 생겼다
难看	nánkàn	못생겼다, 보기에 안 좋다
丑	chǒu	못생겼다, 추하다
酷	kù	쿨하다 (cool)
帅	shuài	(남자에게) 잘생겼다, 멋지다
英俊	yīngjùn	(남자에게) 잘생겼다
漂亮	piàoliang	(여자에게) 예쁘다
可爱	kě'ài	귀엽다
美丽	měilì	아름답다

사교 장소에서의 감사 표현법

사교 장소에서 다른 사람이 술을 따라주면 검지와 중지로 탁자를 두 번 가볍게 두드리는 중국인을 흔히 볼 수 있다. 그뿐만 아니라 담배(香烟 xiāngyān)를 권하고 불을 붙여 준 사람에게도 가볍게 손등을 손가락으로 두 번 두드리는 것을 볼 수 있는데, 이런 행동들은 모두 약식으로 예의를 표하는 감사의 표현법이다. 이 행동의 유래는 청나라(清朝) 건륭(乾隆) 황제로부터 시작되었다고 한다.

어느 날 건륭 황제가 일반인의 차림으로 백성을 순시하고 궁으로 돌아오는 길에 날이 저물었다. 허기를 느끼던 차에 한 민가에 들러 접대를 받게 되었는데, 그 자리에서 황제의 잔을 받은 신하는 궁궐에서와 같은 방법으로 무릎을 꿇고 감사를 표할 수는 없었다. 그래서 두 손가락으로 탁자를 두 번 가볍게 두드리는 것으로 황제에게 감사를 표했다고 한다.

이런 감사 표현 방식은 중국 전역에 널리 퍼져 있지만 특히 남방지역에 가면 많이 볼 수 있다. 이 약식 감사 표현법은 친구나 허물없는 사람 간에는 잘 사용하지 않는데 일반적으로 접대 장소나 약간 거리가 있는 타인에게 행하는 일종의 사교 예절인 것이다.

제 14 장

쇼핑

1. 물건을 고를 때 1
2. 물건을 고를 때 2
3. 얼마입니까?
4. 싸게 해 주실 수 있습니까?
5. 품절입니다.
6. 이것으로 하겠습니다.
7. 환불해 주세요.

Part.1 물건을 고를 때 1

주요표현

메이요우 비에더 옌써 마
A: 没有别的颜色吗?
Méi yǒu bié de yánsè ma?
다른 색은 없습니까?

요우 쩌리 요우 헤이더 허 홍더
B: 有,这里有黑的和红的。
Yǒu, zhèli yǒu hēi de hé hóng de.
있습니다, 여기 검은 것과 빨간 것이 있습니다.

표현늘리기

- 다른 것이 있습니까?

  还有别的吗? Háiyǒu bié de ma?
  하이요우 비에더 마

- 다른 것을 보여 주세요.

  给我看看别的。 Gěi wǒ kànkan bié de.
  게이 워 칸칸 비에더

- 아래 것을 보여 주세요.

  给我看看下边的。 Gěi wǒ kànkan xiàbian de.
  게이 워 칸칸 샤비엔더

- 이것보다 한 치수 작은 것 있습니까?

  有没有比这个小一号的?
  Yǒu mei yǒu bǐ zhège xiǎo yí hào de?
  요우메이요 비 쩌거 샤오 이하오더

• 여기서 스카프를 팝니까?

这里卖围巾吗?

Zhèli mài wéijīn ma?

쩌리 마이 웨이찐 마

• 될 수 있으면 심플한 것이 좋습니다.

要尽量选择素点的。

Yào jǐnliàng xuǎnzé sù diǎn de.

야오 찐량 쉬엔저 쑤디엔더

• 다른 색은 없나요?

有没有别的颜色?

Yǒu mei yǒu bié de yánsè?

요우메이요우 비에더 옌써

• 있습니다. 여기 노란색과 초록색이요.

有,这儿有黄的和绿的。

Yǒu, zhè yǒu huáng de hé lǜde.

요우 쩔 요우 황더 허 뤼더

• 노란색이 너무 진하군요.

这个黄的颜色太浓了。

Zhège huáng de yánsè tài nóng le.

쩌거 황더 옌써 타이 농러

• 그러면 초록색은요?

那么绿的怎么样?

Nàme lǜde zěnmeyàng?

나머 뤼더 쩐머양

• 이건 좀 옅긴 하지만 괜찮네요.

这个,有一点儿淡, 但是还好。

Zhège, yǒu yì diǎnr dàn, dànshì hái hǎo.

쩌거 요우디얼 딴 딴스 하이하오

Part. 2 물건을 고를 때 2

주요표현

스이샤 바

A: 试一下吧。

Shì yíxià ba.

입어 보세요.

부따 예 뿌샤오 쩡 허션 워 마이 쩌 이타오

B: 不大也不小，正合身。我买这一套。

Búdà yě bùshǎo, zhèng héshēn. Wǒ mǎi zhè yí tào.

크지도 않고 작지도 않고, 딱 맞네요. 이것을 사지요.

표현늘리기

• 이것은 견본입니다.

这是样品。 Zhè shì yàngpǐn.

쩌 스 양핀

• 사이즈가 안 맞아요.

号码不对。 Hàomǎ bú duì.

하오마 부뛔이

• 너무 커요.

太大了。 Tài dà le.

타이 따러

• 꽉 껴서 입을 수가 없습니다.

太瘦，没法穿。

Tài shòu, méi fǎ chuān.

타이 쇼우 메이파 추안

• 이 옷은 저에게 조금 작습니다.

这件对我小一点。

Zhè jiàn duì wǒ xiǎo yìdiǎn.

쩌 지엔 뛔이 워 샤오 이디엔

• 이 스웨터 어때요?

这件毛衣怎么样?

Zhè jiàn máoyī zěnmeyàng?

쩌 지엔 마오이 쩐머양

• 오래된 스타일이네, 구식이예요.

老样式,旧式的。

Lǎoyàngshì, jiùshì de.

라오양스 찌우스더

• 올 봄에 청바지가 유행할 거래요.

牛仔裤今年春季会流行。

Niúzǎikù jīnnián chūnjì huì liúxíng.

니우자이쿠 찐니엔 춘지 훼이 리우씽

• 그럼 청바지 한 장 보여 주세요.

那给我看看一条牛仔裤。

Nà gěi wǒ kànkan yì tiáo niúzǎikù.

나 게이 워 칸칸 이탸오 니우자이쿠

• 이건 어때요? 입어 보시죠.

这条怎么样? 你试穿吧。

Zhè tiáo zěnmeyàng? Nǐ shìchuān ba.

쩌 탸오 쩐머양 니 스추안 바

• 크지도 작지도 않은 게 꼭 맞는군요. 이걸로 주세요.

不大不小正合适,我买这一条。

Bú dà bù xiǎo zhèng héshì, wǒ mǎi zhè yì tiáo.

부따 뿌샤오 쩡 허스 워 마이 쩌 이탸오

Part.3 얼마입니까?

주요표현

뚜오샤오 치엔 이거

A: 多少钱一个? 하나에 얼마입니까?

Duōshao qián yí ge?

우스 콰이 치엔

B: 五十块钱。 50 위안입니다.

Wǔshí kuài qián.

표현늘리기

• 무엇을 찾으십니까?

您找什么?

Nín zhǎo shénme?

닌 자오 션머

• 모두 해서 얼마입니까?

一共多少 钱?

Yígòng duōshao qián?

이꽁 뚜오샤오 치엔

• 따로따로 팝니까?

单个分开卖吗?

Dān ge fēnkāi mài ma?

딴거 펀카이 마이 마

• 제가 이렇게 많이 사는데 서비스는 없습니까?

我买了这么多,没有什么优惠吗?

Wǒ mǎi le zhème duō, méiyou shénme yōuhuì ma?

워 마이러 쩌머 뚜오 메이요우 션머 요우훼이 마

• 안녕하세요. 뭘 드릴까요?

你好, 您要买什么?

Nǐ hǎo, nín yào mǎi shénme?

니 하오 닌 야오 마이 션머

• 이 티셔츠를 사려고 하는데요.

我要买这件T恤衫。

Wǒ yào mǎi zhè jiàn T xùshān.

워 야오 마이 쩌 지엔 티쉬샨

• 이 옷은 옷감이 아주 좋습니다.

这件衣服料子不错。

Zhè jiàn yīfu liàozi búcuò.

쩌 지엔 이푸 랴오즈 부추오

• 더 필요하신 게 있나요?

还需要什么吗?

Hái xūyào shénme ma?

하이 쉬야오 션머 마

• 이 청바지도 사야겠는데, 모두 얼마죠?

我也要买这条牛仔裤, 一共多少钱?

Wǒ yě yào mǎi zhè tiáo niúzǎikù, yígòng duōshao qián?

워 예 야오 마이 쩌 탸오 니우자이쿠 이꽁 뚜오샤오 치엔

• 티셔츠가 300 위안에 바지가 400 위안입니다.

T恤衫三百元, 裤子四百元。

T xùshān sānbǎi yuán, kùzi sìbǎi yuán.

티쉬샨 싼바이 위엔 쿠즈 쓰바이 위엔

• 너무 비싸군요. 좀 싸게 안 되나요?

太贵了! 便宜一点儿, 好不好?

Tài guì le! Piányi yì diǎnr, hǎo bu hǎo?

타이 꿰이러 피엔이 이디얼 하오부하오

Part. 4 싸게 해 주실 수 있습니까?

주요표현

넝뿌넝 피엔이 이디얼
A: 能不能便宜一点儿?
Néng bu néng piányi yìdiǎnr?
싸게 해 주실 수 있습니까?

나머 게이 닌 다 지우저 얼바이 치스 콰이치엔
B: 那么,给您打九折,二百七十块钱。
Nàme, gěi nín dǎ jiǔ zhé, èrbǎi qīshí kuài qián.
그럼 10% 할인해서 270 위안에 드리겠습니다.

표현늘리기

• 너무 비싸네요. 조금 싸게 해 주세요.
太贵了,便宜一点儿吧。 Tài guì le, piányi yìdiǎnr ba.
타이 꿰이러 피엔이 이디얼 바

• 더 깎아 주세요.
再便宜一点儿吧。 Zài piányi yìdiǎnr ba.
짜이 피엔이 이디얼 바

• 만약 100 위안이라면 바로 사겠습니다.
要是一百块的话,就买。 Yàoshi yìbǎi kuài dehuà, jiù mǎi.
야오스 이바이 콰이더화 찌우 마이

• 이것보다 더 싼 것이 있나요?
有没有比这个更便宜的?
Yǒu mei yǒu bǐ zhège gèng piányi de?
요우메이요우 비 쩌거 껑 피엔이더

• 생각해 보고 다시 와서 사겠습니다.

好好考虑后，再过来买。

Hǎohāo kǎolǜ hòu, zài guòlái mǎi.

하오하오 카오뤼 호우 짜이 궈라이 마이

• 다른 가게도 다녀 보고 다시 결정하겠습니다.

其他商店也逛过后，再决定。

Qítā shāngdiàn yě guàngguo hòu, zài juédìng.

치타 샹디엔 예 꽝궈 호우 짜이 쥐에띵

• 너무 비싸군요. 싸게해 주실 수 있어요?

太贵了，便宜一点儿好不好?

Tài guì le, piányi yìdiǎnr hǎo bu hǎo?

타이 꿰이러 피엔이 이디얼 하오부하오

• 우리는 정찰제 가게라 가격을 흥정할 수 없습니다.

我们这儿不二价，不能讲价。

Wǒmen zhèr bú'èrjià, bù néng jiǎngjià.

워먼 쩔 부얼쟈 뿌넝 지앙쟈

• 900 위안 밖에 없으니, 방법이 없겠군요.

我只有九百块，那没办法。

Wǒ zhǐyǒu jiǔbǎi kuài, nài méi bànfǎ.

워 즈요우 지우바이 콰이 나 메이 빤파

• 이쪽 것은 안 되지만 저쪽 것은 10%할인이 가능해요.

这套不行，不过那套可以给你打九折。

Zhè tào bù xíng, búguò nà tào kěyǐ gěi nǐ dǎ jiǔ zhé.

쩌 타오 뿌 씽 부궈 나 타오 커이 게이 니 다 지우 저

• 이 두 옷은 디자인은 비슷하지만 다른 겁니다.

这两件式样差不多，可是不一样。

Zhè liǎng jiàn shìyàng chàbuduō, kěshì bù yíyàng.

쩌 리앙지엔 스양 차부뚜오 커스 뿌이양

Part.5 품절입니다.

요우 파궈 시앙쉐이 마

A: 有法国香水吗?

Yǒu Fǎguó xiāngshuǐ ma?

프랑스 향수 있습니까?

씨엔짜이 메이요우 마이 완러

B: 现在没有, 卖完了。

Xiànzài méiyǒu, mài wán le.

지금 없습니다, 품절입니다.

표현늘리기

• 보증서는 있습니까?

有没有保证书? Yǒu mei yǒu bǎozhèngshū?

요우메이요우 바오쩡슈

• 여기에서 스카프를 팝니까?

这里卖围巾吗? Zhèli mài wéijīn ma?

쩌리 마이 웨이찐 마

• 양말은 어디에서 팝니까?

袜子在哪儿卖呢? Wàzi zài nǎr mài ne?

와즈 짜이 날 마이 너

• 남성용입니까, 여성용입니까?

是男式还是女式?

Shì nánshì háishì nǚshì?

스 난스 하이스 뉘스

• 그 상품은 절판되어 구입할 수 없습니다.

那个商品已经生产完了，不能再买。

Nàge shāngpǐn yǐjing shēngchǎn wán le, bùnéng zài mǎi.

나거 샹핀 이징 셩찬 완러 뿌넝 짜이 마이

• 이 상품은 언제 도착합니까?

这个商品什么时候到?

Zhège shāngpǐn shénme shíhou dào?

쩌거 샹핀 션머 스호우 따오

• 현재 품절입니다. 며칠 내에 물건이 들어 옵니다.

现在正缺货，过几天可以进货。

Xiànzài zhèng quēhuò, guò jǐ tiān kěyǐ jìnhuò.

씨엔짜이 쩡 취에훠 궈 지티엔 커이 찐훠

• 흰색 슬리퍼 있습니까?

有没有白拖鞋?

Yǒu mei yǒu bái tuōxié?

요우메이요우 바이투오시에

• 죄송합니다. 그 색은 지금 없습니다. 내일 다시 오십시오.

很抱歉，那个颜色现在没有了，您明天再来。

Hěn bàoqiàn, nàge yánsè xiànzài méiyǒu le, nín míngtiān zài lái.

헌 빠오치엔 나거 옌써 씨엔짜이 메이요우러 닌 밍티엔 짜이라이

• 레미마르탱 XO 있습니까?

有没有人头马XO?

Yǒu mei yǒu Réntóumǎ XO?

요우메이요우 런토우마 엑스오

• 죄송합니다. 지금은 없네요. 다 팔렸습니다.

对不起，现在没有，已经卖光了。

Duì bu qǐ, xiànzài méiyǒu, yǐjing mài guāng le.

뛔이부치 씨엔짜이 메이요우 이징 마이 꽝러

Part. 6 이것으로 하겠습니다.

주요표현

짜거 쩐머양
A: 这个怎么样?
Zhège zěnmeyàng?
이건 어떻습니까?

하오 짜거 쩡 허스 찌우 마이 짜거
B: 好, 这个正合适, 就买这个。
Hǎo, zhège zhèng héshì, jiù mǎi zhège.
좋습니다. 이게 딱 좋군요. 이것을 사겠습니다.

표현늘리기

- 봉투 하나 주세요.

  给我一个袋子吧。 Gěi wǒ yí ge dàizi ba.
  게이 워 이거 따이즈 바

- 하나씩 싸 주세요.

  请一个个包装吧。 Qǐng yí ge ge bāozhuāng ba.
  칭 이거거 빠오주앙 바

- 모양별로 하나씩 주세요.

  每样给我一件吧。 Měi yàng gěi wǒ yí jiàn ba.
  메이양 게이워 이지엔 바

- 좋습니다. 그 가격에 사겠습니다.

  好的, 按那个价格买。
  Hǎode, àn nàge jiàgé mǎi.
  하오더 안 나거 쟈거 마이

• 좋아요. 이것을 사겠습니다.

好的，我决定买这个。

Hǎode, wǒ juédìng mǎi zhège.

하오더 워 쥐에딩 마이 쩌거

• 먼저 이걸 사고 물건을 좀더 보겠습니다.

先买下这个，再看一下别的东西。

Xiān mǎixià zhège, zài kàn yíxià biéde dōngxi.

시엔 마이샤 쩌거 짜이 칸이샤 비에더 똥시

• 가격표는 떼어 주세요.

请把标价签去掉。

Qǐng bǎ biāojiàqiān qùdiào.

칭 바 뱌오쟈치엔 취댜오

• 선물이니까 잘 포장해 주세요.

这是礼物，请包装得好一点儿。

Zhè shì lǐwù, qǐng bāozhuāng de hǎo yìdiǎnr.

쩌 스 리우 칭 빠오주앙더 하오 이디얼

• 좋습니다. 금방 싸드리겠습니다.

好，马上就包给你。

Hǎo, mǎshang jiù bāo gěi nǐ.

하오 마샹 찌우 빠오 게이 니

• 바로 수선해서 가져갈 수 있나요?

马上就补缀取走吗?

Mǎshang jiù bǔzhuì qǔ zǒu ma?

마샹 찌우 뿌쭈에이 취조우 마

• 포장은 필요 없습니다.

不用包装。

Bú yòng bāozhuāng.

부용 빠오주앙

Part.7 환불해 주세요.

주요표현

쩌거 샹핀 요우 마오삥 워 야오치우 퉤이훠

A: 这个商品有毛病，我要求退货。

Zhège shāngpǐn yǒu máobìng, wǒ yāoqiú tuìhuò.

이 물건에 하자가 있습니다. 반품하려고 합니다.

뿌 씽 퉤이훠 짜이 치티엔 이네이 차이 커이 니 궈치러

B: 不行，退货在七天以内才可以，你过期了。

Bù xíng, tuìhuò zài qī tān yǐnèi cái kěyǐ, nǐ guò qī le.

안 됩니다. 반품은 7일 이내에만 가능합니다. 기한이 지났어요.

표현늘리기

• 저는 현금으로 지불합니다.

我付现金。 Wǒ fù xiànjīn.

워 푸 씨엔찐

• 이것은 영수증입니다.

这是收据。 Zhè shì shōujù.

쩌 스 쇼우쮜

• 신용 카드 쓸 수 있습니까?

能用信用卡吗? Néng yòng xìnyòngkǎ ma?

넝 용 씬용카 마

• 물론이죠, 현금, 카드 모두 가능합니다.

当然,现金、信用卡都可以。

Dāngrán, xiànjīn xìnyòngkǎ dōu kěyǐ.

땅란, 씨엔찐 씬용카 또우 커이

• 현금으로 반, 카드로 반 결재해도 됩니까?

一半交现金，一半刷卡可以吗？

Yíbàn jiāo xiànjīn, yíbàn shuākǎ kěyǐ ma?

이빤 쟈오 씨엔찐 이빤 슈아카 커이 마

• 저희는 카드를 받지 않습니다. 현금만 받아요.

我们不接收信用卡。只收现金。

Wǒmen bù jiēshōu xìnyòngkǎ. Zhǐ shōu xiànjīn.

워먼 뿌 지에쇼우 신용카 즈 쇼우 씨엔진

• 계산이 틀렸습니다. 다시 계산해 보세요.

你算错了，请再算一遍吧。

Nǐ suàn cuò le, qǐng zài suàn yí biàn ba.

니 쑤안 추오러 칭 짜이 쑤안 이비엔 바

• 잔돈을 주세요.

请给我找钱。

Qǐng gěi wǒ zhǎoqián.

칭 게이워 쟈오치엔

• 반품이 가능한가요?

可以退货吗？

Kěyǐ tuìhuò ma?

커이 퉤이훠 마

• 고객 변심에 의한 교환, 환불은 안 됩니다.

不可因顾客变心而交换和退货。

bùkě yīn gùkè biànxīn ér jiāohuàn hé tuìhuò.

뿌커 인 꾸커 삐엔씬 얼 쟈오환 허 퉤이훠

• 물건에 이상이 있다면 환불해 드립니다.

如果东西有毛病，可以退货。

Rúguǒ dōngxi yǒu máobìng, kěyǐ tuìhuò.

루궈 똥시 요우 마오삥 커이 퉤이훠

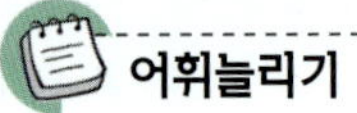

어휘늘리기

본문 중요 어휘

白拖鞋	bái tuōxié	흰색 슬리퍼
包	bāo	포장하다, 포대, 주머니
包装	bāozhuāng	포장하다
保证书	bǎozhèngshū	보증서
标价签	biāojiàqiān	가격표
不二价	bú'èrjià	정찰제
不大不小	búdà bùxiǎo	크지도 작지도 않다
不会	búhuì	…일 리 없다
春季	chūnjì	춘계, 봄철
错	cuò	틀리다
打折	dǎzhé	할인하다, 꺾(이)다, 끊(어지)다
袋子	dàizi	봉투
淡	dàn	색깔이 옅다, 맛이 싱겁다
逛	guàng	한가로이 다니다
合身	héshēn	몸에 맞다, 몸에 잘 어울리다
合适	héshì	잘 맞다, 적합하다, 잘 어울리다
价格	jiàgé	가격
讲价	jiǎngjià	가격을 흥정하다
决定	juédìng	결정하다
进货	jìnhuò	입고되다
旧式	jiùshì	구식(의), 재래식(의)
考虑	kǎolǜ	고려하다
礼物	lǐwù	선물
两样	liǎngyàng	다르다
料子	liàozi	재질
流行	liúxíng	유행
卖光	màiguāng	다 팔리다

毛病	máobìng	결함, 질병
男式	nánshì	남성용
浓	nóng	짙다,왕성하다
女式	nǚshì	여성용
便宜	piányi	값이 싸다
其他	qítā	기타, 다른
缺货	quēhuò	품절
人头马XO	Réntóumǎ XO	레미마르탱 XO (위스키 종류)
商店	shāngdiàn	상점, 가게
商品	shāngpǐn	상품
深	shēn	깊다
试穿	shìchuān	입어 보다, 가봉하다
收据	shōujù	영수증
双	shuāng	한쌍의, 신발(한 켤레)을 나타내는 양사
算	suàn	계산
套	tào	커버, 덮개, 덧씌우다, 세트의 양사
退货	tuìhuò	반품
西装	xīzhuāng	양복
现金	xiànjīn	현금
香水	xiāngshuǐ	향수
信用卡	xìnyòngkǎ	신용카드
样品	yàngpǐn	견본
样式	yàngshì	스타일, 디자인
一共	yígòng	모두
优惠	yōuhuì	우대, 특혜, 서비스
找	zhǎo	찾다
找钱	zhǎoqián	거스름돈, 거슬러주다

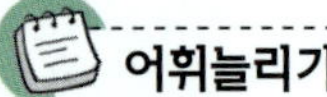

어휘늘리기

관련 어휘

색깔

颜色	yánsè	색깔
红色	hóngsè	빨간색
黄色	huángsè	노란색
绿色	lǜsè	녹색
天蓝色	tiānlánsè	하늘색
紫色	zǐsè	자주색
灰色	huīsè	회색
白色	bǎisè	흰색
黑色	hēisè	검은색

가격 흥정

请少算点吧。 값을 조금 싸게 해 주세요.
Qǐng shǎo suàn diǎn ba.

再便宜一点吧。 값을 더 싸게 해 주세요
Zài piányi yì diǎn ba.

不能降价吗? 싸게 안 되나요?
Bù néng jiàng jià ma?

사이즈

号	hào	사이즈, 치수
号码	Hàomǎ	사이즈

这个多大号的? 이것은 몇 호인가요?
Zhège duōdà hào de?

我要大一号的。 한 치수 큰 것을 주세요.
Wǒ yào dà yí hào de.

我要小一些的。 한 치수 작은 것을 주세요.
Wǒ yào xiǎo yì xiē de.

의류의 명칭

裙子	qúnzi	치마
裤子	kùzi	바지
连衣裙	liányīqún	원피스
牛仔裤	niúzǎikù	청바지
T恤衫	T xùshān	T셔츠
毛衣	máoyī	스웨터
大衣	dàyī	오버코트
夹克	jiākè	점퍼, 자켓
衬衫	chènshān	드레스셔츠
背心	bèixīn	런닝셔츠, 조끼
内裤	nèikù	팬티
乳罩	rǔzhào	브래지어
围巾	wéijīn	스카프
领带	lǐngdài	넥타이
帽子	màozi	모자
袜子	wàzi	양말
旗袍	qípáo	치파오, 중국 전통 의상
盘领	pánlǐng	세운 깃
中山装	zhōngshānzhuāng	중산장, 인민복

진품 · 모조품

真的	zhēn de	진짜의
假的	jiǎ de	거짓의, 가짜의
真货	zhēnhuò	진품
假货	jiǎhuò	모조품, 위조품

중국의 화폐

중국의 화폐는 인민폐(人民币 rénmínbì)라고 하는데 화폐의 기본 단위는 원(元 yuán)이고 영문으로는 (RMB, ¥)로 표기한다. 하부 단위로는 보조화폐로 각(角 jiǎo)과 분(分 fēn)이 있는데 1원은 10각, 1각은 10분이다. 원은 구어(口语)로 콰이(块 kuài)라고 부르고 각은 구어로 마오(毛 máo)라고 부른다

1元(块)=10角(毛)= 100分

▲중국의 인민폐, 마오쩌뚱의 얼굴이 그려져 있다.

제 15 장

식사 · 음주

1. 메뉴 좀 주세요.
2. 주문하시겠어요?
3. 물만두 주세요.
4. 매운 것을 좋아하세요?
5. 따뜻한 물도 가져다 주세요.
6. 제가 한잔 따라 드리지요.
7. 그 술집에 자주 가십니까?
8. 계산해 주세요.

Part.1 메뉴 좀 주세요.

주요표현

환잉 꽝린 칭 찐라이

A: 欢迎光临！ 请进来。

Huānyíng guānglín! Qǐng jìnlái.

환영합니다! 어서 들어오세요.

요우 차이딴 마

B: 有菜单吗？

Yǒu càidān ma?

메뉴 있습니까?

표현늘리기

• 몇 분이십니까?

有几位? Yǒu jǐ wèi?

요우 지웨이

• 거기는 예약석입니다.

那是预定席。 Nà shì yùdìngxí.

나 스 위띵씨

• 지금은 만석입니다.

现在满座了。 Xiànzài mǎnzuò le.

씨엔짜이 만쭈오러

• 어느 정도 기다려야 합니까?

得等多长时间?

Děi děng duōcháng shíjiān?

데이 덩 뚜오창 스지엔

• 창가 자리로 부탁합니다.

我们要靠窗的座位。

Wǒmen yào kào chuāng de zuòwèi.

워먼 야오 카오추앙더 쭈오웨이

• 환영합니다. 어서 들어오세요.

欢迎光临，请进来。

Huānyíng guānglín, qǐng jìnlái.

환잉 꽝린 칭 찐라이

• 3시로 예약한 이진주입니다.

我叫李珍珠，三点预订了。

Wǒ jiào Lǐ Zhēnzhū, sān diǎn yùdìng le.

워 쟈오 리쩐주 싼디엔 위띵러

• 안으로 들어가 앉으시죠.

请到里边坐。

Qǐng dào lǐbiān zuò.

칭 따오 리비엔 쭈오

• 메뉴판 있나요?

有菜单吗?

Yǒu càidān ma?

요우 차이딴 마

• 뭘 드시겠어요?

你要吃什么?

Nǐ yào chī shénme?

니 야오 츠 션머

• 위샹로우쓰 한 접시 주세요.

我要一盘鱼香肉丝。

Wǒ yào yì pán yúxiāng ròusī.

워 야오 이판 위시앙로우쓰

Part.2 주문하시겠어요?

주요표현

씨엔짜이 디엔차이 마

A: 现在点菜吗?

Xiànzài diǎncài ma?

지금 주문하시겠어요?

야오 이뻬이 웨이스지 이판 화셩미

B: 要一杯威士忌，一盘花生米。

Yào yì bēi wēishìjì, yì pán huāshēngmǐ.

위스키 한 잔과 땅콩 한 접시 주세요.

표현늘리기

• 음료수는 어떤 것이 있습니까?

有什么饮料? Yǒu shénme yǐnliào?

요우 션머 인랴오

• 붉은 와인을 주세요.

要红葡萄酒。 Yào hóng pútaojiǔ.

야오 홍 푸타오지우

• 연경 맥주 한 병 주세요.

要一瓶燕京啤酒。 Yào yì píng Yànjīng píjiǔ.

야오 이핑 옌징 피지우

• 북경 오리구이와 마파두부 주세요.

要北京烤鸭和麻婆豆腐。

Yào Běijīng kǎoyā hé mápó dòufu.

야오 베이징카오야 허 마포또우푸

• 음료는요?

酒水呢?

Jiǔshuǐ ne?

지우쉐이 너

• 맥주 페트병으로 하나 주세요.

来一瓶大啤酒。

Lái yì píng dà píjiǔ.

라이 이핑 따피지우

• 무엇을 드시겠어요?

想喝些什么?

Xiǎng hē xiē shénme?

시앙 허시에 션머

• 위스키 언더락 한 잔 주세요.

来一杯放冰的威士忌。

Lái yì bēi fàng bīng de wēishìjì.

라이 이 뻬이 팡 삥더 웨이스지

• 안주는요?

下酒菜呢?

Xià jiǔcài ne?

시아지우차이 너

• 육포하고 땅콩 주세요.

要一盘肉干和花生。

Yào yìbān ròugān hé huāshēng.

야오 이 판 로우깐 허 화셩

• 곧 가져다 드리겠습니다.

马上就来。

Mǎshang jiù lái.

마샹 찌우라이

Part.3 물만두 주세요.

주요표현

야오 츠 션머

A: 要吃什么? 무엇을 드시겠습니까?

Yào chī shénme?

야오 싼 완 쉐이쟈오

B: 要三碗水饺。 물만두 세 그릇 주세요.

Yào sān wǎn shuǐjiǎo.

표현늘리기

• 요리가 아직 다 안 되었습니다.

菜还没做好。

Cài hái méi zuòhǎo.

차이 하이메이 쭈오하오

• 전병, 꽈배기 튀김, 양꼬치가 있습니다.

有煎饼、油条和羊肉串儿。

Yǒu jiānbǐng、yóutiáo hé yángròuchuānr.

요우 지엔빙 요우탸오 허 양로우추알

• 국수 있습니까?

有面条儿吗?

Yǒu miàntiáor ma?

요우 미엔탸오 마

• 이 식당의 추천 요리는 뭡니까?

这个饭店的拿手菜是什么?

Zhège fàndiàn de náshǒucài shì shénme?

쩌거 판디엔더 나쇼우차이 스 션머

• 아가씨, 이리 들어오세요.

小姐，请进来。

Xiǎojiě, qǐng jìn lái.

샤오지에 칭 찐라이

• 메뉴판 좀 보여 주세요.

给我看菜单吧。

Gěi wǒ kàn càidān ba.

게이 워 칸 차이딴 바

• 주문하시겠습니까, 아가씨?

点菜吗，小姐?

Diǎncài ma? Xiǎojiě?

디엔차이 마 샤오지에

• 여기서 잘하는 게 뭐죠?

这儿什么做得好?

Zhèr shénme zuò de hǎo?

쩔 션머 쭈오더 하오

• 갈비탕이 잘 나갑니다.

我们的排骨汤很受欢迎。

Wǒmen de páigǔtāng hěn shòu huānyíng.

워먼더 파이구탕 헌 쇼우 환잉

• 그리고요?

还有什么?

Háiyǒu shénme?

하이요우 션머

• 그리고는 갈비죠.

还有牛排。

Háiyǒu niúpái.

하이요우 니우파이

Part.4 매운 것을 좋아하세요?

주요표현

니 씨환 츠 라더 마
A: 你喜欢吃辣的吗?
Nǐ xǐhuan chī là de ma?
당신은 매운 것 먹기를 좋아하나요?

스 씨환 츠 라더
B: 是,喜欢吃辣的。
Shì, xǐhuan chī là de.
네, 매운 것을 즐겨 먹습니다.

표현늘리기

• 맛이 좋습니다.
味道不错。 Wèidao búcuò.
웨이따오 부추오

• 조금 싱겁습니다.
稍淡一些。 Shāo dàn yìxiē.
샤오 딴 이시에

• 아주 맛이 담백합니다.
味道挺清新。 Wèidao tǐng qīngxīn.
웨이따오 팅 칭씬

• 기름진 것은 좋아하지 않습니다.
不喜欢吃油腻的。
Bù xǐhuan chī yóunì de.
뿌 씨환 츠 요우니더

• 맛이 조금 진합니다.

稍浓一些。

Shāo nóng yìxiē.

샤오 농 이시에

• 맛이 너무 짜네요.

味道太咸了。

Wèidao tài xián le.

웨이따오 타이 시엔러

• 저는 중국요리를 아주 좋아합니다.

我很喜欢吃中国菜。

Wǒ hěn xǐhuan chī Zhōngguócài.

워 헌 씨환 츠 쭝궈차이

• 아이스크림 좋아하세요?

你喜欢吃冰淇淋吗?

Nǐ xǐhuan chī bīngqílín ma?

니 씨환 츠 삥치린 마

• 별로 좋아하지 않아요. 너무 달아요.

不太喜欢,太甜了。

Bú tài xǐhuan, tài tián le.

부타이 씨환 타이 티엔러

• 그러면 어떤 맛을 좋아하지요?

那么,你喜欢吃什么味道?

Nàme, nǐ xǐhuan chī shénme wèidào?

나머 니 씨환 츠 션머 웨이따오

• 저는 매운 맛을 좋아합니다.

我喜欢吃辣的。

Wǒ xǐhuan chī là de.

워 씨환 츠 라더

Part.5 따뜻한 물도 가져다 주세요.

주요표현

짜이 라이 이뻬이 카이쉐이 바

A: 再来一杯开水吧。

Zài lái yì bēi kāishuǐ ba.

따뜻한 물도 한 잔 가져다 주세요.

하오더

B: 好的。

Hǎode.

알겠습니다.

표현늘리기

• 맛이 어떻습니까?

味道怎么样? Wèidao zěnmeyàng?

웨이따오 쩐머양

• 이것을 어떻게 먹는지 알려 주세요.

请教我这个怎么吃。 Qǐng jiāo wǒ zhè ge zěnme chī.

칭 쟈오 워 쩌거 쩐머 츠

• 젓가락을 떨어뜨렸습니다.

筷子掉地上了。 Kuàizi diào dìshang le.

콰이즈 댜오 띠샹러

• 식사 후에는 어떤 디저트가 있습니까?

饭后都有什么茶点?

Fàn hòu dōu yǒu shénme chádiǎn?

판 호우 또우 요우 션머 차디엔

- 작은 접시 하나 가져다 주세요.

  喂，请拿小碟子来。

  Wèi, qǐng ná xiǎodiézi lái.

  웨이 칭 나 샤오 디에즈 라이

- 예 금방 가져다 드리지요.

  好，马上就来。

  Hǎo, mǎshang jiù lái.

  하오 마샹 찌우 라이

- 그리고 냅킨도 가져다 주세요.

  还有餐巾也拿来吧。

  Háiyǒu cānjīn yě ná lái ba.

  하이요우 찬진 예 나라이 바

- 알겠습니다. 다 드셨나요?

  好的，你吃饱了吗?

  Hǎode, nǐ chī bǎo le ma?

  하오더 니 츠바오러 마

- 잘 먹었습니다.

  吃饱了。

  Chī bǎo le.

  츠 바오러

- 남은 것은 어떻게 할까요?

  剩下的怎么办?

  Shèngxià de zěnme bàn?

  셩샤더 쩐머 빤

- 남은 것은 포장해 주세요.

  剩下的打包吧。

  Shèngxià de dǎbāo ba.

  셩샤더 다빠오 바

Part.6 제가 한잔 따라 드리지요.

주요표현

워 찡 닌 이뻬이
A: 我敬您一杯。 제가 한잔 따라 드리지요.
Wǒ jìng nín yì bēi.

씨에시에
B: 谢谢。 감사합니다.
Xièxie.

표현늘리기

- 건배!
  干杯!
  Gānbēi!
  깐뻬이

- 반 잔만 따라 주시면 됩니다.
  只倒半杯就可以了。
  Zhǐ dào bàn bēi jiù kěyǐ le.
  즈 따오 빤 뻬이 찌우 커이러

- 그는 취했습니다.
  他醉了。
  Tā zuì le.
  타 쭈에이러

- 저는 알아서 마시겠습니다.
  我随意。
  Wǒ suíyì.
  워 쒜이이

• 제가 한잔 따라 드리죠.

我敬你一杯。

Wǒ jìng nǐ yì bēi.

워 찡 니 이뻬이

• 별말씀을, 제가 한잔 따라 드려야죠.

不敢当，我敬你一杯。

Bù gǎndāng, wǒ jìng nǐ yì bēi.

뿌 간땅 워 찡 니 이뻬이

• 승진축하를 위해 건배.

为升职干杯。

Wèi shēngzhí gānbēi!

웨이 셩즈 깐뻬이

• 정말 잘 드시네요.

你真能喝。

Nǐ zhēn néng hē.

니 쩐 넝 허

• 주량이 대단하시다면서요.

听说你也海量。

Tīngshuō nǐ yě hǎiliàng.

팅슈오 니 예 하이량

• 모처럼 만났는데 거국적으로 한잔 합시다.

难得凑在一起了，大家一起干杯。

Nán dé còu zài yìqǐ le, dàjiā yìqǐ gānbēi.

난 더 초우 짜이 이치러 따쟈 이치 깐뻬이

• 우리들의 우정을 위해, 건배!

为了我们的友谊，干杯!

Wèile wǒmen de yǒuyì, gān bēi!

웨일러 워먼더 요우이 깐뻬이

Part.7 그 술집에 자주 가십니까?

주요표현

니 창 취 나거 지우디엔 마
A: 你常去那个酒店吗?
Nǐ cháng qù nàge jiǔdiàn ma?
당신은 그 술집에 자주 가십니까?

워 부창 취 나거 지우디엔
B: 我不常去那个酒店。
Wǒ bù cháng qù nàge jiǔdiàn.
저는 그 술집에 자주 가지 않습니다.

표현늘리기

• 누가 계산합니까?
由谁付款? Yóu shéi fùkuǎn?
요우 셰이 푸콴

• 각자 부담으로 합니다.
各付各的。 Gè fù gè de.
꺼푸 꺼더

• 술을 좋아하세요?
你爱喝酒吗? Nǐ ài hējiǔ ma?
니 아이 허지우 마

• 당신은 어느 정도 마실 수 있습니까?
你能喝多少?
Nǐ néng hē duōshao?
니 넝 허 뚜오샤오

• 저는 술을 못 마십니다.

我不会喝酒。

Wǒ bú huì hējiǔ.

워 부훼이 허지우

• 정말 잘 마시네요.

你真能喝。

Nǐ zhēn néng hē.

니 쩐 넝 허

• 당신도 마찬가지예요.

难道你不是?

Nándào nǐ bú shì?

난따오 니 부스

• 당신이 부장 승진이 된 것을 위해 건배하는 게 어때요?

你升为部长了,为此干杯怎么样?

Nǐ shēngwéi bùzhǎng le. wèicǐ gānbēi zěnmeyàng?

니 셩웨이 뿌장러 웨이츠 깐뻬이 쩐머양

• 저는 이미 많이 마셨어요. 편하게 마실게요.

我已经喝高了,随意吧。

Wǒ yǐjing hē gāo le, suíyì ba.

워 이징 허 까오러 쒜이이 바

• 당신은 그 바에 자주 가십니까?

你常去那个酒吧吗?

Nǐ cháng qù nàge jiǔbā ma?

니 창취 나거 지우빠 마

• 그 술집에 자주 갑니다. 단골이예요.

我常去那家酒吧。 我是那家的回头客。

Wǒ cháng qù nà jiā jiǔbā. Wǒ shì nà jiā de huítóukè.

워 창취 나쟈 지우빠 워 스 나쟈더 훼이토우커

Part. 8 계산해 주세요.

주요표현

지에짱 바
A: 结帐吧。 계산해 주세요.
Jiézhàng ba.

차이더 웨이따오 쩐머양
B: 菜的味道怎么样? 요리 맛은 어떠셨어요?
Cài de wèidào zěnmeyàng?

표현늘리기

• 어디서 계산하면 되나요?

在哪儿结帐呢?
Zài nǎr jiézhàng ne?
짜이 날 지에짱 너

• 오늘은 제가 사겠습니다

今天由我做东。 / 今天我请客。
Jīntiān yóu wǒ zuò dōng. / Jīntiān wǒ qǐngkè.
찐티엔 요우 워 쭈오똥 / 찐티엔 워 칭커

• 계산이 틀렸습니다.

算错了。
Suàn cuò le.
쑤안 추오러

• 저에게 영수증을 주세요.

请给我发票。
Qǐng gěi wǒ fāpiào.
칭 게이 워 파퍄오

- 계산해야지요, 오늘은 내가 사겠습니다.

  结帐吧。 今天我付。

  Jiézhàng ba. Jīntiān wǒ fù.

  지에짱 바 찐티엔 워 푸

- 그러지 말고 각자 내지요.

  不要客气,还是AA制吧。

  Bú yào kèqi, háishi AAzhì ba.

  부야오 커치 하이스 AA쯔 바

- 괜찮다니까요. 내가 쓰고 싶어서 그래요.

  不用客气,是我心甘情愿的。

  Bú yòng kèqi, shì wǒ xīn gān qíng yuàn de.

  부용 커치 스 워 씬깐칭위엔더

- 그러면 고맙습니다.

  那我谢谢你了。

  Nà wǒ xièxie nǐ le.

  나 워 씨에시에 니러

- 음식 맛은 어땠나요?

  菜的味道怎么样?

  Cài de wèidao zěnmeyàng?

  차이더 웨이따오 쩐머양

- 정말 맛있었어요. 포장도 되나요?

  味道真不错,可以打包吗?

  Wèidao zhēn búcuò, kěyǐ dǎbāo ma?

  웨이따오 쩐 부추오 커이 다빠오 마

- 물론 됩니다.

  当然可以。

  Dāngrán kěyǐ.

  땅란 커이

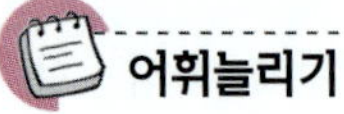

어휘늘리기

본문 중요 어휘

AA制	AA zhì	각자 계산하다 (各付各的라고 쓰기도 한다)
杯	bēi	잔
冰	bīng	얼음
冰淇淋	bīngqílín	아이스크림
部长	bùzhǎng	부장
菜单	càidān	메뉴판
凑	còu	모이다, 모으다
打包	dǎbāo	음식 남은 것을 싸가다
点菜	diǎncài	음식을 주문하다
碟子	diézi	접시
高	gāo	정도가 높다, 심하다
光临	guānglín	오다, 왕림하다
还是	háishi	아무래도 …하는 편이 낫다
海量	hǎiliàng	주량이 센 사람
花生	huāshēng	땅콩
敬	jìng	음식이나 물건을 공손히 바치다
结帐	jiézhàng	계산하다
酒吧	jiǔba	서양식 술집, 바 (음역)
酒水	jiǔshuǐ	음료, 술
开水	kāishuǐ	끓인 물
辣	là	맵다
来	lái	오다, 가져오다
李珍珠	Lǐ Zhēnzhū	이진주 (사람이름)
马上就	mǎshàng jiù	즉시
拿手菜	náshǒucài	제일 잘하는 요리
难道	nándào	설마 …란 말인가
能	néng	…에 능하다

牛排	niúpái	스테이크, 갈비
排骨汤	páigǔtāng	갈비탕
盘	pán	큰 접시, 쟁반
瓶	píng	병
肉干	ròugān	육포, 말린 고기 (말린 과일은 果干)
升职	shēngzhí	진급(승진)하다, 직급이 오르다
升为	shēngwéi	승진해서 …이 되다
受	shòu	받다(주로 추상적인 것을 몸으로 받을 때)
放	fàng	넣다
甜	tián	달다
为	wèi	…를 위하여
为此	wèicǐ	이것 때문에, 이것을 위해서
味道	wèidao	맛
下酒菜	xiàjiǔcài	술안주
小姐	xiǎojiě	아가씨
心甘情愿	xīn gān qíng yuàn	진심으로 원하다
一起	yìqǐ	함께

관련 어휘

주요 요리법과 맛

炒	chǎo	볶다	**炸**	zhá	튀기다
煎	jiān	지지다	**煮**	zhǔ	삶다
蒸	zhēng	찌다	**甜**	tián	달다
酸	suān	시다	**苦**	kǔ	쓰다
辣	là	맵다	**咸**	xián	짜다
浓	nóng	진하다	**淡**	dàn	담백하다
腻	nì	느끼하다			

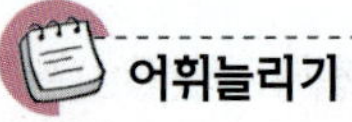

어휘늘리기

기타 식사 관련 어휘

早饭	zǎofàn	아침식사
午饭	wǔfàn	점심식사
晚饭	wǎnfàn	저녁식사
自助餐	zìzhùcān	뷔페 식사
菜单	càidān	메뉴, 식단
筷子	kuàizi	젓가락
碗	wǎn	그릇
碟子	diézi	접시
餐巾纸	cānjīnzhǐ	냅킨

요리 이름

米饭	mǐfàn	쌀밥
炒饭	chǎofàn	볶음밥
宫宝鸡丁	gōngbǎo jīdìng	닭고기 땅콩볶음
西红柿炒鸡蛋	xīhóngshì chǎo jīdàn	토마토 계란 볶음
麻婆豆腐	mápó dòufu	마파두부
涮羊肉	shuànyángròu	양고기 샤브샤브
北京烤鸭	Běijīng kǎoyā	북경 오리구이

중국의 차

绿茶	lǜchá	녹차
龙井茶	lóngjǐngchá	용정차, 녹차의 한 종류
红茶	hóngchá	홍차
乌龙茶	wūlóngchá	오룡차
白茶	báichá	백차
花茶	huāchá	화차
茉莉花茶	mòlìhuāchá	자스민차, 화차의 일종

간이 음식

包子	bāozi	포자만두
饺子	jiǎozi	교자만두
馒头	mántou	만두 (속이 없는 만두, 찐빵)
月饼	yuèbǐng	월병
烧饼	shāobǐng	소병
馄饨	húntun	혼돈자
煎饼	jiānbing	전병
花卷儿	huājuǎnr	말아서 찐 빵, 꽃빵
油条	yóutiáo	꽈배기 튀김
羊肉串	yángròuchuàn	양고기 꼬치 구이

음료와 술

可口可乐	kěkǒu kělè	코카콜라
百事可乐	bǎishì kělè	펩시콜라
汽水	qìshuǐ	사이다
矿泉水	kuàngquánshuǐ	광천수, 생수
酸奶	suānnǎi	요구르트
果汁	guǒzhī	과일주스
咖啡	kāfēi	커피
啤酒	píjiǔ	맥주
生啤酒	shēngpíjiǔ	생맥주 (=扎啤 zhāpí)
大啤酒	dà píjiǔ	페트병 맥주
白酒	báijiǔ	백주, 배갈
烧酒	shāojiǔ	소주
威士忌	wēishìjì	위스키
葡萄酒	pútáojiǔ	포도주
鸡尾酒	jīwěijiǔ	칵테일
伏特加酒	fútèjiājiǔ	보드카

짜오 라오스(赵老师)의 잔소리 No. 7

사전은 찾아야 합니다. 그러나…
단어장을 만들자!

외국어 문장을 독해할 때 모르는 단어가 나오면 앞뒤 문맥을 보고 대충 직독직해를 하는 것이 좋다는 말도 있고 이와는 반대로 모르는 단어는 사전을 찾아서 철저하게 짚고 넘어가야 한다는 주장도 있습니다. 전자의 경우는 문장의 대체적인 흐름을 알고 단지 한두 개의 단어를 모를 때 유효할 것이고, 후자의 경우는 한 문장에서 모르는 단어가 서넛 이상 나와서 문맥의 흐름만 가지고는 그 단어의 의미를 파악하기 힘들 경우에 유리하겠지요. 중국어에서는 그러면 어떻게 독해를 하는 것이 좋을까요?

최근 들어 중국에서 출간된 수많은 책들이 속속 번역되어 나오고 있고 단어의 의미나 문장의 해석도 첨부되어 있는 것을 볼 수 있는데, 여기서 필자는 번역된, 다시 말해서 우리말로 단어와 문장설명이 되어있는 책을 볼 것을 권하고 싶습니다. 사전은 모르는 단어가 나오면 찾아야겠지만 그 모르는 단어가 우리말로 설명이 되어 있다면 굳이 사전을 찾을 필요는 없다고 보니까요. 물론 가끔 잘못된 부분도 없는 것은 아니지만 나름대로 정통성 있고 인정받은 번역본을 찾아서 열심히 단어를 암기한다면 그만큼 사전 찾는 시간을 줄일 수 있습니다.

중국어 원서와 국내 번역본을 갖고 공부하는 것은 각기 장단점이 있을 수 있습니다. 그러나 기초에서 중급 정도 단계까지는 번역본으로 공부하면서 어디서나 휴대가 가능한 작은 단어수첩을 만드는 게 더 낫다고 생각합니다. 병음과 우리말 의미 그리고 한자를 칸으로 구분하여 한쪽을 가리고 나머지를 확인할 수 있는 체계로 구성된 단어장을 직접 만들면 어떨까요? 수시로 암기하고 복습하고, 다시 책을 보면서 모르는 단어를 하나씩 줄여 나간다면 훨씬 더 효율적이고 경제적으로 시간을 아껴서 공부할 수 있지 않을까 생각합니다. 성조가 어느 정도 잡힌 후에는 본인의 목소리로 단어장의 내용을 녹음하는 것도 좋습니다.

단어장은 지하철과 버스 등에 앉아서, 테이프나 MP3, 보이스 레코더는 걸어다니면서 보다 효율적으로 공부를 할 수 있습니다. 단어장을 만드는 경우 100쪽 짜리 대학노트라면 10,000개 이상, 60분 테이프라면 1,000개 이상의 어휘를 기록할 수 있습니다. mp3, 보이스 레코더의 경우 60분 테이프 10개, 20개 분량도 거뜬히 녹음할 수 있지요. 필요한 단어만 편집해서 필요한 경우 자신의 목소리로 녹음할 수도 있겠지요.

작은 단어장은 휴대가 간편한 반면 원본을 잃어버리면 큰일이니 대학노트에 복사해서 복사본을 접어서 다니면 어떨까요? '다음'이나 '네이버'의 중국어 사전도 좋습니다. 일반 사전보다 훨씬 빨리 찾을 수 있고 한자를 병음으로 변환하기도 편하고 내용을 즉석에서 '한글'이나 'MS-Word'로 복사해서 편집할 수 있으니까요.

세상 많이 좋아졌지요? 그러나 잊지 마세요. 세상이 변해도 아직 외국어 학습의 진보는 본인이 투자한 절대시간과 비례하며 또한 소리내어 읽은 것, 그리고 반복학습한 것이 기억 속에 오래 남고 온전히 자기의 실력이 된다는 사실을 말입니다.

중국의 8대 명주

1. **마오타이주**(茅台酒) : 귀주성 마오타이 촌에서 생산하여 마오타이주로 불린다. 고량과 소맥을 주원료로 7번의 증류와 3년 이상 숙성 과정, 엄격한 검사를 거쳐 출고된다. 1915년 파나마 만국박람회에서 세계 3대 명주로 선정되었다.

2 **분주**(汾酒) : 산서성에서 생산된다. 1천 5백 년 역사를 자랑하는 분주는 술빛이 맑고 빛나며 향이 맑다.

3. **오량액**(五粮液) : 당나라 시대에 처음으로 양조되었다. 고량, 소맥 등 15가지 곡물로 양조하여 향기가 그윽하고 술맛이 순수하며 깨끗한 뒷맛이 일품이다.

4. **죽엽청주**(竹叶青酒) : 산서성에서 생산된다. 고량을 주 원료로 10여 가지의 천연 약재를 첨가하여 만든 술로 기(气)를 충족시키고 혈액을 잘 순환시키는 작용을 한다.

5. **양하대곡**(洋河大曲) :강소성에서 생산된다. 달콤하고 부드럽고, 연하고, 맑고, 깔끔한 향기 등 다섯 가지의 특색을 지니고 있다.

6. **노주특곡**(泸酒特曲) : 사천성 노주(泸州)에서 생산된다. 향기가 농후하고 순수한 것이 특징이다.

7. **고정공주**(古井贡酒) : 옛날 조조(曹操)가 안휘성 고정(古井)의 물을 사용하여 술을 만들어 황제에게 조공을 올려 칭찬을 받았다고 해서 이 이름이 붙었다.

8. **동주**(董酒) : 동주는 고량을 주 원료로 산천수를 사용하고 여기에 1백 30종의 유명 약재를 첨가하여 만든다.

제 16 장

공항에서 호텔까지

1. 기내에서
2. 짐 찾기, 입국심사
3. 세관과 환전
4. 공항에서 호텔까지
5. 방 구하기
6. 체크인
7. 룸서비스
8. 불편 신고
9. 귀중품 보관
10. 체크아웃

Part.1 기내에서

주요표현

워먼 지디엔 따오

A: 我们几点到?

Wǒmen jǐ diǎn dào?

몇 시에 도착합니까?

워먼 샤우 량디엔 따오다

B: 我们下午两点到达。

Wǒmen xiàwǔ liǎng diǎn dàodá.

우리는 오후 2시에 도착합니다.

표현늘리기

• 저의 자리는 어디입니까?

我的座位在哪儿? Wǒ de zuòwèi zài nǎr?

워더 쭈오웨이 짜이 날

• 이것은 무료인가요?

这是免费的吗? Zhè shì miǎnfèi de ma?

쩌 스 미엔쉐이더 마

• 냉수 한 잔 주세요.

请给我一杯凉水。 Qǐng gěi wǒ yì bēi liángshuǐ.

칭 게이워 이뻬 량쉐이

• 한국인 스튜어디스는 없습니까?

有没有韩国人空中小姐?

Yǒu mei yǒu Hánguórén kōngzhōng xiǎojiě?

요우메이요우 한궈런 콩종샤오제

• 이 입국카드를 어떻게 쓰는지 알려 주세요.

请告诉我，这张入境卡怎么填写。

Qǐng gàosu wǒ, zhè zhāng rùjìngkǎ zěnme tiánxiě,

칭 까오수 워 쩌장 루징카 쩐머 티엔시에

• 음료를 조금만 더 주세요.

给我再加点饮料。

Gěi wǒ zài jiā diǎn yǐnliào.

게이워 짜이 쟈디엔 인랴오

• 컵을 바꿔 주세요.

给我换一个杯子。

Gěi wǒ huàn yí ge bēizi.

게이워 환 이거 뻬이즈

• 식기세트를 치워 주세요. 화장실에 가려고 합니다.

请收掉餐具，我出去方便一下。

Qǐng shōudiào cānjù, wǒ chūqù fāngbiàn yíxià.

칭 쇼우댜오 찬쥐 워 추취 팡비엔 이샤

• 서비스 태도가 정말 좋으시네요.

你的服务态度真好。

Nǐ de fúwù tàidù zhēn hǎo.

니더 푸우 타이뚜 쩐 하오

• 면세품을 사려고 하니 카탈로그를 주십시오.

我要买一些免税品，请给我免税品目录表。

Wǒ yào mǎi yìxiē miǎnshuìpǐn, qǐng gěi wǒ miǎnshuìpǐn mùlùbiǎo.

워 야오 마이 이시에 미엔쉐이핀 칭 게이 워 미엔쉐이핀 무루뱌오

• 현지 시간은 몇 시입니까?

到达地的时间是几点?

Dàodádì de shíjiān shì jǐ diǎn?

따오다띠더 스지엔 스 지디엔

Part.2 짐 찾기, 입국심사

주요표현

짜이 날 취 씽리

A: 在哪儿取行李?

Zài nǎr qǔ xíngli?

어디에서 짐을 찾습니까?

호우미엔 요우 취 씽리더 띠팡

B: 后面有取行李的地方。

Hòumiàn yǒu qǔ xíngli de dìfang.

뒤쪽에 짐 찾는 곳이 있습니다.

표현늘리기

• 저의 짐이 보이지 않습니다.

我的行李不见了。 Wǒ de xíngli bú jiàn le.

워더 씽리 부지엔러

• 제 짐을 찾아 주세요.

请您查一下我的行李。 Qǐng nín chá yíxià wǒ de xíngli.

칭 닌 차 이샤 워더 씽리

• 이것은 제 가방입니다.

这是我的包。 Zhè shì wǒ de bāo.

쩌 스 워더 빠오

• 이것은 제 짐의 라벨입니다.

这是我行李的行李牌。

Zhè shì wǒ xíngli de xínglipái.

쩌 스 워 씽리더 씽리파이

• 짐 하나가 아직 도착하지 않았습니다.

有一件行李还没有到。

Yǒu yí jiàn xíngli hái méiyǒu dào.

요우 이지엔 씽리 하이메이요우 따오

• 나는 대한항공[아시아나항공]을 타고 왔습니다.

我是坐大韩航空[韩亚航空]班机到的。

Wǒ shì zuò Dàhán Hángkōng [Hányà Hángkōng] bānjī dào de.

워 스 쭈오 따한항콩 [한야항콩] 빤지 따오더

• 당신이 중국에 온 목적은 무엇입니까?

你到中国来的目的是什么?

Nǐ dào Zhōngguó lái de mùdì shì shénme?

니 따오 중궈 라이더 무디 스 션머

• 저는 관광하러 왔습니다. / 저는 사업차 왔습니다.

我是来旅行的。/ 我是来洽谈商务的。

Wǒ shì lái lǚxíng de. / Wǒ shì lái qiàtán shāngwù de.

워 스 라이 뤼싱더 / 워 스 라이 치아탄샹우더

• 당신은 중국에서 며칠 머물 예정입니까?

你在中国停留几天?

Nǐ zài Zhōngguó tíngliú jǐ tiān?

니 짜이 쭝궈 팅리우 지티엔

• 저는 4일간 머물 예정입니다.

我预定停留四天。

Wǒ yùdìng tíngliú sì tiān.

워 위딩 팅리우 쓰티엔

• 이것은 저의 여권과 입국카드입니다.

这是我的护照和入境卡。

Zhè shì wǒ de hùzhào hé rùjìngkǎ.

쩌 스 워더 후쟈오 허 루징카

주요표현

니 요우 야오 션빠오더 똥시 마

A: 你有要申报的东西吗? 신고할 물건이 있습니까?

Nǐ yǒu yào shēnbào de dōngxi ma?

워 메이요우 야오 션빠오더 똥시

B: 我没有要申报的东西。 신고할 물건이 없습니다.

Wǒ méiyǒu yào shēnbào de dōngxi.

표현늘리기

• 저는 위스키 두 병을 가지고 있습니다.

我有两瓶威士忌。

Wǒ yǒu liǎng píng wēishìjì.

워 요우 량핑 웨이스지

• 이것은 친구에게 줄 선물입니다.

这是送给朋友的礼物。

Zhè shì sònggěi péngyou de lǐwù.

쩌 스 쏭게이 펑요우더 리우

• 이것도 신고해야 합니까?

这个也要申报吗?

Zhège yě yào shēnbào ma?

쩌거 예 야오 션빠오 마

• 이 카메라는 제가 쓰는 겁니다.

这架照相机是我自己用的。

Zhè jià zhàoxiàngjī shì wǒ zìjǐ yòng de.

쩌 쟈 쟈오샹지 스 워 쯔지 용더

• 이 가방 안에는 무엇이 들었습니까?

你这个包里是什么?

Nǐ zhège bāo lǐ shì shénme?

니 쩌거 빠오 리 스 션머

• 이것은 저의 휴대 물품입니다.

这是我随身用品。

Zhè shì wǒ suíshēn yòngpǐn.

쩌 스 워 쒜이션 용핀

• 환전소가 어디에 있습니까?

换钱所在哪儿?

Huànqiánsuǒ zài nǎr?

환치엔쑤오 짜이 날

• 저는 800 달러를 환전하려고 합니다.

我要兑换800美元。

Wǒ yào duìhuàn bābǎi měiyuán.

워 야오 뛔이환 빠바이 메이위엔

• 저는 미국 달러 [한화]를 바꾸려고 합니다.

我要兑换美元 [韩币]。

Wǒ yào duìhuàn měiyuán [hánbì].

워 야오 뛔이환 메이위엔 [한삐]

• 환전해 주세요.

请换一下钱。

Qǐng huàn yíxià qián.

칭 환이샤 치엔

• 동전 [지폐]로 바꿔 주세요.

请换成硬币 [纸币]。

Qǐng huànchéng yìngbì [zhǐbì].

칭 환청 잉삐 [즈삐]

주요표현

닌 취 날
A: 您去哪儿? 어디로 가십니까?
Nín qù nǎr?

취 베이징 판디엔 바
B: 去北京饭店吧。 베이징 호텔로 가 주세요.
Qù Běijīng fàndiàn ba.

표현늘리기

- 카트는 어디에 있습니까?

行李车在哪儿?
Xínglichē zài nǎr?
씽리처 짜이 날

- 안내소는 어디에 있습니까?

问讯处在哪儿?
Wènxùnchù zài nǎr?
원쉰추 짜이 날

- 택시 승차장은 어디에 있습니까?

出租汽车站在哪儿?
Chūzū qìchēzhàn zài nǎr?
추주치처짠 짜이 날

- 짐을 택시까지 옮겨 주세요.

请把行李搬到出租汽车上。
Qǐng bǎ xíngli bān dào chūzū qìchē shang.
칭 바 씽리 빤따오 추주치처샹

• 기사님, 트렁크를 열어 주세요. 짐을 싣겠습니다.

司机, 把后备箱打开, 我要装行李。

Sījī, bǎ hòubèixiāng dǎkāi, wǒ yào zhāng xíngli.

쓰지 바 호우뻬이시앙 다카이 워 야오 주앙 씽리

• 기사님, 남경로로 가려고 합니다.

司机, 我去南京路。

Sījī, wǒ qù Nánjīnglù.

쓰지 워 취 난징루

• 리무진 버스는 어디에서 섭니까?

机场班车在哪儿停车?

Jīchǎng bānchē zài nǎr tíngchē?

찌창 빤처 짜이 날 팅처

• 차 표는 얼마인가요?

车票是多少钱?

Chēpiào shì duōshao qián?

처퍄오 스 뚜오샤오 치엔

• 이 버스는 호텔로 가는데 얼마나 걸립니까?

这巴士去饭店得多长时间?

Zhè bāshì qù fàndiàn děi duōcháng shíjiān?

쩌 빠스 취 판디엔 데이 뚜오창 스지엔

• 이 차는 시내 어디어디에서 정차합니까?

这车在市里哪些地方停车?

Zhè chē zài shìlǐ nǎxiē dìfang tíngchē?

쩌 처 짜이 스리 나시에 띠팡 팅처

• 저희는 몇 개 주요 호텔 앞에서 모두 정차합니다.

我们在几个主要的饭店前, 都停车。

Wǒmen zài jǐ ge zhǔyào de fàndiàn qián, dōu tíngchē.

워먼 짜이 지거 주야오더 판디엔 치엔 또우 팅처

Part.5 방 구하기

주요표현

요우 팡지엔 마
A: 有房间吗? 방 있습니까?
Yǒu fángjiān ma?

닌 야오 션머양더 팡지엔
B: 您要什么样的房间? 어떤 방을 원하시지요?
Nín yào shénmeyàng de fángjiān?

표현늘리기

• 하루 숙박에 얼마입니까?
住一天多少钱?
Zhù yì tiān duōshao qián?
쭈 이티엔 뚜오샤오 치엔

• 싱글 룸으로 부탁합니다.
要单人间。
Yào dānrénjiān.
야오 딴런지엔

• 그 방에 에어컨은 딸려 있습니까?
那个房间有空调吗?
Nàge fángjiān yǒu kōngtiáo ma?
나거 팡지엔 요우 콩탸오 마

• 이미 손님이 찼습니다. 죄송합니다.
已经客满了,对不起。
Yǐjing kè mǎn le, duìbuqǐ.
이징 커 만러 뛔이부치

• 어서 오세요! 주무실 건가요?

欢迎光临！ 你要住宿吗?

Huānyíng guānglín! Nǐ yào zhù sù ma?

환잉 꽝린 니 야오 쭈쑤 마

• 예, 숙박할 겁니다. 방 있습니까?

对，我要住宿。 有房间吗。

Duì, wǒ yào zhù sù. Yǒu fángjiānn ma?

뛔이 워 야오 쭈쑤 요우 팡지엔마

• 어떤 방을 원하시나요?

你要什么样的房间?

Nǐ yào shénme yàng de fángjiān?

니 야오 션머양더 팡지엔

• 욕실이 딸려 있는 표준실을 부탁합니다. 하루에 얼맙니까?

要有浴室的标准间。 一天多少?

Yào yǒu yùshì de biāozhǔnjiān. Yìtiān duōshao?

야오 위스더 뱌오준지엔 이티엔 뚜오샤오

• 하루에 500 위안입니다.

一天五百块 。

Yìtiān wǔbǎi kuài.

이티엔 우바이 콰이

• 3일 숙박할 예정입니다. 보증금이 필요한가요?

我打算住三天。需要押金吗?

Wǒ dǎsuan zhù sān tiān. Xūyào yājīn ma?

워 다쑤안 쭈 싼티엔 쉬야오 야찐 마

• 그렇습니다. 보증금은 하루에 200 위안, 3일이면 600 위안입니다.

是的，押金一天200元，三天的话600元。

Shìde, yājīn yì tiān èrbǎi yuán, sān tiān dehuà liùbǎi yuán.

스더 야찐 이티엔 얼바이 위엔 싼티엔더화 리우바이 위엔

Part.6 체크인

주요표현

야오 띵거 팡지엔
A: 要订个房间。 체크인하려고 합니다.
Yào dìng ge fángjiān.

위띵러 마
B: 预订了吗? 예약하셨습니까?
Yùdìng le ma?

표현늘리기

• 여기 써 넣어 주십시오.
在这里填写吧。
Zài zhèlǐ tiánxiě ba.
짜이 쩌리 티엔시에 바

• 아침식사는 몇 시부터 어디에서 먹습니까?
早餐几点开始，在哪儿吃呢?
Zǎocān jǐ diǎn kāishǐ, zài nǎr chī ne?
자오찬 지디엔 카이스 짜이 날 츠 너

• 체크아웃은 몇 시입니까?
退房时间是几点?
Tuìfáng shíjiān shì jǐ diǎn?
퉤이팡 스지엔 스 지디엔

• 이것은 방 열쇠입니다, 손님 방은 612호실입니다.
这是房间钥匙，您的房间是六一二号。
Zhè shì fángjiān yàoshi, nín de fángjiān shì liù-yāo-èr hào.
저 스 팡지엔 야오스 닌더 팡지엔 스 리우야오얼 하오

• 할인이 가능한가요?

可以打折扣吗?

Kěyǐ dǎ zhékòu ma?

커이 다 저코우 마

• 체크인하려고 합니다.

我要办登记手续。

Wǒ yào bàn dēngjì shǒuxù.

워 야오 빤 떵찌 쇼우쉬

• 예약하셨나요?

预订了吗?

Yùdìng le ma?

위띵러 마

• 예, 공항에서 예약했습니다.

是，在机场预订了。

Shì, zài jīchǎng yùdìng le.

스 짜이 찌창 위띵러

• 제 이름이 있는지 봐 주시죠. 전 김명덕이라고 합니다.

请查一下我的名字。我叫金明德。

Qǐng chá yíxià wǒ de míngzi. Wǒ jiào Jīn Míngdé.

칭 차 이샤 워더 밍즈 워 쟈오 찐밍더

• 아, 찾았습니다. 짐 있으십니까?

啊! 找到了，有没有行李?

Ā! Zhǎo dào le, yǒu mei yǒu xíngli.

아 쟈오따오러 요우메이요우 씽리

• 있습니다. 짐을 제 방까지 좀 가져다 주세요.

有，请把我的行李送到房间去。

Yǒu, qǐng bǎ wǒ de xíngli sòng dào fángjiān qù.

요우 칭 바 워더 씽리 쏭따오 팡지엔 취

Part.7 룸서비스

주요표현

쩌 스 쓰야오빠 하오 팡지엔 요우 쑹찬 푸우 마
A: 这是418号房间，有送餐服务吗？
Zhè shì sì - yāo - bā hào fángjiān, yǒu sòngcān fúwù ma?
418호입니다. 식사를 방까지 가져다 주실 수 있습니까?

요우 워먼 마샹 취 나
B: 有，我们马上去。
Yǒu, wǒmen mǎshang qù.
됩니다. 금방 가겠습니다.

표현늘리기

• 모닝콜 서비스를 부탁합니다.
要叫醒服务。 Yào jiàoxǐng fúwù.
야오 쟈오씽 푸우

• 식당은 어디에 있지요?
餐厅在哪儿? Cāntīng zài nǎr?
찬팅 짜이 날

• 재떨이를 가져다 주세요.
把烟灰缸拿来。 Bǎ yānhuīgāng ná lái.
바 옌훼이깡 나라이

• 이것은 유료 텔레비전입니까?
这是收费电视吗?
Zhè shì shōufèi diànshì ma?
쩌 스 쇼우페이 띠엔스 마

• 이 전화는 어떻게 쓰지요?

这个电话怎么用?

Zhège diànhuà zěnme yòng?

쩌거 띠엔화 쩐머 용

• 화장실 휴지가 없습니다.

卫生间里没有卫生纸。

Wèishēngjiān lǐ méi yǒu wèishēngzhǐ.

웨이셩지엔 리 메이요우 웨이셩즈

• 제 방을 청소해 주세요.

请把我的房间收拾一下。

Qǐng bǎ wǒ de fángjiān shōushi yíxià.

칭 바 워더 팡지엔 쇼우스 이샤

• 냉장고 안의 음료수는 어떻게 비용을 지불합니까?

冰箱里的饮料怎么收费?

Bīngxiāng lǐ de yǐnliào zěnme shōufèi?

삥시앙 리더 인랴오 쩐머 쇼우페이

• 제게 수건과 샴푸를 가져다 주세요.

给我送一个毛巾和一个洗发精。

Gěi wǒ sòng yí ge máojīn hé yí ge xǐfàjīng.

게이 워 쏭 이거 마오찐 허 이거 씨파징

• 여기 315호인데요. 세탁서비스 됩니까?

这是315房间,有没有洗衣服务?

Zhè shì sān - yāo - wǔ fángjiān, yǒu mei yǒu xǐyī fúwù.

쩌 스 싼야오우 팡지엔 요우메이요우 씨이 푸우

• 세탁할 옷을 세탁 봉투에 넣어 문 앞에 걸어 두세요.

请把要洗的衣服放在洗衣带里,然后挂在门把上。

Qǐng bǎ yào xǐ de yīfu fàng zài xǐyīdài lǐ, ránhòu guà zài ménbǎ shàng.

칭 바 야오 씨더 이푸 팡짜이 씨이따이 리 란호우 꽈짜이 먼바샹

Part.8 불편 신고

주요표현

띠엔스 추 꾸장러

A: 电视出故障了。 텔레비전이 고장났습니다.

Diànshì chū gùzhàng le.

야오콩 주앙타이 하오

B: 遥控状态不太好。 리모컨이 좀 안 좋네요.

Yáokòng zhuàngtài bú tài hǎo.

표현늘리기

• 룸서비스인가요?

是客房服务吗?

Shì, kèfáng fúwù ma?

스 커팡 푸우 마

• 이 헤어드라이어를 수리해 주십시오.

请修理修理这个吹风机。

Qǐng xiūlǐ xiūlǐ zhè ge chuīfēngjī.

칭 시우리시우리 쩌거 췌이펑지

• 온수가 나오지 않습니다.

没有热水。

Méiyǒu rèshuǐ.

메이요우 러쉐이

• 건전지를 갈아 주십시오.

换电池吧。

Huàn diànchí ba.

환 띠엔츠 바

• 저는 방을 바꾸고 싶습니다.

我要换个房间。

Wǒ yào huàn ge fángjiān.

워 야오 환거 팡지엔

• 변기의 물이 내려가지 않습니다.

马桶的水冲不下去。

Mǎtǒng de shuǐ chōng bú xiàqù.

마통더 쉐이 충부샤취

• 안경을 망가뜨렸습니다. 근처에 안경점이 있나요?

把眼镜弄坏了。附近有眼镜店吗?

Bǎ yǎnjìng nòng huài le. Fùjìn yǒu yǎnjìngdiàn ma?

바 옌징 농 화이러 푸찐 요우 옌징띠엔 마

• 그리고 방이 너무 덥습니다. 에어컨이 고장난 것 같습니다.

还有房间太热,好像空调坏了。

Háiyǒu fángjiān tài rè, hǎoxiàng kōngtiáo huài le.

하이요우 팡지엔 타이 러 하오시앙 콩탸오 화이러

• 룸서비스입니다. 무슨 일이시지요?

房间服务台,有什么事吗?

Fángjiān fúwùtái, yǒu shénme shì ma?

팡지엔 푸우타이 요우 션머 스 마

• 방이 너무 추워요. 난방이 고장난 것 같습니다.

房间太冷,好像暖气坏了。

Fángjiān tài lěng, hǎoxiàng nuǎnqì huài le.

팡지엔 타이 렁 하오시앙 누안치 화이러

• 잠시만 기다리세요. 금방 가 보겠습니다.

请等一下,我马上就去。

Qǐng děng yíxià, wǒ mǎshang jiù qù.

칭 덩 이샤 워 마샹 지우 취

Part.9 귀중품 보관

주요표현

넝 바오관 꿰이종우핀 마

A: 能保管贵重物品吗?

Néng bǎoguǎn guìzhòng wùpǐn ma?

귀중품을 맡아 주실 수 있습니까?

넝 쩌리 티엔시에 씽밍 허 팡지엔 하오마

B: 能,这里填写姓名和房间号码。

Néng, zhèli tiánxiě xìngmíng hé fángjiān hàomǎ.

네, 여기에 이름과 방 번호를 써 주십시오.

표현늘리기

- 제 짐을 찾으려 합니다.

  我要取行李。 Wǒ yào qǔ xíngli.

  워 야오 취 씽리

- 호텔에 물건 보관소가 있습니까?

  饭店里有没有寄存处? Fàndiàn lǐ yǒu mei yǒu jìcúnchù?

  판디엔리 요우메이요우 찌춘추

- 이 짐을 저녁까지 맡아 주십시오.

  把这个行李存到晚上。 Bǎ zhè ge xíngli cún dào wǎnshang.

  바 쩌거 씽리 춘따오 완샹

- 짐 보관료는 하루에 얼마인가요?

  行李寄存费一天多少钱?

  Xíngli jìcúnfèi yìtiān duōshao qián?

  씽리 찌춘페이 이티엔 뚜오샤오 치엔

- 제가 이곳에 귀중품을 맡겨 두었는데요.

我把贵重品存到你们这儿了 。
Wǒ bǎ guìzhòngpǐn cúndào nǐmen zhèr le.
워 바 꿰이종핀 춘 따오 니먼 쩔러

- 알겠습니다. 잠깐만 기다리세요.

知道了请等一下 。
Zhīdào le qǐng děng yíxià.
쯔다오러 칭 덩이샤

- 객실열쇠는 여기 있습니다.

客房钥匙在这儿。
Kèfáng yàoshi zài zhèr.
커팡 야오스 짜이 쩔

- 뭐 다른 필요하신 것이 있으신가요?

还需要什么帮助吗?
Hái xūyào shénme bāngzhù ma?
하이 쉬야오 션머 빵주 마

- 짐을 로비까지 갖다 주세요.

请把行李送到楼下大厅。
Qǐng bǎ xíngli sòngdào lóuxià dàtīng.
칭 바 씽리 쏭따오 로우샤 따팅

Tip

호텔의 물건 보관소는 대부분 무료로 이용할 수 있으며 기차역 부근에는 저렴하게 이용할 수 있는 유료 보관소가 설치되어 있다. 물건을 맡기고 찾을 때는 동사 '寄存'과 '取'를 사용한다.

一个包,寄存一天多少钱? Yí ge bāo, jìcún yìtiān duōshao qián?
가방 하나를 하루 맡기는 데 얼마입니까?

Part. 10 체크아웃

주요표현

워 야오 퉤이팡 칭 지에짱 바

A: 我要退房，请结帐吧。

Wǒ yào tuìfáng, qǐng jiézhàng ba.

체크아웃하려고 합니다. 계산해 주세요.

닌더 밍즈 허 팡지엔 하오마 너

B: 您的名字和房间号码呢?

Nín de míngzi hé fángjiān hàomǎ ne?

당신의 이름과 방 번호는요?

표현늘리기

- 저는 내일 아침에 떠나려고 합니다.

我要明天一早离开。

Wǒ yào míngtiān yì zǎo líkāi.

워 야오 밍티엔 이자오 리카이

- 저는 하루 더 묵을 생각입니다.

我想再住一天。

Wǒ xiǎng zài zhù yìtiān.

워 시앙 짜이 쭈 이티엔

- 프런트, 체크아웃하려고 합니다. 계산서를 준비해 주세요.

服务台，我要退房，请准备我的帐单。

Fúwùtái, wǒ yào tuìfáng, qǐng zhǔnbèi wǒ de zhàngdān.

푸우타이 워 야오 퉤이팡 칭 준뻬이 워더 짱딴

• 저는 체크아웃하려고 합니다. 얼만가요?

我想退房，多少钱?

Wǒ xiǎng tuìfáng, duōshao qián?

워 시앙 퉤이팡 뚜오샤오 치엔

• 저는 냉장고 안의 음료를 하나 마셨습니다.

我喝了冰箱里的一个饮料。

Wǒ hē le bīngxiāng lǐ de yí ge yǐnliào.

워 허러 삥시앙 리더 이거 인랴오

• 계산서를 주세요.

请给我帐单。

Qǐng gěi wǒ zhàngdān.

칭 게이 워 짱딴

• 이것은 무슨 비용인가요?

这是什么费用?

Zhè shì shénme fèiyòng?

쩌 스 션머 페이용

• 이것이 보증금에서 비용을 공제한 금액인가요?

这是从订金里扣除费用之后的价格吗?

Zhè shì cóng dìngjīn lǐ kòuchú fèiyòng zhīhòu de jiàgé ma?

쩌 스 총 띵찐 리 코우추 페이용 쯔호우더 쟈거 마

• 보증금을 방값에 포함하여 함께 계산해 주세요.

押金算作房费一起结算。

Yājīn suànzuò fángfèi yìqǐ jiésuàn.

야찐 쑤안쭈오 팡페이 이치 지에쑤안

• 신용카드로 결재해도 됩니까?

我可以用信用卡结帐吗?

Wǒ kěyǐ yòng xìnyòngkǎ jiézhàng ma?

워 커이 용 씬용카 지에짱 마

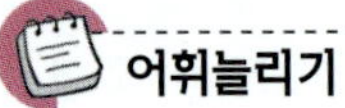

어휘늘리기

본문 중요 어휘

包	bāo	가방
北京饭店	Běijīng Fàndiàn	베이징 호텔
标准间	biāozhǔnjiān	표준실 (2인실)
宾馆	bīnguǎn	호텔
不舒服	bù shūfu	불편하다
餐具	cānjù	식기세트
查	chá	사전 · 장부 따위를 뒤적여서 찾다
出租汽车	chūzū qìchē	택시
吹风机	chuīfēngjī	헤어드라이어
存	cún	저축하다, 맡기다
大韩航空	Dàhán Hángkōng	대한항공
大厅	dàtīng	로비
大厦	dàshà	호텔, 빌딩, 맨션
单人间	dānrénjiān	싱글룸
到达	dàodá	도착하다
到达地	dàodádì	도착지, 현지
登记	dēngjì	등록, 체크인, 체크인하다
电池	diànchí	건전지
订房间	dìng fángjiān	체크인 하다
兑换	duìhuàn	환전하다
饭店	fàndiàn	호텔
房间	fángjiān	방
费用	fèiyòng	비용
服务台	fúwùtái	프런트
贵重品	guìzhòngpǐn	귀중품
贵重物品	guìzhòng wùpǐn	귀중품
韩币	hánbì	한국 돈

韩亚航空	Hányà Hángkōng	아시아나항공
后备箱	hòubèixiāng	차 트렁크
护照	hùzhào	여권
换钱	huànqián	환전하다
换钱所	huànqiánsuǒ	환전소
机场班车	jīchǎng bānchē	리무진 버스
寄存处	jìcúnchù	물건 보관소
寄存费	jìcúnfèi	보관료
叫醒服务	jiàoxǐng fúwù	모닝콜 서비스
金明德	Jīn Míngdé	김명덕 (사람이름)
客房	kèfáng	객실
客房服务	kèfáng fúwù	룸서비스
空中小姐	kōngzhōng xiǎojiě	스튜어디스
离开	líkāi	떠나다
礼物	lǐwù	선물
凉水	liángshuǐ	냉수
楼下	lóuxià	아래층
旅行	lǚxíng	여행
马桶	mǎtǒng	변기
毛巾	máojīn	수건
美元	měiyuán	미국 달러
免费	miǎnfèi	무료
免税品	miǎnshuìpǐn	면세품
明天	míngtiān	내일
目的	mùdì	목적
洽谈商务	qiàtán shāngwù	사업 협의
取	qǔ	찾다
取行李	qǔ xíngli	짐을 찾다
热水	rèshuǐ	온수

어휘늘리기

入境卡	rùjìngkǎ	입국카드
申报	shēnbào	신고하다
收费	shōufèi	돈을 받다
收音机	shōuyīnjī	라디오
手续	shǒuxù	수속
司机	sījī	운전기사
送餐服务	sòngcān fúwù	식사배달 서비스
送到	sòngdào	보내다(짐), 바래다 주다(사람)
随身用品	suíshēn yòngpǐn	휴대 물품
调	tiáo	조절하다
停留	tíngliú	머물다
退房	tuìfáng	체크아웃
威士忌	wēishìjì	위스키
卫生间	wèishēngjiān	화장실
卫生纸	wèishēngzhǐ	휴지
问讯处	wènxùnchù	안내소
洗发精	xǐfàjīng	샴푸
洗衣服务	xǐyī fúwù	세탁서비스
行李	xíngli	짐
行李车	xínglichē	카트
行李牌	xínglipái	짐 라벨
修好	xiūhǎo	잘 수리하다
修理	xiūlǐ	수리하다
押金	yājīn	보증금
眼镜	yǎnjìng	안경
钥匙	yàoshi	열쇠
一天	yìtiān	하루
硬币	yìngbì	동전
预订	yùdìng	예약(하다)

浴室	yùshì	욕실
照相机	zhàoxiàngjī	카메라
帐单	zhàngdān	계산서
找到	zhǎodào	수소문하여 찾다
纸币	zhǐbì	지폐
住	zhù	숙박하다, 머물다
住宿	zhùsù	묵다, 숙박하다
状态	zhuàngtài	상태
座位	zuòwèi	자리, 좌석

관련 어휘

호텔 객실 안의 물품들

房间卡	fángjiānkǎ	객실카드
电视	diànshì	텔레비전
电冰箱	diànbīngxiāng	냉장고
空调	kōngtiáo	에어컨
暖气	nuǎnqì	난방기, 스팀
遥控	yáokòng	리모컨
行李架	xínglijià	선반
插座	chāzuò	콘센트
镜子	jìngzi	거울
壁灯	bìdēng	벽등
毛巾	máojīn	타월, 수건
拖鞋	tuōxié	슬리퍼

고궁과 천안문

고궁박물관은 자금성(紫禁城)이라고도 불리는, 가장 완벽하게 보존된 중국 최대의 고건축물이자 세계 최대의 박물관으로 북경시의 중심에 있다. 명(明) · 청(清) 두 왕조의 황궁으로 명의 영락제(英乐帝)가 1406년부터 1420년까지 14년간에 걸쳐 건조했으며, 1949년 중국 공산당 정부 수립 후에 일반에 공개되었다. 현재는 그림 · 도자기 · 공예품 등을 전시하는 전시실로 이용되고 있다. 72만㎡의 부지에 건설된 고궁은 크게 외조(外朝)와 내정(内庭)으로 구분된다. 남문인 오문(午门)에서 보화전(保和殿)까지의 외조는 황제가 집무를 하던 곳이고, 보화정 북쪽의 건청궁(干清宫)을 비롯한 내정은 황제와 그 가족들이 거주하던 곳이다.

왕궁의 정문인 천안문은 명나라 초기에 창건되었다. 처음에는 승천문(承天门)이라고 하였으나, 1651년에 개축할 때 천안문으로 개명하였다. 국가적 대 행사 때에는 반드시 이 문이 사용되고 있으며, 마오쩌둥(毛泽东)은 그 문루에서 1949년 10월 1일 중국 공산당 정부 수립을 선언하였다. 문 앞의 천안문 광장은 40만 명을 수용할 수 있는데 1919년의 5 · 4운동 이래 중국인들의 시위 집회에 많이 이용되었으며, 1949년의 중국 정권 수립식도 여기서 행해졌다. 해마다 노동절과 국경절에는 퍼레이드가 벌어지며, 천안문 문루는 그 사열대가 된다.

제 17 장

여러가지 상황1

1. 도서관에서
2. 은행에서
3. 우체국에서
4. 미용실에서
5. 자전거 대여
6. 지전거 수리
7. 공원(동물원, 식물원, 수족관)
8. 종교에 대해서

Part.1 도서관에서

주요표현

워 커이 지에 뚜오창 스지엔

A: 我可以借多长时间? 얼마동안 대출이 가능합니까?

Wǒ kěyǐ jiè duōcháng shíjiān?

커이 지에 이거 씽치

B: 可以借一个星期。 1주일입니다.

Kěyǐ jiè yí ge xīngqī.

표현늘리기

- 책 좀 빌리려고 합니다.

我要借书。 Wǒ yào jiè shū.

워 야오 지에 슈

- 이 책을 빌릴 수 있을까요?

我可以借这本书吗? Wǒ kěyǐ jiè zhè běn shū ma?

워 커이 지에 쩌 번 슈 마

- 그 책은 발릴 수 없습니다.

那本书不能借去。 Nà běn shū bùnéng jiè qù.

나 번 슈 뿌넝 지에취

- 빌려드릴 수 있습니다.

可以借给你。 Kěyǐ jiè gěi nǐ.

커이 지에 게이니

- 식권은 어디서 팝니까?

哪儿卖饭票? Nǎr mài fànpiào?

날 마이 판퍄오

• 사전과 잡지도 빌릴 수 있나요?

词典和杂志也可以借吗?

Cídiǎn hé zázhì yě kěyǐ jiè ma?

츠디엔 허 자쯔 예 커이 지에 마

• 고정된 자리는 없습니다.

没有固定座位。

Méiyǒu gùdìng zuòwèi.

메이요우 꾸띵 쭈오웨이

• 도서대출증 좀 보여 주세요.

给我看借书证。

Gěi wǒ kàn jièshūzhèng.

게이워 칸 지에슈쩡

• 여기 있습니다. 보여드리죠.

这儿有,给你看。

Zhèr yǒu, gěi nǐ kàn.

쩔 요우 게이니 칸

• 한번에 몇 권까지 빌릴 수 있죠?

一次能借几本书?

Yí cì néng jiè jǐ běn shū?

이츠 넝 지에 지번 슈

• 한번에 4권까지요, 몇 권 빌리실 건가요?

一次可以借四本,你要借几本?

Yí cì kěyǐ jiè sì běn, nǐ yào jiè jǐ běn?

이츠 커이 지에 쓰번 니 야오 지에 지 번

• 만약 반납이 늦으면 벌금을 내야 합니다.

如果过期了,你得交罚款。

Rúguǒ guòqī le, nǐ děi jiāo fákuǎn.

루궈 궈치러 니 데이 쟈오 파콴

Part.2 은행에서

주요표현

니 요우 짱후 마
A: 你有帐户吗?
Nǐ yǒu zhànghù ma?
당신은 계좌를 갖고 계십니까?

요우 쩌 스 워더 짱후
B: 有,这是我的帐号。
Yǒu, zhè shì wǒ de zhànghào.
있습니다, 이것이 제 계좌번호입니다.

표현늘리기

• 돈을 좀 찾으려고 합니다.
要取点钱。 Yào qǔ diǎn qián.
야오 취 디엔 치엔

• 저에게 신청 용지를 한 장 주십시오.
请给我一张申请单。 Qǐng gěi wǒ yì zhāng shēnqǐngdān.
칭 게이워 이장 션칭딴

• 여기 뭘 쓰면 됩니까?
这里都写什么? Zhèli dōu xiě shénme?
쩌리 또우 씨에 션머

• 잔돈으로 바꾸어 주시겠습니까?
可以换零钱吗?
Kěyǐ huàn língqián ma?
커이 환 링치엔 마

• 한국으로 송금하려고 합니다.

我要向韩国汇款。

Wǒ yào xiàng Hánguó huìkuǎn.

워 야오 훼이 한궈 훼이콴

• 계좌는 있으시죠?

你有帐户吗?

Nǐ yǒu zhànghù ma?

니 요우 짱후 마

• 있습니다. 어떻게 처리하죠?

有,该怎么办手续?

Yǒu, gāi zěnme bàn shǒuxù?

요우 까이 쩐머빤 쇼우쉬

• 우선 신청서 쓰시고요.

你要先填写申请书。

Nǐ yào xiān tiánxiě shēnqǐngshū.

니 야오 티엔시에 션칭슈

• 수수료는 얼마입니까?

汇款手续费多少钱?

Huìkuǎn shǒuxùfèi duōshao qián?

훼콴 쇼우쉬페이 뚜오샤오 치엔

• 건당 10 위안입니다.

每件十块。

Měi jiàn shí kuài.

메이 지엔 스 콰이

• 송금 유의사항을 알려 주세요.

请告诉我汇款须知。

Qǐng gàosu wǒ huìkuǎn xūzhī.

칭 까오수 워 훼이콴 쉬쯔

주요표현

칭 바 쩌거 빠오궈 찌따오 한궈
A: 想把这个包裹寄到韩国。
Xiǎng bǎ zhège bāoguǒ jì dào Hánguó.
이 짐을 한국으로 부치려고 하는데요.

야오 콩요우 마
B: 要空邮吗?
Yào kōngyóu ma?
항공우편입니까?

표현늘리기

• 이 소포를 부치려고 합니다.

寄个包裹。 Jì ge bāoguǒ.
찌거 빠오궈

• 이것을 속달 우편으로 보내려고 합니다.

这个要用快信。 Zhège yào yòng kuàixìn.
쩌거 야오 요우 용 콰이씬

• 여기 주소와 이름을 써 넣어 주십시오.

这里填写地址和姓名。 Zhèli tián xiě dìzhǐ hé xìngmíng.
쩌리 티엔시에 띠즈 허 씽밍

• 한국까지 항공편으로 부치려고 합니다. 얼마입니까?

空邮到韩国,要多少钱?
Kōngyóu dào Hánguó, yào duōshao qián?
콩요우 따오 한궈 야오 뚜오샤오 치엔

• 한국으로 소포를 부치려고 하는데요.

我想把包裹寄到韩国。

Wǒ xiǎng bǎ bāoguǒ jì dào Hánguó.

워 시앙 바 빠오궈 지 따오 한궈

• 우선 열어 보세요.

请先打开一下。

Qǐng xiān dǎkāi yíxià.

칭 시엔 다카이 이샤

• 책 4권밖에 없습니다.

只有四本书。

Zhǐyǒu sì běn shū.

즈 요우 쓰번 슈

• 항공우편입니까, 선박우편입니까?

要空邮还是船运?

Yào kōngyóu háishi chuányùn?

야오 콩요우 하이스 추안윈

• 항공우편으로 하죠, 며칠이나 걸리죠?

要空邮,需要几天?

Yào kōngyóu, xūyào jǐ tiān?

야오 콩요우 쉬야오 지티엔

• 일주일쯤이면 됩니다.

一个星期左右。

Yí ge xīngqī zuǒyòu.

이거 씽치 주오요우

• 우표는 어디서 팔죠?

邮票在哪儿卖?

Yóupiào zài nǎr mài?

요퍄오 짜이 날 마이

Part.4 미용실에서

주요표현

닌 야오 쩐머 쭈오
A: 您要怎么做? 어떻게 하시겠어요?
Nín yào zěnme zuò?

즈 지엔파
B: 只剪发。 컷트만 해 주세요.
Zhǐ jiǎnfà.

표현늘리기

• 지금 컷트 됩니까?

现在可以剪发吗?
Xiànzài kěyǐ jiǎnfà ma?
시엔짜이 커이 지엔파 마

• 머리를 감고 컷트해 주세요.

先洗头,再剪吧。
Xiān xǐtóu, zài jiǎn ba.
시엔 씨토우 짜이 지엔 바

• 머리를 염색해 주세요.

给我染染发吧。
Gěi wǒ rǎn rǎnfà ba.
게이 워 란란파 바

• 약하게 파마해 주세요.

轻点儿烫吧。
Qīng diǎnr tàng ba.
칭디얼 탕 바

• 당신이 봐 가면서 깍아 주십시오.

你看着剪吧。

Nǐ kànzhe jiǎn ba.

니 칸저 지엔 바

• 머리모양 사진을 저에게 보여 주세요.

请把发型图片给我看一下。

Qǐng bǎ fàxíng túpiàn gěi wǒ kàn yíxià.

칭 바 파씽투피엔 게이 워 칸 이샤

• 여기에서 이발되죠?

这儿可以理发吗?

Zhèr kěyǐ lǐfà ma?

쩔 커이 리파 마

• 어서 오세요. 안쪽으로 앉으세요.

欢迎光临，请里边坐。

Huānyíng guānglín, qǐng lǐbian zuò.

환잉 꽝린 칭 리비엔 쭈오

• 어떤 스타일로 해 드릴까요?

你要怎么做?

Nǐ yào zěnme zuò?

니 야오 쩐머 쭈오

• 좀 짧게요, 그렇다고 너무 치지는 마시고요.

请剪短一点，别剪太短。

Qǐng jiǎn duǎn yìdiǎn, bié jiǎn tài duǎn.

칭 지엔 두안 이디엔 비에 지엔 타이 두안

• 이 정도면 되겠어요?

这样可以吗?

Zhèyàng kěyǐ ma?

쩌양 커이 마

Part.5 자전거 대여

시앙 지에 량티엔 쯔싱처 용용
A: 想借两天自行车用用。
Xiǎng jiè liǎng tiān zìxíngchē yòngyong.
자전거를 이틀간 빌리려고 합니다.

니 야오 션머양더 처
B: 你要什么样的车?
Nǐ yào shénmeyàng de chē?
당신은 어떤 자전거를 원하세요?

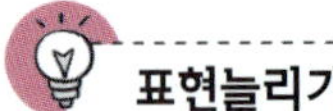

• 하루 빌리는 데 얼마입니까?
出租一天要多少钱? Chūzū yì tiān yào duōshao qián?
추주 이티엔 야오 뚜오샤오 치엔

• 몇 시에 자전거를 반환해야 합니까?
得几点还自行车? Děi Jǐ diǎn huán zìxíngchē?
데이 지디엔 환 쯔싱처

• 자전거 이틀간만 빌릴게요.
我要借两天自行车。 Wǒ yào jiè liǎng tiān zìxíngchē.
워 야오 찌에 량티엔 쯔싱처

• 먼저 당신의 여권 복사본을 한 장 주세요.
先给我一张你的护照复印件。
Xiān gěi wǒ yì zhāng nǐ de hùzhào fùyìn jiàn.
시엔 게이 워 이장 니더 후자오 푸인지엔

• 어떤 스타일을 원하시죠?

要借什么样的车?

Yào jiè shénme yàng de chē?

야오 찌에 션머양더 처

• 변속기어가 있는 신사용 자전거 있나요?

有变速器的男用车吗?

Yǒu biànsùqì de nányòng chē ma?

요우 삐엔쑤치더 난용처 마

• 우선 신분증을 주세요. 보증금 100 위안을 포함, 모두 160 위안입니다.

先给我你的身分证。 包括 一百块押金，一共一百六十块。

Xiān gěi wǒ nǐ de shēnfenzhèng. Bāokuò yìbǎi kuài yājīn, yígòng yìbǎi liùshí kuài.

시엔 게이 워 니더 션펀쩡 빠오쿠오 이바이 콰이 야찐 이꿍 이바이리우스 콰이

• 자전거 타이어에 공기가 없네요, 다른 자전거는 없나요?

这个车胎子没气了，没有别的吗?

Zhège chētāizi méi qì le, méiyǒu bié de ma?

쩌거 처타이즈 메이 치러 메이요우 비에더 마

• 죄송합니다. 제가 공기를 넣겠습니다.

对不起，我帮你打气。

Duì bu qǐ, wǒ bāng nǐ dǎqì.

뛔이부치 워 빵 니 다치

• 이것보다 좀 새것은 없나요?

没有比这个新的吗?

Méiyǒu bǐ zhège xīn de ma?

메이요우 비 쩌거 씬더 마

• 없어요. 다 대여되었어요.

没有，别的都被借走了。

Méiyǒu, bié de dōu bèi jiè zǒu le.

메이요우 비에더 또우 뻬이 지에 조우러

Part.6 자전거 수리

주요표현

칭 게이 환환 처타이

A: 请给换换车胎。

Qǐng gěi huànhuan chētāi.

타이어를 갈아 주세요.

스 치엔비엔더 하이스 호우비엔더

B: 是前边的，还是后边的?

Shì qiánbiān de, háishì hòubiān de?

앞입니까, 뒤입니까?

표현늘리기

• 안장을 갈아 주세요.

给换个车座吧。 Gěi huàn gè chēzuò.

게이 환거 처쭈오 바

• 기어가 고장났습니다. 수리해 주세요.

变速器坏了，请修理一下。 Biànsùqì huài le, qǐng xiūlǐ yíxià.

삐엔쑤치 화이러 칭 시우리 이샤

• 타이어에 공기를 넣어 주세요.

给车胎打打气吧。 Gěi chētāi dǎ dǎqì ba.

게이 처타이 다 다치 바

• 브레이크가 조금 약합니다. 고쳐 주세요.

闸有点儿松，帮我修理一下。

Zhá yǒudiǎnr sōng, bāng wǒ xiūli yíxià.

쟈 요우디얼 쑹 빵 워 시우리 이샤

• 제 자전거에 바람이 세네요, 어떡하죠?

我的自行车漏气了，怎么办?

Wǒ de zìxíngchē lòuqì le, zěnme bàn?

워더 쯔싱처 로우치러 쩐머빤

• 좀 봅시다, 바람만 넣어서는 안되겠군요.

给我看一下，光打气不可以。

Gěi wǒ kàn yíxià, guāng dǎqì bù kěyǐ.

게이워 칸이샤 꽝 다치 뿌커이

• 타이어를 갈아야겠군요.

该换换车胎。

Gāi huànhuan chētāi.

까이 환환 처타이

• 타이어가 터졌나요?

车胎被扎了吗?

Chētāi bèi zhā le ma?

처타이 뻬이 자러 마

• 앞쪽은 바람이 빠지고, 뒤쪽은 터졌군요.

前边的漏气了，后边的被扎了。

Qiánbiān de lòuqì le, hòubiān de bèi zhā le.

치엔비엔더 로우치러 호우비엔더 뻬이 자러

• 바로 수리가 되나요?

马上能修好吗?

Mǎshang néng xiū hǎo ma?

마샹 넝 시우 하오 마

• 그럼요, 잠시만 기다리시면 금방 수리됩니다.

没问题，稍等就能修好。

Méi wèntí, shāo děng jiù néng xiū hǎo.

메이원티 샤오 덩 찌우 넝 시우하오

Part.7 공원(동물원, 식물원, 수족관)

주요표현

따시옹마오더 양즈 뚜오 커아이

A: 大熊猫的样子多可爱! 팬더가 너무 귀여워요!

Dàxióngmāo de yàngzi duō kě'ài!

쩐 씬치 아

B: 真新奇啊! 정말 신기하네요.

Zhēn xīnqí a!

표현늘리기

• 북경에는 많은 공원이 있습니다.

北京有很多公园。

Běijīng yǒu hěn duō gōngyuán.

베이징 요우 헌 뚜오 꿍우엔

• 북해공원에 가 보셨어요?

你去过北海公园吗?

Nǐ qùguo Běihǎi Gōngyuán ma?

니 취궈 베이하이 꿍위엔 마

• 저녁에 많은 사람들이 공원에서 산책을 합니다.

晚上很多人在公园里散步。

Wǎnshang hěn duō rén zài gōngyuán lǐ sànbù.

완샹 헌 뚜오 런 짜이 꿍위엔리 싼뿌

• 여기에 사자가 있습니다.

这里有狮子。

Zhèli yǒu shīzi.

쩌리 요우 스즈

• 코끼리는 정말 크군요.

大象真大呀。

Dàxiàng zhēn dà ya.

따시앙 쩐 따야

• 저는 한국 표범이 가장 보고 싶어요.

我最想看朝鲜豹。

Wǒ zuì xiǎng kàn Cháoxiǎnbào.

워 쭈에이 시앙칸 차오시엔빠오

• 이런 종류의 식물은 먹을 수 있어요.

这种植物可以食用。

Zhè zhǒng zhíwù kěyǐ shíyòng.

쩌종 즈우 커이 스용

• 선인장의 종류가 이렇게 많을 줄은 생각도 못했어요.

我真没想到，仙人掌的种类这么多。

Wǒ zhēn méi xiǎngdào, xiānrénzhǎng de zhǒnglèi zhème duō.

워 쩐 메이시앙따오 시엔런장더 종레이 쩌머 뚜오

• 여기가 중국에서 가장 크고 가장 유명한 수족관입니다.

这是中国最大，最有名的水族馆。

Zhè shì Zhōngguó zuì dà, zuì yǒumíng de shuǐzúguǎn.

쩌 스 쭝궈 쭈에이 따 쭈에이 요우밍더 쉐이주관

• 이것은 우리가 자주 먹는 오징어군요.

这是我们经常吃的鱿鱼啊。

Zhè shì wǒmen jīngcháng chī de yóuyú a.

쩌 스 워먼 찡창 츠더 요우위아

• 개관 시간은 오전 9시부터 오후 5시까지입니다.

开馆时间是从上午九点到下午五点。

Kāiguǎn shíjiān shì cóng shàngwǔ jiǔ diǎn dào xiàwǔ wǔ diǎn.

카이관 스지엔 스 총 샹우 지우디엔 따오 샤우 우디엔

Part.8 종교에 대해서

니더 씬양 스 션머
A: 你的信仰是什么？ 당신의 종교는 무엇입니까?
Nǐ de xìnyǎng shì shénme?

워 션머 쟈오 또우 부씬
B: 我什么教都不信。 저는 아무 종교도 안 믿어요.
Wǒ shénme jiào dōu bú xìn.

표현늘리기

• 당신 기독교를 믿으세요?
你信基督教吗?
Nǐ xìn jīdūjiào ma?
니 씬 찌두쟈오 마

• 예, 매주 일요일 빼 놓지 않고 교회에 가서 예배를 봅니다.
是的，我每个星期天都去教堂做礼拜。
Shìde, wǒ měige xīngqītiān dōu qù jiàotáng zuò lǐbài.
스더 워 매이거 씽치티엔 또우 취 쟈오탕 쭈오 리바이

• 저는 아주 일찍부터 기독교 신도입니다.
我很早以前就是基督教徒。
Wǒ hěn zǎo yǐqián jiùshì Jīdūjiàotú.
워 한 자오 이치엔 찌우스 찌두쟈오투

• 기독교는 카톨릭교와 개신교 등으로 나뉩니다.
基督教分成加特力教和基督新教等。
Jīdūjiào fēnchéng Jiātèlìjiào hé Jīdūxīnjiào děng.
찌두쟈오 펀청 쟈터리쟈오 허 찌두씬쟈오 덩

• 중국에서는 많은 사람들이 불교를 믿습니다.

在中国很多人信佛教。

Zài Zhōngguó hěn duō rén xìn Fójiào.

짜이 쭝궈 헌 뚜오 런 씬 포쟈오

• 불교는 인도에서 붓다에 의해 창건되었습니다.

佛教是在印度佛陀创建的。

Fójiào shì zài Yìndù Fótuó chuàngjiàn de.

포쟈오 스 짜이 인뚜 포투오 추앙지엔더

• 중국으로 불교를 전파한 사람은 달마대사입니다.

向中国传播佛教的是达磨大师。

Xiàng Zhōngguó chuánbō Fójiào de shì Dámó Dàshī.

시앙 쭝궈 추안뽀 포쟈오더 스 다모따스

• 이슬람교에서 말하는 예언자는 마호메트입니다.

伊斯兰教说的预言者是穆罕默德。

Yīsīlánjiào shuō de yùyánzhě shì Mùhǎnmòdé.

이쓰란쟈오 슈오더 위옌저 스 무한모더

• 중국에 회교도가 많습니까?

在中国回教徒多吗?

Zài Zhōngguó Huíjiàotú duō ma?

짜이 쭝궈 훼이쟈오투 뚜오 마

• 신쟝과 닝샤에 이슬람교도가 아주 많습니다.

在新疆和宁夏,信仰伊斯兰教的人很多。

Zài Xīnjiāng hé Níngxià, xìnyǎng Yīsīlánjiào de rén hěn duō.

짜이 씬쟝 허 닝시아 씬양 이쓰란쟈오더 런 헌 뚜오

• 이슬람교도들은 돼지고기를 먹지 않으니 주의하세요.

信回教的人不吃猪肉,请注意。

Xìn Huíjiào de rén bù chī zhūròu, qǐng zhùyì.

씬 훼이쟈오더 런 뿌 츠 쭈로우 칭 쭈이

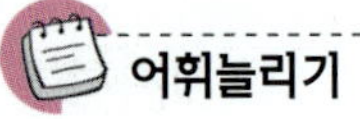

어휘늘리기

본문 중요 어휘

爱	ài	좋아하다
办	bàn	처리하다, 만들다
办理	bànlǐ	처리하다, 만들다
包裹	bāoguǒ	소포
北海公园	Běihǎi Gōngyuán	북해공원 (지명)
变速器	biànsùqì	변속기, 변속기어
表	biǎo	표
参加	cānjiā	참석하다, 참여하다
车胎子	chētāizi	타이어
传播	chuánbō	전파하다
船运	chuányùn	해상운송
创建	chuàngjiàn	창건하다,
打开	dǎkāi	열다
打气	dǎqì	바람을 넣다
费	fèi	비용
分成	fēnchéng	나뉘어 진다
公园	gōngyuán	공원
光	guāng	단지
后边	hòubiān	뒤쪽
回到	huídào	돌아오다
汇款	huìkuǎn	송금하다, 송금한 돈
剪短	jiǎnduǎn	짧게 자르다
教徒	jiàotú	교도, 신도
可爱	kě'ài	귀엽다
空邮	kōngyóu	항공우편(으로 보내다)
漏气	lòuqì	바람이 빠지다
没气	méiqì	바람이 없다

每件	měi jiàn	매 건
男用车	nányòngchē	남성용 자전거
宁夏	Níngxià	닝샤 (지명)
前边	qiánbiān	앞쪽
散步	sànbù	산책하다
身分证	shēnfēnzhèng	신분증
申请书	shēnqǐngshū	신청서
食用	shíyòng	먹을 수 있다, 식용
水族馆	shuǐzúguǎn	수족관
填	tián	보충하다, 메꾸다,기입하다
填写	tiánxiě	기입하다
喜欢	xǐhuan	좋아하다
仙人掌	xiānrénzhǎng	선인장
新疆	Xīnjiāng	신장 (지명)
新奇	xīnqí	신기하다
信	xìn	믿다
信仰	xìnyǎng	(종교, 사상 등을) 믿다
须知	xūzhī	알아야 한다, 주의사항
印度	Yìndù	인도 (국명)
预言者	yùyánzhě	예언자
扎	zhā	바늘로 찌르다
帐户	zhànghù	계좌
植物	zhíwù	식물
植物园	zhíwùyuán	식물원
只有	zhǐyǒu	…해야만, 오직, 단지…만 있다
猪肉	zhūròu	돼지고기
注意	zhùyì	주의하다

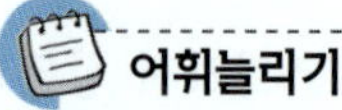

관련 어휘

도서관 관련 어휘

图书馆	túshūguǎn	도서관
阅览室	yuèlǎnshì	열람실
书库	shūkǔ	서고
借书处	jièshūchù	도서대출처
借书单	jièshūdān	도서대출카드
借书证	jièshūzhèng	도서대출증
还书日期	huánshū rìqī	반납일자
词典	cídiǎn	사전
杂志	zázhì	잡지
全集	quánjí	전집
目录卡片	mùlùkǎpiàn	목록카드
存包柜	cúnbāoguì	사물함

은행 · 경제 관련 어휘

银行	yínháng	은행
现金	xiànjīn	현금
存款凭证	cúnkuǎn píngzhèng	예금 입금서
存折	cúnzhé	예금통장
外币	wàibì	외국환
兑换	duìhuàn	환전
人民币	rénmínbì	중국 인민폐
韩币	hánbì	한국 원화
美元	měiyuán	미국 달러
日元	rìyuán	일본 엔화
股票	gǔpiào	주식

우편 관련 어휘

寄件人	jìjiànrén	발신인
收件人	shōujiànrén	수신인
信封	xìnfēng	편지봉투
信纸	xìnzhǐ	편지지
邮票	yóupiào	우표
明信片	míngxìnpiàn	엽서
邮件	yóujiàn	우편물
快信	kuàixìn	속달우편
电报	diànbào	전보
邮政信箱	yóuzhèng xìnxiāng	사서함
邮递员	yóudìyuán	집배원
邮筒/信箱	yóutǒng/xìnxiāng	우체통
邮政编码	yóuzhèng biānmǎ	우편번호

이발 · 미용 관련 어휘

理发	lǐfà	이발(하다)
理发员	lǐfàyuán	이발사
电推子	diàntuīzi	전기 바리캉
梳子	shūzi	빗
吹风机	chuīfēngjī	헤어드라이어
理发镜	lǐfàjìng	미용 거울
平头	píngtóu	상고머리
短发	duǎnfà	단발
长发	chángfà	장발
马尾辫	mǎwěibiàn	말총머리
辫子	biànzi	땋은 머리, 변발
发型照	fàxíngzhào	머리모양 견본 사진
胡子	húzi	수염

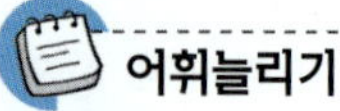

어휘늘리기

동물

大熊猫	dàxióngmāo	자이언트팬더	狮子	shīzi	사자
朝鲜豹	Cháoxiǎnbào	한국 표범	大象	dàxiàng	코끼리
老鼠	lǎoshǔ	쥐	牛	niú	소
兔子	tùzi	토끼	老虎	lǎohǔ	호랑이
龙	lóng	용	蛇	shé	뱀
马	mǎ	말	羊	yáng	양
猴子	hóuzi	원숭이	猫	māo	고양이
猪	zhū	돼지	狗	gǒu	개
乌龟	wūguī	거북이	蛙	wā	개구리
苍蝇	cāngying	파리	蚊子	wénzi	모기
蚂蚁	mǎyǐ	개미	蜂	fēng	벌
蜘蛛	zhīzhū	거미	蟑螂	zhānglang	바퀴벌레
鸟	niǎo	새	鸡	jī	닭
鸭	yā	오리	野鸡	yějī	꿩
麻雀	máquè	참새	孔雀	kǒngquè	공작
鸽子	gēzi	비둘기	燕子	yànzi	제비
乌鸦	wūyā	까마귀	喜鹊	xǐque	까치
海鸥	hǎi'ōu	갈매기	鹰	yīng	매
鱼	yú	물고기, 생선	鲸鱼	jīngyú	고래
海豚	hǎitún	돌고래	沙鱼	shāyú	상어
热带鱼	rèdàiyú	열대어	金枪鱼	jīnqiāngyú	참치
鲤鱼	lǐyú	잉어	鲫鱼	jìyú	붕어
蛤蚌/贝	gébàng / bèi	조개	鱿鱼啊	yóuyú	오징어

과일과 채소

白菜	báicài	배추	萝卜	luóbo	무우
土豆	tǔdòu	감자	红薯	hóngshǔ	고구마
西红柿	xīhóngshì	토마토	蘑菇	mógu	버섯

苹果	píngguǒ	사과	梨	lí	배
橘子	júzi	귤	草莓	cǎoméi	딸기
西瓜	xīguā	수박	甜瓜	tiánguā	참외
香蕉	xiāngjiāo	바나나	葡萄	pútao	포도

종교 관련 어휘

印度教	Yìndùjiào	힌두교
佛教	Fójiào	불교
伊斯兰教	Yīsīlánjiào	이슬람교 (=回教 Huíjiào 회교)
基督教	Jīdūjiào	기독교
加特力教	Jiātèlìjiào	가톨릭 (=天主教 Tiānzhǔjiào 천주교)
基督新教	Jīdūxīnjiào	개신교
犹太教	Yóutàijiào	유대교
道教	Dàojiào	도교
儒教	Rújiào	유교
佛陀	Fótuó	붓다
达磨大师	Dámó Dàshī	달마대사
耶稣	Yēsū	예수
穆罕默德	Mùhǎnmòdé	마호메트
孔子	Kǒngzi	공자
和尚	héshàng	승려, 화상
神甫	shénfu	신부
牧师	mùshī	목사
犹太法学博士	Yóutài fǎxuébóshì	유대교 랍비
教堂	jiàotáng	교회당
清真寺	qīngzhēnsì	이슬람 사원
圣经	shèngjīng	성경
祈祷	qídǎo	기도하다
礼拜	lǐbài	예배, 예배를 보다

중국 엿보기

중국의 차

중국의 차의 종류는 수천 가지가 넘는다. 그러다 보니 차에 대한 명칭도 다양하다. 차의 이름은 차를 채취하는 시기나 방법, 색깔, 형태, 지명 등에 따라 제각기 다른데, 차의 맛이 토질과 기후의 영향에 따라 다르게 나타나기 때문에 차의 이름에 지명을 딴 것이 많다.

차의 종류는 크게 여섯 가지로 나뉘는데, 역사가 가장 길며, 생산량도 가장 많고 품종이 다양한 것이 녹차이다. 녹차 중의 명차는 용정차(龙井茶), 운무차(云雾茶), 벽라춘차 등이 있다. 용정차는 중국차 중에서도 가장 으뜸으로 치는 차로, 청나라 건륭제 때에는 황실에서만 마실 수 있었던 고급품이다. 항저우(杭州)에 있는 롱징이라는 차밭이 그 특산지이다.

홍차(红茶)는 중국 차 생산의 1/4을 차지하며, 수출의 1/2을 차지한다. 기(祁)홍차, 영(英)홍차 등이 유명하다.

오룡차(乌龙茶)는 홍차처럼 향기가 짙고 녹차처럼 맛이 산뜻하다. 무이암영, 철관음(铁观音) 등을 우등품으로 간주한다.

백차(白茶)는 은빛 물색이 우아하고 맛은 담백하며 쓸개와 위에 좋다. 백차로는 은침백호(银针白毫) 등이 있다.

화차(花茶)는 중국의 독특한 차로서 향편차라고도 한다. 생화를 가지고 찻잎을 훈제한 것으로 북방지역에서 즐겨 마신다. 화차로 유명한 것으로 모리화차(茉莉花茶)가 있는데 우리 나라에서는 자스민차로 더 유명하다.

긴압차는 큰 찻 잎이나 차나무 가지로 먼저 홍차 또는 화차를 만든 다음, 그것을 원료로 하여 다시 만든다. 보이(普耳), 육보(六堡)가 긴압차 중의 명품이다.

제 18 장

여러가지 상황2

1. 배가 아파요.
2. 두통약 있습니까?
3. 구급차를 부르겠습니다.
4. 백을 잃어버렸어요
5. 소매치기당한 것 같아요.

Part.1 배가 아파요.

날 뿌 슈푸
A: 哪儿不舒服? 어디가 불편하세요?
Nǎr bù shūfu?

워 뚜즈 텅
B: 我肚子疼。 배가 아픕니다.
Wǒ dùzi téng.

표현늘리기

• 여기가 아파요.

这里疼。
Zhèli téng.
쩌리 텅

• 배탈이 났습니다.

闹肚子。
Nào dùzi.
나오 뚜즈

• 구역질이 납니다.

觉得恶心。
juéde ěxīn.
쥐에더 어신

• 식욕이 없습니다.

没有食欲。
Méi yǒu shíyù.
메이요우 스위

• 한기가 돕니다.

觉得凉。

juéde liáng.

쥐에더 량

• 저는 현기증이 납니다.

我头晕。

Wǒ tóuyūn.

워 토우윈

• 왜그래요, 어디 아파요?

怎么了,哪儿不舒服吗?

Zěnme le, nǎr bù shūfu ma?

쩐머러 날 뿌 슈푸 마

• 속이 좀 메스껍고, 배가 아파요.

有点儿恶心肚子疼。

Yǒu diǎnr ěxīn, dùzi téng.

요우디얼 어씬 뚜즈 텅

• 언제부터 그랬어요?

从什么时候开始的?

Cóng shénme shíhou kāishǐ de?

총 션머 스호우 카이스더

• 한 시간쯤 전부터 그래요.

大概一个钟头以前开始的。

Dàgài yí ge zhōngtóu yǐqián kāishǐ de.

따까이 이거 쭝토우 이치엔 카이스더

• 멀미인가 보네요. 가서 약 먹읍시다.

应该是晕车,去吃药吧。

Yīnggāi shì yùnchē, qù chī yào ba.

잉가이 스 윈처 취 츠야오 바

Part.2 두통약 있습니까?

주요표현

요우 토우텅야오 마
A: 有头疼药吗? 두통약 있습니까?
Yǒu tóuténgyào ma?

요우 샤오 덩이샤
B: 有，稍等一下。 예, 잠시만 기다려 주십시오.
Yǒu, shāo děng yíxià.

표현늘리기

• 설사약 주세요.

我要泻药。
Wǒ yào xièyào.
워 야오 시에야오

• 감기약 주세요.

我要感冒药。
Wǒ yào gǎnmàoyào.
워 야오 간마오야오

• 식후에 먹으면 됩니까?

饭后吃吗?
Fàn hòu chī ma?
판 호우 츠 마

• 몇 첩을 먹습니까? 어떻게 먹지요?

吃几片? 怎么吃?
Chī jǐ piàn? Zěnme chī?
츠 지피엔 쩐머 츠

• 두통약 있습니까?

有没有治头疼的药?

Yǒu mei yǒu zhì tóuténg de yào?

요우메이요우 쯔 토우텅더 야오

• 있습니다. 잠깐만요.

有，请稍等。

Yǒu, qǐng shāo děng.

요우 칭 샤오 덩

• 증상을 말해 보세요

请谈一下症状。

Qǐng tán yíxià zhèngzhuàng.

칭 탄 이샤 쩡쭈앙

• 머리가 깨질 것 같고, 속이 메스꺼워요.

头好像裂开了，还有恶心。

Tóu hǎoxiàng lièkāi le, háiyǒu ěxīn.

토우 하오시앙 리에카이러 하이요우 어씬

• 알겠습니다. 약을 지어 드리죠.

好了，给你开药。

Hǎo le, gěi nǐ kāiyào.

하오러 게이 니 카이야오

• 하루에 몇 번이나 먹죠?

这药一天吃几次?

Zhè yào yì tiān chī jǐ cì?

쩌 야오 이티엔 츠 지츠

• 하루 세 번 식후 끓인 물과 함께 복용하세요.

一天三次，饭后用白开水服用。

Yì tiān sān cì, fàn hòu yòng báikāishuǐ fúyòng.

이티엔 싼츠 판 호우 용 바이카이쉐이 푸용

Part.3 구급차를 부르겠습니다.

주요표현

찌리 헌 텅

A: 这里很疼。 여기가 아픕니다.

Zhèli hěn téng.

워 취 쟈오 찌우후처

B: 我去叫救护车。 제가 구급차를 부르겠습니다.

Wǒ qù jiào jiùhùchē.

표현늘리기

• 응급처치가 필요합니다.

需要急救。

Xūyào jíjiù.

쉬야오 지찌우

• 비상벨을 울려 주세요.

请按紧急电铃。

Qǐng àn jǐnjí diànlíng.

칭 안 진지 띠엔링

• 경찰[공안원]을 불러 주세요.

叫警察[公安]吧。

Jiào jǐngchá[gōng'ān] ba.

쟈오 징차 [꿍안] 바

• 사람 살려! / 누구 좀 와 주세요!

救命啊！ /来人啊！

Jiù mìng a! / Lái rén a!

찌우밍아 / 라이런아

• 죄송합니다. 괜찮으세요?

对不起，没事吗?

Duì bu qǐ, méi shì ma?

뛔이부치 메이스 마

• 여기가 몹시 아프네요. 빨리 구급차 좀 불러 주세요.

这里很疼，赶快叫救护车来。

Zhèli hěn téng, gǎnkuài jiào jiùhùchē lái.

쩌리 헌 텅 간콰이 쟈오 찌우후처 라이

• 응급처치가 필요합니다.

需要急救。

Xūyào jíjiù.

쉬야오 지찌우

• 내가 잘못한 게 아니에요.

不是我的错。

Bú shì wǒ de cuò.

부스 워더 추오

• 알았으니, 흥분하지 마시고 좀 진정하세요.

知道了，镇静点，不要激动。

Zhīdào le, zhènjìng diǎn, bú yào jīdòng.

쯔따오러 쩐징디엔 부야오 지똥

• 이 사람에게 연락좀 해 주세요.

请联系这个人。

Qǐng liánxì zhège rén.

칭 리엔씨 쩌거 런

• 알겠습니다. 금방 연락해 드릴게요.

是，马上联系。

Shì, mǎshang liánxì.

스 마샹 리엔씨

Part.4 백을 잃어버렸어요.

주요표현

쇼우티빠오 띠우러
A: 手提包丢了。 백을 잃어버렸어요.
Shǒutíbāo diū le.

리비엔 또우 요우 션머
B: 里边都有什么? 안에 무엇이 들어 있습니까?
Lǐbiān dōu yǒu shénme?

표현늘리기

- 가방을 잘 찾아보셨나요?

  手提包好好查了吗?
  Shǒutíbāo hǎohāo chá le ma?
  쇼우티빠오 하오하오 차러 마

- 어디서 잃어버렸는지 모르겠습니다.

  不知丢在什么地方。
  Bù zhī diū zài shénme dìfang.
  뿌쯔 띠우 짜이 션머 띠팡

- 안에는 현금과 신용카드가 들어 있습니다.

  里边有现金和信用卡。
  Lǐbian yǒu xiànjīn hé xìyòngkǎ.
  리비엔 요우 시엔찐 허 씬용카

- 발견하시면 바로 제게 연락 주세요.

  一旦发现，马上与我联系。
  Yídàn fāxiàn, mǎshàng yǔ wǒ liánxì.
  이단 파시엔 마샹 위 워 리엔씨

• 핸드백을 잃어버렸어요.

我丢了手提包 。

Wǒ diū le shǒut íbāo.

워 띠우러 쇼우티빠오

• 안에 뭐가 있었죠?

里边都有什么?

Lǐbiān dōu yǒu shénme?

리비엔 또우 요우 션머

• 여권, 여행자수표와 신용카드요.

护照,旅行支票和信用卡 。

Hùzhào, lǚxíng zhīpiào hé xìnyòngkǎ.

후자오 뤼싱쯔퍄오 허 씬용카

• 저런, 여권번호가 어떻게 되죠?

糟糕,护照号码呢?

Zāogāo, hùzhào hàomǎ ne?

자오까오 후자오 하오마 너

• 여기 여권번호와 여행자수표 번호가 있습니다.

这是护照和旅行支票的号码 。

Zhè shì hùzhào hé lǚxíng zhīpiào de hàomǎ.

쩌 스 후자오 허 뤼싱쯔퍄오더 하오마

• 우선 분실증명서를 작성해 주세요.

请填写遗失证明书 。

Qǐng tiánxiě yíshī zhèngmíngshū.

칭 티엔시에 이스쩡밍슈

• 제발 꼭 찾아 주세요.

求求你,一定要帮我找回来。

Qiúqiú nǐ, yídìng yào bāng wǒ zháo huílái.

치우치우 니 이딩 야오 빵 워 쟈오 훼이라이

Part.5 소매치기당한 것 같아요.

주요표현

찐머러 왕 시엔셩

A: 怎么了，王先生？

Zěnme le, Wáng xiānsheng?

왜 그러세요, 왕 선생님?

치엔빠오 부지엔러 하오시앙 뻬이 샤오토우 토우조우러

B: 钱包不见了， 好像被小偷偷走了。

Qiánbāo bú jiàn le, hǎoxiàng bèi xiǎotōu tōu zǒu le.

지갑이 없어졌어요, 소매치기당한 것 같아요.

표현늘리기

• 지갑을 소매치기당했습니다.

钱包被小偷偷走了。 Qiánbāo bèi xiǎotōu tōu zǒu le.

치엔빠오 뻬이 샤오토우 토우조우러

• 도둑 잡아라!

抓小偷！ Zhuā xiǎotōu!

쭈아 샤오토우

• 백을 도난당했습니다.

手提包被盗。 Shǒutíbāo bèi dào.

쇼우티빠오 뻬이따오

• 경찰에 신고하세요.

向警察报案吧。

Xiàng jǐngchá bào àn ba.

시앙 칭차 빠오안 바

• 이양, 왜 그래요?

怎么了，李小姐。

Zěnme le, Lǐ xiǎojiě.

쩐머러 리 샤오지에

• 큰일이네, 지갑이 안 보여요.

糟糕，钱包不见了。

Zāogāo, qiánbāo bú jiàn le.

자오까오 치엔빠오 부지엔러

• 어떻게 된 거에요? 어디서 잃어버렸어요?

这怎么回事儿，在哪儿丢的?

Zhè zěnme huíshìr, zài nǎr diū de?

쩌 쩐머 훼이셜 짜이 날 띠우더

• 잃어버린 게 아니라 소매치기당한 것 같아요.

不是丢，好像被偷了。

Búshì diū, hǎoxiàng bèi tōu le.

부스 띠우 하오시앙 뻬이 토우러

• 그래요, 오늘 어디어디 갔었는데요?

是吗? 今天都到哪儿去了?

Shì ma? Jīntiān dōu dào nǎr qù le?

스마 찐티엔 또우 따오 날 취러

• 오후에 수퍼마켓에 갔었어요.

下午去过超市。

Xiàwǔ qùguo chāoshì.

샤우 취궈 차오스

• 다시 잘 찾아봐요.

再找找看吧。

Zài zhǎozhǎo kàn ba.

짜이 자오자오 칸 바

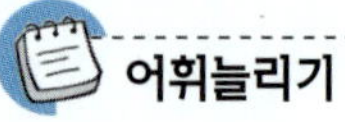

어휘늘리기

본문 중요 어휘

白开水	báikāishuǐ	끓인 물
被偷	bèitōu	도난당하다
不舒服	bùshūfu	불편하다
超市	chāoshì	수퍼마켓
吃药	chīyào	약을 먹다
从…开始	cóng …kāishǐ	…(장소, 시간) 부터 시작하다
大概	dàgài	아마도
肚子疼	dùziténg	복통
恶心	ěxīn	메스껍다, 구역질나다
饭后	fàn hòu	식후
服用	fúyòng	약을 먹다
护照	hùzhào	여권
激动	jīdòng	흥분하다, 감동시키다, 격동
急救	jíjiù	응급조치(를 취하다)
救护车	jiùhùchē	구급차
旅行支票	lǚxíng zhīpiào	여행자 수표
开药	kāiyào	약을 처방하다
裂开	lièkāi	찢어지다, 갈라지다
钱包	qiánbāo	돈지갑
手提包	shǒutíbāo	핸드백, 손가방
谈	tán	이야기하다
疼	téng	아프다
填写	tiánxiě	기입하다, 써 넣다
头	tóu	머리
头疼	tóuténg	두통
信用卡	xìnyòngkǎ	신용카드
治	zhì	치료하다

遗失	yíshī	잃어버리다
晕车	yùnchē	차멀미하다
镇静点	zhènjìngdiǎn	마음을 좀 가라앉히다
证明书	zhèngmíngshū	증명서

관련 어휘

병원 · 질병 관련 어휘

医院	yīyuàn	병원
大夫 / 医生	dàifu / yīshēng	의사
护士	hùshi	간호사
呕吐	ǒutù	구토(하다)
咳嗽	késou	기침(하다)
头疼	tóuténg	두통
泻肚子	xiè dùzi	설사(하다)
消化不良	xiāohuà bùliáng	소화불량
高血压	gāoxuèyā	고혈압
吃药	chī yào	약을 먹다

왕도(王道)를 찾아서

잘 알려진 이야기지만 이솝우화 중 한편을 소개합니다.

농사짓기를 싫어하는 게으름뱅이 삼형제를 둔 아버지가 자식들의 장래를 걱정하다가 임종이 다가오자 아들들이 자발적으로 일할 수 있는 한가지 꾀를 생각해 냅니다. 그것은 자신이 죽거든 자신이 평생동안 일군 밭을 파 보라는 이야기였지요. 물론 밭에는 금은보화가 가득 묻혀있다는 이야기와 함께 말입니다. 장례를 치르기가 무섭게 밭을 구석구석 파헤치던 세 형제는 끝내 보물을 찾아내지 못하고 허탈해 하지만 이왕 파헤친 밭이니 -평소에 귀찮아서 안 하던 일이지만- 곡식을 심기로 결정합니다. 그 해 가을, 어느 해보다 곡식이 잘 여물고 수확이 많게되자 삼형제는 그제야 아버지가 남긴 보물이 바로 이 밭이었다는 사실을 깨닫는다는 이야기. 다들 아시지요?

이 짧은 이야기를 반추하며 생각에 잠깁니다. 곡식을 수확하기 위해서는 최소한 씨를 뿌려야 하죠. 이삭이 패고, 꽃이 피고 열매가 맺는 과정을 거쳐야 하고 그 과정에서 농부의 관심에 따라 수확이 많고 적어질 수 있습니다. 쌩떽쥐페리의 어린왕자에서 나온 말이지만 커다란 교회당만큼 큰 바오밥나무도 처음에는 묘목이었고, 그 묘목은 씨앗에서 비롯되었지요. 우리의 중국어 실력도 마찬가지가 아닐까요?

원래 이 책의 제목을 《중국어 의미 표현의 왕도-'王道(이 길만이 최고다.)'가 아니라 '往道(지나온 길, 가야할 길)'》라는 제목으로 정하려고 했습니다. 억지(?) 한자를 조합하면서 바랬던 것은 위 글의 농부처럼 보석을 주지는 못해도 수확을 많이 낼 수 있는 기름진 밭을 제공할 수 있었으면 하는 것이었습니다. 어쨌든 앞의 잔소리를 여러 차례 들어가며 여기가지 오신 분들, 잔소리대로 꾸준히 실천하셨다면 입찬 소리지만 지금 눈앞에 보석이 보이신다고 느끼시는 분도 많이 계실 것이고 아니면 이젠 어떤 책으로 공부해도 자신감이 생겼다는 보석같은 자신감이 생기신 분도 많지 않을까 생각합니다.

이제는 잔소리도 마쳐야 할 시간이 된 것 같습니다. 큰 수확을 얻기 위해서는 땀을 흘려야 하고 무조건 앞뒤 없이 흘리는 땀 보다는 같은 땀을 흘리더라도 모종과 밭의 상태, 그리고 땀을 흘려야할 때를 잘 맞추어야 함은 두말할 나위도 없을 것입니다. 길은 있습니다 그러나 누구에게나 보이지는 않지요. 그러나 자기가 힘들여 찾은 길이라면 기쁜 마음으로 자신 있게 걸어갈 수 있을 것입니다.

만리장성

만리장성은 마오쩌둥이 "장성에 올라 보지 않으면 대장부가 아니다. ; 不到长城非好汉。"라고 말했던, 중국인에게 가장 사랑받는 중국의 상징이다. 북경의 북쪽으로 약 70km 지점에 있으며 본래 명칭은 '장성(长城)'이다. 동부 발해 기슭의 '천하제일관(天下第一关)' 산해관(山海关)에서 시작하여 사막이 시작되는 서쪽의 '천하웅관(天下雄关)' 가욕관(嘉峪关)까지 험산 준령을 타고 1만 2,700여 리(약 6,350km)에 걸쳐 있어 '만리장성'이라는 애칭을 갖게 되었다.

장성은 기원 전 5세기 무렵부터 북방 흉노의 침입에 대비하여 만들었고, 진(秦) 시황제(始皇帝) 가 이를 연결하여 최초로 장성을 완성했다. 진나라 이후에는 각 나라들이 필요에 따라 조금씩 건축과 수리를 했을 뿐이고 명대(明代)에 이르러서야 몽고의 재침입을 막기 위해 장성을 본격적으로 확장 · 강화했다. 명대 이전의 장성은 주로 흙을 굳혀 만들어서 성이라기보다는 흙벽에 가까우며 우리가 알고 있는 돌로 만든 성은 명대에 만든 것이 대부분이다.

북경에서 갈 수 있는 장성 유적지는 팔달령(八达岭), 모전욕(慕田峪) 장성 등이 있는데 팔달령이 가장 유명하며 가기도 쉽다.

과장하기 좋아하는 중국 사람들은 장성이 우주 비행사가 육안으로 볼 수 있는 유일한 지구 건축물이라고 말하기도 한다.

부록

1. 그림으로 익히는 단어

(1) 식사 도구
(2) 중국의 간이 식사
(3) 객실
(4) 객실-화장실
(5) 컴퓨터
(6) 디지털 카메라
(7) 문구류
(8) 사람의 몸
(9) 수
(10) 동물
(11) 승용차
(12) 자전거

2. 중국어 나라 이름

3. 외래어 · 상표

1. 그림으로 익히는 단어

1 식사 도구 餐具 cānjù

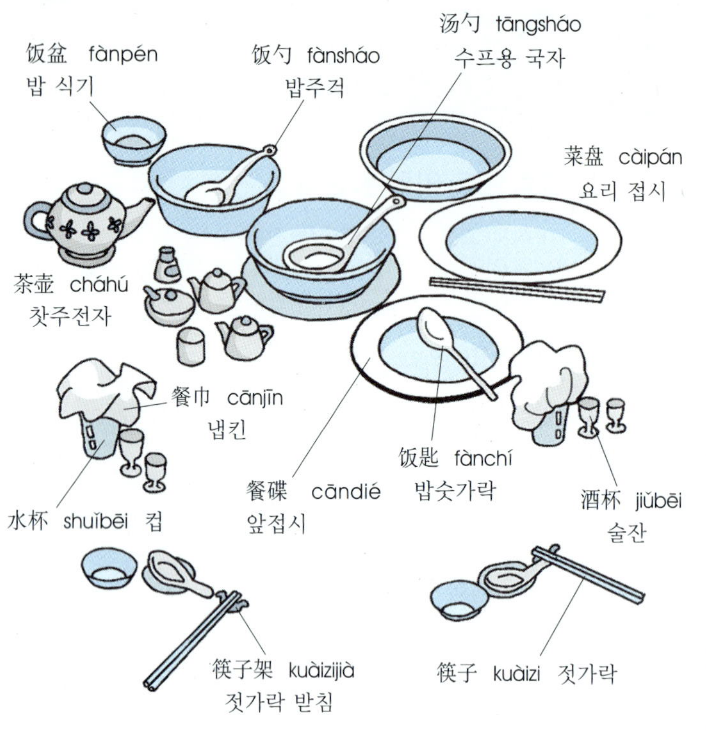

- **小饭碗** xiǎofànwǎn 밥 주발
- **餐刀** cāndāo 식사용 나이프
- **起子** qǐzi 오프너
- **小汤碗** xiǎotāngwǎn 수프 공기
- **餐叉 / 叉子** cānchā / chāzi 포크
- **牙签** yáqiān 이쑤시개

 2 중국의 간이 식사 小吃 xiǎochī

馒头 mántou 찐빵, 만두

花卷 huājuǎn 꽃빵

小笼包 xiǎolóngbāo 시루만두

春卷 chūnjuǎn 소말이

烧饼 shāobing 샤오빙

饺子 jiǎozi 교자

油条 yóutiào 대튀김

汤面 tāngmiàn 탕면

三明治 sānmíngzhì 샌드위치

馄饨 húntun 훈툰

面包 miànbāo 식빵

热狗 règǒu 핫도그

汉堡包 hànbǎobāo 햄버거

- **包子** bāozi 빠오즈
- **煎饼** jiānbing 전병
- **炒面** chǎomiàn 볶음 국수
- **黄油** huángyóu 버터
- **烤面包** kǎomiànbāo 토스트
- **汤面** tāngmiàn 탕면
- **果酱** guǒjiàng 잼

3 객실 客房 kèfáng

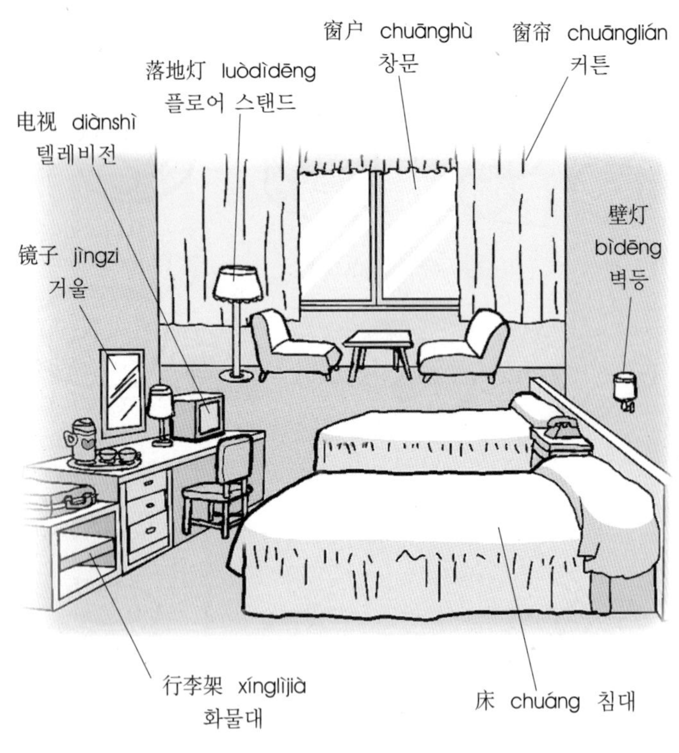

- **开关箱** kāiguānxiāng 스위치박스
- **烟灰缸** yānhuīgāng 재떨이
- **茶杯** chábēi 찻잔
- **桌子** zhuōzi 탁자
- **椅子** yǐzi 의자
- **插座** chāzuò 콘센트
- **玻璃杯** bōlibēi 유리컵

4 객실 – 화장실 卫生间 wèishēngjiān

莲蓬头
liánpengtóu
샤워기

浴巾 yùjīn 수건

漱口杯 shùkǒubēi
양치질 컵

纸篓 zhǐlǒu
휴지통

水龙头
shuǐlóngtóu
수도꼭지

抽水马桶
chōushuǐ mǎtǒng
변기

浴缸 yùgāng 욕조

洗脸池 xǐliǎnchí
세면기

- **香皂** xiāngzào 비누
- **牙刷** yáshuā 치솔
- **刮胡刀** guāhúdāo 면도기
- **吹风机** chuīfēngjī 헤어 드라이어
- **卫生纸** wèishēngzhǐ 화장지
- **牙膏** yágāo 치약
- **香波** xiāngbō 샴푸
- **梳子** shūzi 빗
- **排水口** páishuǐkǒu 배수구

컴퓨터 电脑 diànnǎo

- **力量按钮** lìliàng'ànniǔ 전원
- **触摸板** chùmōbǎn 터치패드
- CD **驱车** CD qūchē CD 드라이브
- **打印纸** dǎyìnzhǐ 프린터 용지
- **鼠标器** shǔbiāoqì 마우스
- **硬盘** yìngpán 하드디스크

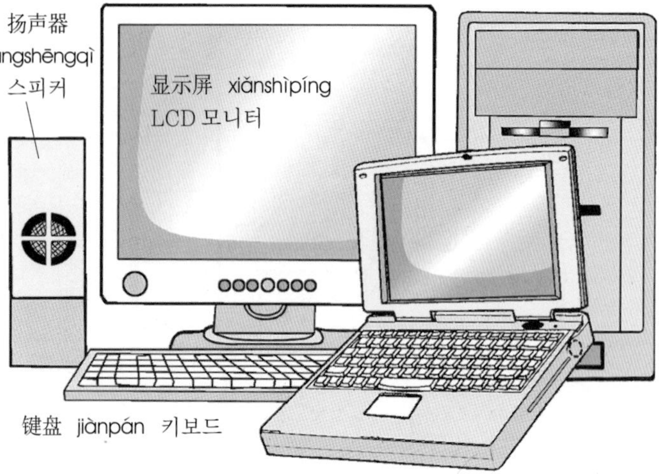

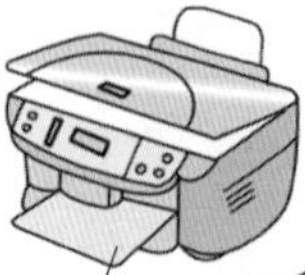

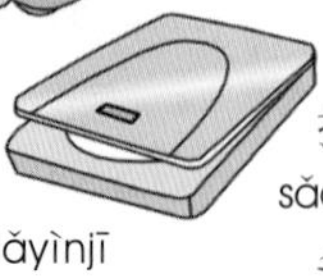

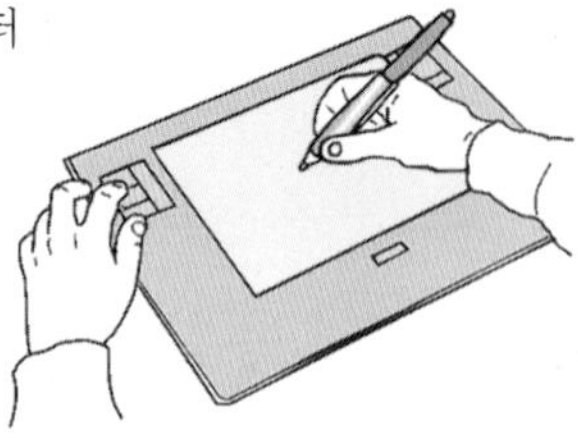

6 디지털 카메라 数码相机 shùmǎ xiàngjī

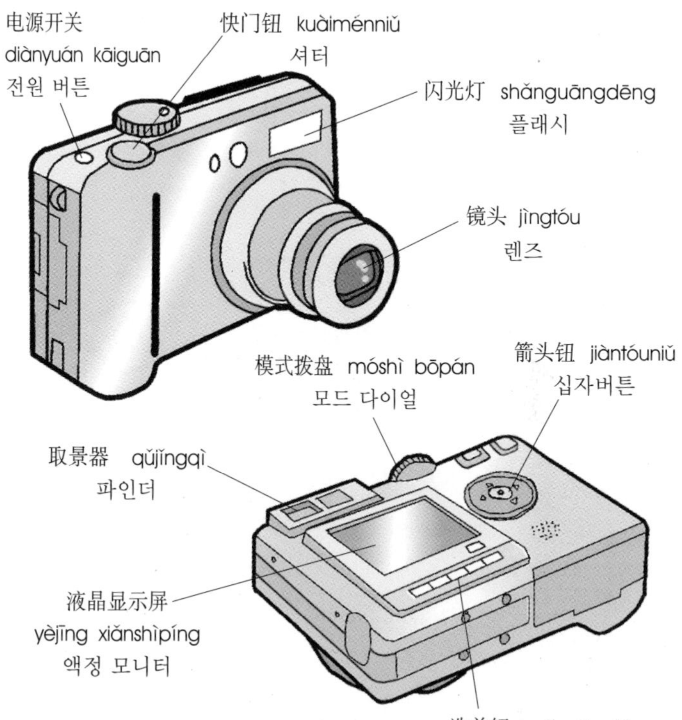

- **标准镜头** biāozhǔn jìngtóu 표준렌즈
- **广角镜头** guǎngjiǎojù jìngtóu 광각렌즈
- **长焦距镜头** chángjiāojù jìngtóu 망원렌즈
- **变焦距镜头** biànjiāojù jìngtóu 줌렌즈
- **变焦杆** biànjiāogǎn 줌 레버
- **镜头盖儿** jìngtóugàir 렌즈 캡
- **遮光罩** zhēguāngzhào 렌즈 후드
- **滤光镜** lǜguāngjìng 렌즈 필터
- **背带安装环** bēidài ānzhuānghuán 후드 고리
- **数码单反相机** shùmǎ dānfǎn xiàngjī 디지털 SLR 카메라

 문구류 文具 wénjù

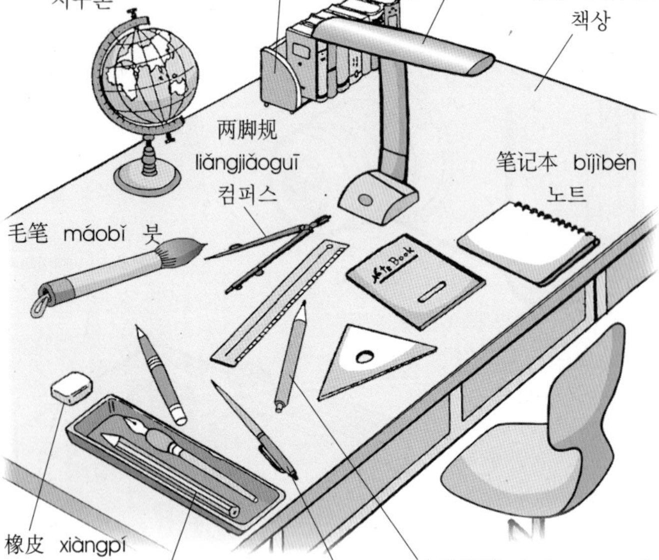

书挡 / 书架 shūdǎng / shūjià 책꽂이

台灯 táidēng 스탠드

地球仪 dìqiúyí 지구본

书桌 shūzhuō 책상

两脚规 liǎngjiǎoguī 컴퍼스

笔记本 bǐjìběn 노트

毛笔 máobǐ 붓

橡皮 xiàngpí 지우개

自动铅笔 zìdòng qiānbǐ 샤프

铅笔 qiānbǐ 연필

圆珠笔 yuánzhūbǐ 볼펜

- **课本** kèběn 교과서
- **词典** cídiǎn 사전
- **钢笔** gāngbǐ 만년필
- **尺子** chǐzi 자
- **椅子** yǐzi 의자
- **电子词典** diànzǐ cídiǎn 전자사전
- **墨水管心** mòshuǐ guǎnxīn 잉크 카트리지

8 사람의 몸 人体 réntǐ

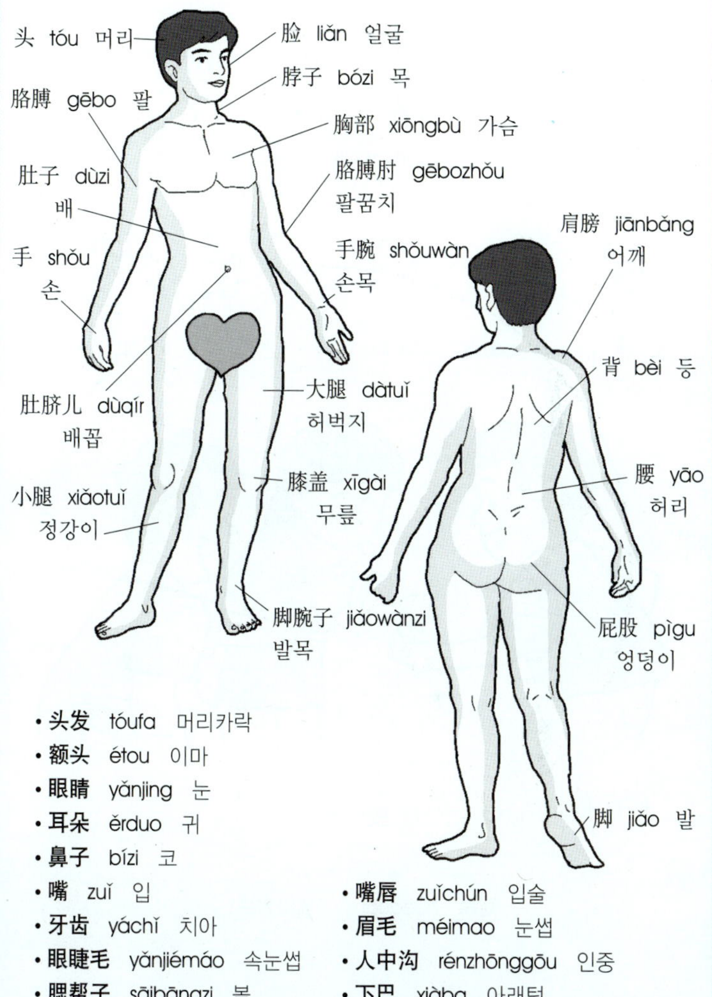

- **头发** tóufa 머리카락
- **额头** étou 이마
- **眼睛** yǎnjing 눈
- **耳朵** ěrduo 귀
- **鼻子** bízi 코
- **嘴** zuǐ 입
- **牙齿** yáchǐ 치아
- **眼睫毛** yǎnjiémáo 속눈썹
- **腮帮子** sāibāngzi 볼
- **嘴唇** zuǐchún 입술
- **眉毛** méimao 눈썹
- **人中沟** rénzhōnggōu 인중
- **下巴** xiàba 아래턱

9 수 数字 shùzì

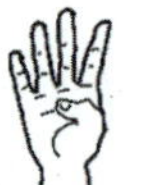
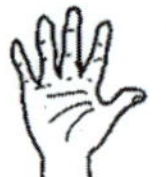

一 yī 1　二 èr 2　三 sān 3　四 sì 4　五 wǔ 5　六 liù 6

七 qī 7　八 bā 8　九 jiǔ 9　十 shí 10

剪子 jiǎnzi 가위

布 bù 보

石头 shítou 바위

划拳 huáquán 가위바위보

10 동물 动物 dòngwù

11 승용차 轿车 jiàochē

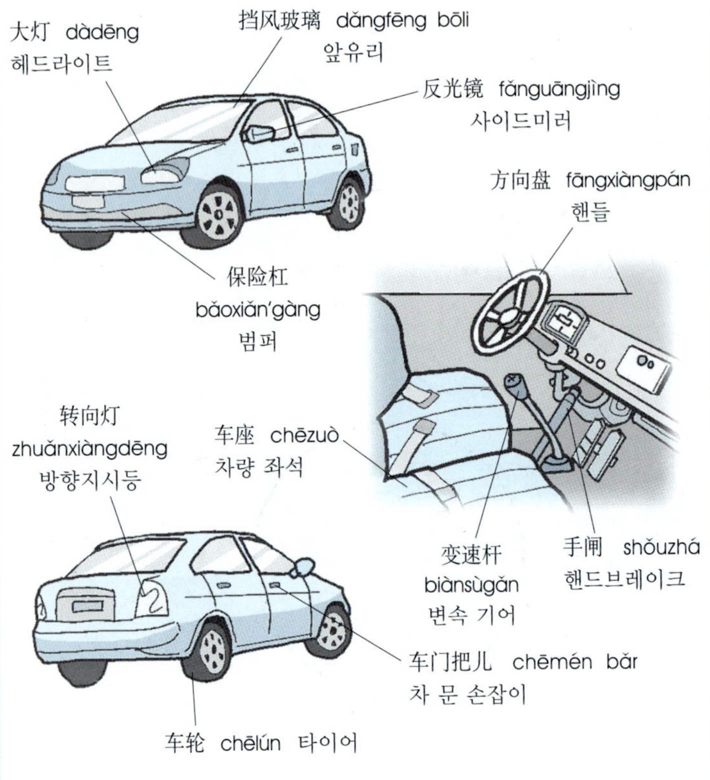

- **喇叭** lǎba 경적, 혼
- **后视镜** hòushìjìng 룸미러
- **制动器** zhìdòngqì 브레이크
- **油门** yóumén 가속 페달
- **车牌** chēpái 번호판
- **安全带** ānquándài 안전벨트
- **仪表板** yíbiǎobǎn 계기반
- **离合器** líhéqì 클러치
- **后备箱** hòubèixiāng 트렁크

12 자전거 自行车 zìxíngchē

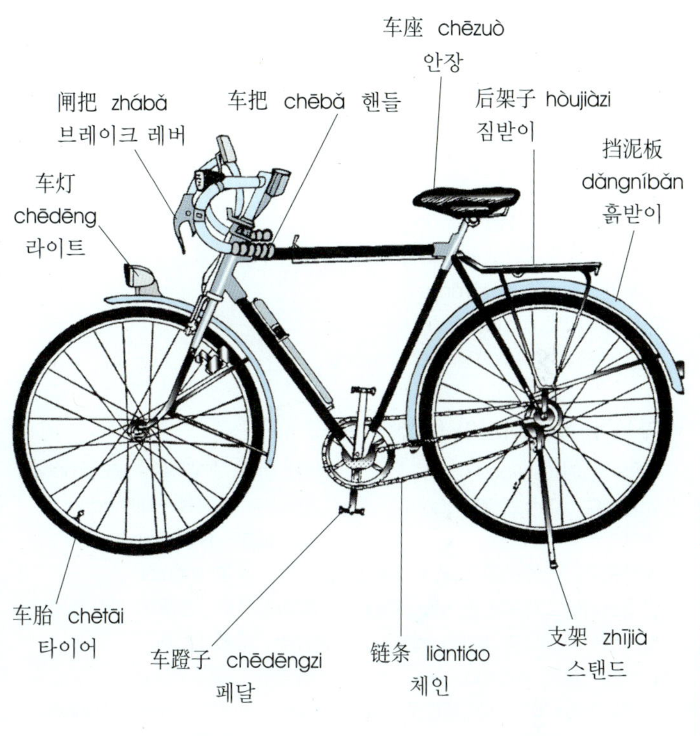

- **车铃** chēlíng 벨
- **车条** chētiáo 바퀴살
- **气门** qìmén 밸브
- **变速机构** biànsù jīgòu 변속장치
- **变速手柄** biànsù shǒubǐng 변속레버

2. 중국어 나라 이름

★대륙 · 대양

아시아 亚洲 Yàzhōu
유럽 欧洲 Ōuzhōu
북아메리카 北美洲 Běiměizhōu
남아메리카 南美洲 Nánměizhōu
아프리카 非洲 Fēizhōu
오세아니아 大洋洲 Dàyángzhōu
태평양 太平洋 Tàipíngyáng
대서양 大西洋 Dàxīyáng
인도양 印度洋 Yìndùyáng
북빙양(북극해) 北冰洋 Běibīngyáng

★아시아 · 오세아니아 (국명 — 수도)

네팔 尼泊尔 Níbó'ěr — 카트만두 加德满都 Jiādémǎndū
뉴질랜드 新西兰 Xīnxīlán — 웰링턴 惠灵顿 Huìlíngdùn
대만 台湾 Táiwān — 타이베이 台北 Táiběi
대한민국 大韩民国 Dàhán Mínguó — 서울 首尔 Shǒu'ěr
말레이시아 马来西亚 Mǎláixīyà — 콸라룸푸르 吉隆坡 Jílóngpō
몰디브 马尔代夫 Mǎ'ěrdàifū — 말레 马累 Mǎlèi
베트남 越南 Yuènán — 하노이 河内 Hénèi
사우디아라비아 沙特阿拉伯 Shātè Ālābó — 리야드 利雅德 Lìyādé
스리랑카 斯里兰卡 Sīlǐlánkǎ — 콜롬보 科伦坡 Kēlúnpō
싱가포르 新加坡 Xīnjiāpō — 싱가포르 新加坡 Xīnjiāpō
우즈베키스탄 乌兹别克 Wūzībiékè — 타슈겐트 塔什干 Tǎshígān
이라크 伊拉克 Yīlākè — 바그다드 巴格达 Bāgédá
이란 伊朗 Yīlǎng — 테헤란 德黑兰 Déhēilán
이스라엘 以色列 Yǐsèliè — 예루살렘 耶路撒冷 Yēlùsālěng
인도 印度 Yìndù — 뉴델리 新德里 Xīndélǐ

인도네시아 印度尼西亚 Yìndùníxīyà　자카르타 雅加达 Yǎjiādá
일본 日本 Rìběn　도쿄 东京 Dōngjīng
중국 中国 Zhōngguó　베이징 北京 Běijīng
태국 泰国 Tàiguó　방콕 曼谷 Màngǔ
팔레스타인 巴勒斯坦 Bālèsītǎn　예루살렘 耶路撒冷 Yēlùsālěng
필리핀 菲律宾 Fēilǜbīn　마닐라 马尼拉 Mǎnílā
오스트레일리아 澳大利亚 Àodàlìyà　캔버라 堪培拉 Kānpéilā

★유럽

그리스 希腊 Xīlà　아테네 雅典 Yǎdiǎn
네덜란드 荷兰 Hélán　암스테르담 阿姆斯特丹 Āmǔsītèdān
독일 德国 Déguó　베를린 柏林 Bólín
덴마크 丹麦 Dānmài　코펜하겐 哥本哈根 Gēběnhāgēn
루마니아 罗马尼亚 Luómǎníyà　부크레슈티 布加勒斯特 Bùjiālèsītè
러시아 俄罗斯 Éluósī　모스크바 莫斯科 Mòsīkē
불가리아 保加利亚 Bǎojiālìyà　소피아 索非亚 Suǒfēiyà
벨기에 比利时 Bǐlìshí　브뤼셀 布鲁塞尔 Bùlǔsài'ěr
스웨덴 瑞典 Ruìdiǎn　스톡홀름 斯德哥尔摩 Sīdégē'ěrmó
스위스 瑞士 Ruìshì　베른 伯尔尼 Bó'ěrní
스페인 西班牙 Xībānyá　마드리드 马德里 Mǎdélǐ
아일랜드 爱尔兰 Ài'ěrlán　더블린 都柏林 Dūbólín
오스트리아 奥地利 Àodìlì　빈 维也纳 Wéiyěnà
우크라이나 乌克兰 Wūkèlán　키예프 基辅 Jīfǔ
영국 英国 Yīngguó　런던 伦敦 Lúndūn
이탈리아 意大利 Yìdàlì　로마 罗马 Luómǎ
체코 捷克 Jiékè　프라하 布拉格 Bùlāgé
크로아티아 克罗地亚 Kèluódìyà　자그레브 萨格勒布 Sàgélèibù
터키 土耳其 Tǔ'ěrqí　앙카라 安卡拉 Ānkǎlā
포르투갈 葡萄牙 Pútáoyá　리스본 里斯本 Lǐsīběn
폴란드 波兰 Bōlán　바르샤바 华沙 Huáshā
프랑스 法国 Fǎguó　파리 巴黎 Bālí

핀란드 芬兰 Fēnlán
헬싱키 赫尔辛基 Hè'ěrxīnjī
헝가리 匈牙利 Xiōngyálì
부다페스트 布达佩斯 Bùdápèisī

★아프리카

가나 加纳 Jiānà
아크라 阿克拉 Ākèlā
나이지리아 尼日利亚 Nírìlìyà
아부자 阿布贾 Ābùjiǎ
남아프리카공화국 南非 Nánfēi
프리토리아 比勒陀利亚 Bǐlètuólìyà
모로코 摩洛哥 Móluògē
라바트 拉巴特 Lābātè
세네갈 塞内加尔 Sàinèijiā'ěr
다카르 达喀尔 Dákā'ěr
코트디부아르 科特迪瓦 Kētèdíwǎ
아비장 阿比让 Ābǐràng
케냐 肯尼亚 Kěnníyà
나이로비 内罗毕 Nèiluóbìǔ
우간다 乌干达 Wūgāndá
캄팔라 坎帕拉 Kānpàlā
이집트 埃及 Āijí
카이로 开罗 Kāiluó
카메룬 喀麦隆 Kāmàilóng
야운데 雅温得 Yǎwēndé
토고 多哥 Duōgē
로메 洛美 Luòměi
튀니지 突尼斯 Tūnísī
튀니스 突尼斯 Tūnísī

★아메리카

미국 美国 Měiguó
워싱턴 华盛顿 Huáshèngdùn
멕시코 墨西哥 Mòxīgē
멕시코시티 墨西哥城 Mòxīgēchéng
브라질 巴西 Bāxī
브라질리아 巴西利亚 Bāxīlìyà
볼리비아 玻利维亚 Bōlìwéiyà
수크레 苏克雷 Sūkèléi
아르헨티나 阿根廷 Āgēntíng
부에노스아이레스 布宜若斯艾利斯 Bùyíruòsīàilìsī
에콰도르 厄瓜多尔 Èguāduō'ěr
키토 基多 Jīduō
우루과이 乌拉圭 Wūlāguī
몬테비데오 蒙得维的亚 Méngdéwéidìyà
자메이카 牙买加 Yámǎijiā
킹스턴 金斯敦 Jīnsīdūn
칠레 智利 Zhìlì
산티아고 圣地亚哥 Shèngdìyàgē
캐나다 加拿大 Jiānádà
오타와 渥太华 Wòtàihuá
코스타리카 哥斯达黎加 Gēsīdálíjiā
산호세 圣何塞 Shènghésè

콜롬비아 哥伦比亚 Gēlúnbǐyà
보고타 波哥大 Bōgēdà
쿠바 古巴 Gǔbā
아바나 哈瓦那 Hāwǎnà
트리니다드토바고 特立尼达和多巴哥 Tèlìnídá hé Duōbāgē
포드오브스페인 西班牙港 Xībānyá Gǎng
파라과이 巴拉圭 Bālāguī
아순시온 亚松森 Yàsōngsēn

3. 외래어 · 상표

★컴퓨터

도시바	东芝	Dōngzhī
델 컴퓨터	德尔电脑	Dé'ěr Diànnǎo
라이코스	来科思	Láikēsī
매킨토시	麦金塔	Màijīntǎ
MS	微软公司	Wěiruǎn Gōngsī
IBM	国际商业机器公司	Guójì Shāngyè Jīqì Gōngsī
아수스	华硕	Huáshuò
야후	雅虎	Yǎhǔ
애플컴퓨터	苹果电脑	Píngguǒ Diànnǎo
에이서	宏棋电脑	Hóngqí Diànnǎo
AMD	超微	Chāowēi
엡손	爱普生	Àipǔshēng
윈도우	视窗	shìchuāng
익스플로러	探险者	tànxiǎnzhé
인텔	英特尔	Yīngtè'ěr
자바언어	爪哇语言	zhuāwā yǔyán
펜티엄	奔腾	bēnténg
휴렛 팩커드	惠普电脑	Huìpǔ Diànnǎo

★자동차

기아	起亚	Qǐyà
도요타	丰田	Fēngtián
랜드로버	陆虎罗孚	Lùhǔluófú
롤스로이스	劳斯莱斯	Láosīláisī
렉서스	凌志	Língzhì
르노	雷诺	Léinuò
메르세데스 벤츠	奔驰	Bènchí

볼보	沃尔沃	Wò'ěrwò
BMW	宝马	Bǎomǎ
시트로엥	雪铁龙	Xuětiělóng
아우디	奥迪	Àodí
GM	通用汽车	Tōngyòng Qìchē
크라이슬러	克莱斯勒	Kèláisīlè
페라리	法拉力	Fǎlālì
포드	福特	Fútè
포르쉐	保时捷	Bǎoshíjié
폭스바겐	大众	Dàzhòng
푸조	标致	Biāozhì
혼다	本田	Běntián
현대	现代	Xiàndài

★패션

구찌	古姿	Gǔzī
루이비통	路易威登	Lùyìwēidēng
버버리	倍福来	Bèifúlái
베르사체	范思哲	Fànsīzhé
베네통	班尼顿	Bānnídùn
샤넬	夏奈尔	Xiànài'ěr
지방시	纪梵希	Jìfànxī
폴로	马球	Mǎqiú
프라다	普拉达	Pǔlādá
피에르 가르탱	皮尔 · 卡丹	Pí'ěr Kǎdān
켈빈 클라인	加尔文 · 克莱恩	Jiā'ěrwén Kèlái'ēn
크리스챤 디올	姬仙体阿 · 迪奥	Jīxiāntǐ'ā Dí'ào

★통신기기

후지쯔	富士通	Fùshìtōng
지멘스	西门子公司	Xīménzǐ Gōngsī

에릭슨	爱立信	Àilìxìn
노키아	诺基亚	Nuòjīyà
모토롤라	摩托罗拉	Mótuōluólā
삼성	三星集团	Sānxīng Jítuán
SK텔레콤	SK通信	SK tōngxìn
퀄컴	高通公司	Gāotōng Gōngsī

★통신 · 방송사

KBS	韩国广播公司	Hánguó Guǎngbō Gōngsī
AFP통신(프)	法国新闻社	Fǎguó Xīnwénshè
로이터 통신(영)	路透社	Lùtòushè
BBC(영)	英国广播公司	Yīngguó Guǎngbō Gōngsī
CNN(미)	美国有线电视网	Měiguó Yǒuxiàn diànshìwǎng
NBC(미)	美国全国广播公司 Měiguó Quánguó Guǎngbō Gōngsī	
AP통신(미)	美国联合通讯社	Měiguó Liánhé Tōngxùnshè
UPI통신(미)	合众国际社	Hézhòng Guójìshè
NHK(일)	日本广播协会	Rìběn Guǎngbō Xiéhuì

★신문 · 잡지

가디언	卫报	Wèibào
내셔널 지오그래픽	国家地理	Guójiā Dìlǐ
뉴욕 타임즈	纽约时报	Niǔyuē Shíbào
더 이코노미스트	经济人	Jīngjìrén
더 타임즈	泰晤士报	Tàiwùshìbào
르 몽드	世界报	Shìjièbào
타임	时代周刊	Shídài Zhōukān
트리뷴	论坛	Lùntán
프라우다	真理报	Zhēnlǐbào
포춘	幸福	Xìngfú
피가로	非加罗报	Fēijiāluóbào

플레이 보이	花花公子	Huāhuā Gōngzi
기네스 북	吉尼斯世界记录集	Jínísī Shìjiè Jìlùjí
워싱턴 포스트	华盛顿邮报	Huáshèngdùn Yóubào
월 스트리트 저널	华尔街日报	Huá'ěrjiē Rìbào

★스포츠

리복	锐步	Ruìbù
아디다스	阿迪达斯	Ādídásī
나이키	耐克	Nàikè
아식스	爱世克斯	Àishìkèsī

★화장품

시세이도	华姿	Huázī
랑콤	郎科姆	Lángkēmǔ
로레알	莱雅	Láiyǎ
존슨 앤 존슨	强生	Qiángshēng
에스터 로데	爱斯德劳德	Àisīdé Láodé
비달 사순	沙宣	Shāxuān

★가전 · 사무용품

제록스	施乐	Shīlè
파나소닉	松下	Sōngxià
히타치	日立	Rìlì
산요	三洋	Sānyáng
샤프	夏普	Xiàpǔ
필립스	飞利浦	Fēilìpǔ
카시오	卡西欧	Kǎxī'ōu
아이와	爱华	Àihuá
리코	理光	Lǐguāng
롯데	乐天	Lètiān
미놀타	美能达	Měinéngdá

★카메라

니콘	尼康	Níkāng
라이카	徕卡	Láikǎ
소니	索尼	Suǒní
올림푸스	奥林巴斯	Àolínbāsī
칼 자이스	卡尔・蔡司	Kǎ'ěr Càisī
캐논	佳能	Jiānéng
코닥	柯达	Kēdá
콘탁스	康泰克斯	Kāngtàikèsī
펜탁스	宾得	Bīndé
폴라로이드	宝丽来	Bǎolìlái
후지	富士	Fùshì

★패스트푸드점

롯데리아	乐天利	Lètiānlì
맥도날드	麦当劳	Màidāngláo
버거킹	汉堡王	Hànbǎowáng
스타벅스	星巴克	Xīngbākè
KFC	肯德基	Kěndéjī
파파이스	派派斯	Pàipàisī
핏자헛	必胜客	Bìshèngkè
던킨 도너츠	当肯多纳饼	Dāngkěn Duōnàbǐng
베스킨 라빈스31	31种冰淇淋店	31 zhǒng Bīngqílíndiàn

★패스트푸드

빅맥	巨无霸	jùwúbà
휘시버거	麦香鱼	màixiāngyú
치킨 너겟	麦乐鸡	màilèjī
애플파이	苹果派	píngguǒpài
딸기쉐이크	草莓奶昔	cǎoméi nǎixī
바닐라쉐이크	云呢拿奶昔	yúnnínά nǎixī

핫초코	热巧克力	rèqiáokèlì
프렌치프라이	薯条	shǔtiáo

★음료

코카콜라	可口可乐	kěkǒu kělè
펩시콜라	白事可乐	bǎishì kělè
환타	芬达	fēndá
스프라이트	雪碧	xuěbì
칼스버그	嘉士伯	jiāshìbó
하이네켄	喜力	xǐlì
버드와이저	百威胜	bǎiwēishèng
네슬레	雀巢	Quècháo
네스카페	雀巢咖啡	quècháo kāfēi
맥스웰	麦氏咖啡	màishì kāfēi
모카 커피	摩卡咖啡	mókǎ kāfēi
자바 커피	爪哇咖啡	zhuāwā kāfēi
아메리칸 커피	美式咖啡	Měishì kāfēi

★호텔

리츠 칼튼	里次卡尔顿	Lǐcìkǎ'ěrdùn
샹그릴라	香格里拉	Xiānggélǐlā
홀리데이 인	国际假日	Guójì Jjiǎrì
힐튼	希尔顿	Xī'ěrdùn
하야트	凯悦饭店	Kǎiyuè Fàndiàn
세라톤	喜来登酒店	Xǐláidēng Jiǔdiàn
워커힐	华克山庄	Huákè Shānzhuāng
롯데 호텔	乐天酒店	Lètiān jiǔdiàn
캐틱플라자	凯迪克酒店	Kǎidíkè Jiǔdiàn

★기타

까르푸	家乐福	Jiālèfú

뒤퐁	杜邦公司	Dùbāng Gōngsī
아마존	亚马逊	Yàmǎxùn
질레트	吉列	Jílìè
바슈롬	博士伦	Bóshìlún
하마스(Hamas)	哈马斯	Hāmǎsī
시티 뱅크	花旗银行	Huāqí yínháng
월트 디즈니	华特·迪斯尼	Huátè Dísīní
클론	克隆	kèlóng
비자카드	威士卡	wēishìkǎ
마스터카드	万事达卡	wànshìdákǎ
비타민	维他命	wéitāmìng
비아그라	威而刚	wēi'érgāng
GE	通用电气公司	Tōngyòng Diànqī Gōngsī
록히드 그룹	洛克希德公司	Luòkèxīdé Gōngsī
록펠러 재단	洛克菲勒财团	Luòkèfēilè Cáituán
케세이퍼시픽 항공	国泰航空公司	Guótài Hángkōng Gōngsī

편저자 조대형

한국외국어대학교 중국어교육학 석사
KBS FM '굿모닝 팝스/Sing Along Pops' 노래지도 및 MIDI 반주(6년)
(현) 대원외국어고등학교 중국어교사(1993~)

논문 《중국어 듣기능력 향상 방안에 관한 연구》
저서 《동화상자 속의 중국어》 2000, 정진출판사

녹음 (男) 위하이펑 원어민. 중국 심양사범대학교 석사
(현) 고려중국어센터 강사
(현) 방송통신대학교, EBS교육방송 중국어 진행자

(女) 쉬징 원어민. 중국 동북사범대학교 졸업
(전) 광운대학교 정보과학교육원 중국유학과 강사
(현) 분당 허경중국어 원장

언제 • 어디서나 • 통하는

중국어 일상회화사전

초판 1쇄 발행 2009년 1월 30일
13쇄 발행 2024년 6월 10일

엮은이 조대형
펴낸이 박해성
편집/디자인 박주홍, 김해영 / 허다경

펴낸곳 정진출판사 www.jeongjinpub.co.kr
136-130 서울특별시 성북구 하월곡동 화랑로123-9
Tel. (02) 917-9900 Fax. (02) 917-9907
E-mail jj1461@chol.com
출판등록 1989년 12월 20일 제6-95호

ISBN 978-89-5700-084-7 *13720

정가 11,000원 (미니 해설 MP3 CD 포함)